普通高等院校"十三五"规划教材

应用文写作

(第二版)

主　编　姜本红　朱俊霞　向　诤
副主编　冯　雁　纪可妹　刘智芳　陆　勤

南京大学出版社

图书在版编目(CIP)数据

应用文写作 / 姜本红，朱俊霞，向诤主编. —— 2版. —— 南京：南京大学出版社，2018.7(2022.2重印)
ISBN 978-7-305-20583-5

Ⅰ.①应… Ⅱ.①姜… ②朱… ③向… Ⅲ.①汉语—应用文—写作—高等职业教育—教材 Ⅳ.①H152.3

中国版本图书馆 CIP 数据核字(2018)第 160871 号

出版发行	南京大学出版社
社　　址	南京市汉口路 22 号　　邮　编　210093
出 版 人	金鑫荣
书　　名	应用文写作(第二版)
主　　编	姜本红　朱俊霞　向　诤
责任编辑	刁晓静　　　　　　　编辑热线　025-83592123
照　　排	南京南琳图文制作有限公司
印　　刷	盐城市华光印刷厂
开　　本	787×1092　1/16　印张 15.5　字数 340 千
版　　次	2018 年 7 月第 2 版　2022 年 2 月第 4 次印刷
	ISBN 978-7-305-20583-5
定　　价	42.00 元

网址：http://www.njupco.com
官方微博：http://weibo.com/njupco
微信服务号：njuyuexue
销售咨询热线：(025) 83594756

* 版权所有，侵权必究
* 凡购买南大版图书，如有印装质量问题，请与所购图书销售部门联系调换

前　言

"应用文写作"课程既是一门文化基础课,又是一门职业技能课,更是一门人文素质课。"应用文写作"课程在高职教学中不断深化教学改革,变纯理论教学为项目教学方式,教学中更注重各知识学习、写作实践的系统和配合。编者在课程教学中积累了大量的项目化任务驱动的实训经验,在多年指导文秘专业学生参加全国文秘技能大赛中积累了快速提高写作技能的训练方法。本教材是编者多年教学实践经验的总结,改变了学科模式章节式编法,将工作情景任务引入写作中,启发思考,引导学生在工作中写作,在写作中工作。

本教材具有如下特色：

1. 以项目为载体。在编写体例上打破按文种分类的惯例,以工作过程为导向,以项目为载体,根据各专业实际,对课程内容进行编排,将教材分为行政公务、日常事务、创意策划、商务洽谈、宣传推广、社交礼仪、会务管理、学术科研、求职就业九大项目。

2. 采用任务驱动方式。设计贴合学生的校园活动、企业工作等任务引入学生学习情境。每个项目中的任务不完全独立,有着前后联系,将同一项目的各个文种编排纳入统一的工作情境中,为学生提供体验完整工作过程的学习机会,增强学生适应实际工作环境和解决综合问题的能力,全面培养学生的职业素质和能力。

3. 例文规范典型。行政公务文书例文格式规范,根据2012版《党政机关公文处理工作条例》《党政机关公文格式》编写;选择结合时代热点,贴合学生校园活动、企业工作的典型例文。

本教材简明实用,减少理论篇幅,避免面面俱到,根据学生专业情况,选择常用文种,减轻学生负担。在写作训练设计上,体现了与校园生活和岗位能力需求的实用性、层次性与多样性。

本教材在编写过程中,借鉴、援引了国内教材、网站中的信息资料,得到了苏州经贸职业技术学院、苏州经贸职业技术学院人文社科与旅游管理学院的大力支持,并被列为省示范建设项目,一并诚谢！由于各位编写者都是忙碌在教学第一线的老师,时间、精力有限,书中不当之处在所难免,敬请各位专家、同学和广大读者提出宝贵意见。

编　者

2018年7月

目 录

绪论 ·· 1

项目一 行政公务 ·· 7
任务一 通知 通报 ·· 7
任务二 请示 批复 ·· 14
任务三 报告 ··· 19
任务四 函 ··· 23

项目二 日常事务 ·· 26
任务一 计划 总结 ·· 26
任务二 请假条 借条 领条 ·· 40
任务三 调查报告 ··· 44

项目三 创意策划 ·· 49
任务一 活动策划书 ·· 49
任务二 营销策划书 ·· 55
任务三 创业策划书 ·· 60

项目四 商务洽谈 ·· 64
任务一 商务谈判方案 ··· 64
任务二 招标书 投标书 ··· 68
任务三 意向书 ·· 78

项目五 宣传推广 ·· 82
任务一 消息 通讯 ·· 82
任务二 演讲稿 ·· 92
任务三 广告 海报 ··· 102
任务四 解说词 ··· 108
任务五 导游词 ··· 111

项目六 社交礼仪 ··· 116
任务一 请柬 邀请函 ··· 116
任务二 欢迎词 欢送词 答谢词 ·· 123

任务三　祝　　词……………………………………………………………130
　　任务四　感谢信　慰问信……………………………………………………133

项目七　会务管理…………………………………………………………………139
　　任务一　会议通知………………………………………………………………139
　　任务二　开幕词…………………………………………………………………143
　　任务三　会议记录………………………………………………………………147
　　任务四　会议纪要………………………………………………………………152
　　任务五　闭幕词…………………………………………………………………157
　　任务六　会议简报………………………………………………………………161

项目八　学术科研…………………………………………………………………165
　　任务一　开题报告………………………………………………………………165
　　任务二　毕业论文　毕业设计…………………………………………………170
　　任务三　申　　论………………………………………………………………190

项目九　求职就业…………………………………………………………………197
　　任务一　职业生涯规划书………………………………………………………197
　　任务二　简　　历………………………………………………………………203
　　任务三　竞聘词…………………………………………………………………206
　　任务四　述职报告………………………………………………………………212

附录一　党政机关公文处理工作条例……………………………………………218
附录二　党政机关公文格式………………………………………………………224
参考文献……………………………………………………………………………242

绪 论

一、应用文的概念

应用文是各类企事业单位、机关团体和个人在日常工作、学习和生活中办理各种公私事务时所常用的具有直接使用价值和格式规范的多种文章的总称。它是人们交流思想、互通情况、解决问题、处理事务的工具。

自从有了文字,就产生了应用文。应用文起源于距今三千多年前的殷商晚期甲骨文书,甲骨文主要记录了殷商时期有关祭祀、战争、农事、狩猎、天文地理、风俗习惯等方面的情况。周朝的《尚书》是我国最早的以应用文为主体的散文总集,分为典、谟、训、诰、誓、命六种体式。正式提出"应用文体"的,是清朝文学家刘熙载。他在《艺概·文概》中说,"辞命体,推之即可为一切应用之文。应用文有上行、有平行、有下行。重其辞乃所以重其实也",对应用文作了深入分析。

当今社会,应用文与人们的联系更为密切。著名教育家、文学家叶圣陶说过:"工作中、学习中、生活中经常需要写作,所以写作是非学不可的,而且是非学好不可的。……大学毕业生,不一定要能写小说、诗歌,但一定要能写应用文,而且非写得既通顺又扎实不可。"

二、应用文的特点

1. 内容的实用性

记叙文"以情感人",议论文"以理服人",说明文"以识明人",应用文则"以事告人"。比如:要和远方的朋友联系,就要写信;要借款,就得立字据;向上级汇报工作、反映情况,就要写报告等。撰写应用文就是为了实用,为了解决工作、生活中的实际问题。

2. 格式的规范性

应用文的格式是固定和规范的,是在长期使用中约定俗成而又为大家所接受的,有些还是法规确定的,不能随意改动。如写信,就必须写明称呼、问候语、正文、祝颂语、落款;撰写党政机关行政公文就要按照国家标准。

3. 语体的事务性

与应用文相对应的是事务语体,有别于议论语体、科技语体,尤其别于文艺语体。事务语体有两大特点:一是有一套较为固定的习惯用语;二是表义明白、简洁、平实。而文艺语体最大的特点是表义生动、形象、含蓄,追求语言的艺术化。

三、应用文的作用

1. 沟通协调作用

上级可以通过批复、命令等应用文下达指导;下级可以通过报告、请示等应用文报请有关事情；企事业单位和人民群众可以通过各种专用书信、启事、函件等应用文来沟通思想、传递信息，加强联系。

2. 权威规范作用

应用文是行政管理的工具，党和国家的各级组织和各部门的组织系统以及企事业单位，从上到下都是通过公务文书来传达法律规范、方针政策、意见办法，部署工作，实现领导职能。如下达的命令、决定、通知、批复、意见等，具有领导和规范作用。

3. 宣传教育作用

借助行政公文的法规制度，党的方针政策得以进行及时和权威的宣传，它们对个人组织作出道德和行为规范，以统一思想和行动；各级企事业单位也可以通过宣传类应用文使自己树立良好的社会形象；社会团体和人民群众则可通过报告等形式更好地贯彻执行党的路线、方针和政策。

4. 凭证史料作用

有些党政文件、规章制度和条据、合同等都是开展工作、处理问题的依据和凭证，不可缺少。还有一些重要的应用文也是历史的档案资料，具有可供查考的历史凭证作用。

四、应用文的分类

本教材根据不同的工作项目对应用文体进行分类，主要有行政公务文书、日常事务文书、创意策划文书、商务洽谈文书、宣传推广文书、社交礼仪文书、会务管理文书、学术科研文书、求职就业文书等。

1. 行政公务文书

《党政机关公文处理工作条例》（中办发〔2012〕14号）对党政公文做出了严格的界定：党政机关公文是党政机关实施领导、履行职能、处理公务的具有特定效力和规范体式的文书，是传达贯彻党和国家的方针政策，公布法规和规章，指导、布置和商洽工作，请示和答复问题，报告和交流情况等的重要工具。并明确规定了15种党政公文的文种：决议、决定、命令（令）、公报、公告、通告、意见、通知、通报、报告、请示、批复、议案、函、纪要。

广义的行政公务文书是指各类企事业单位、机关团体进行行政管理、处理公务的具有法定权威和规范格式的应用文。行政公务文书具有其他文体所没有的权威性，有法定的制作权限和确定的读者，有特定的行文格式，以及严格的行文规则和办理办法。

无论是在党政机关工作，还是在民营企业从事行政管理事务，都要学会通过公文来传达上级指令、协调各方面关系，使工作顺利开展。各企事业单位、社会团体使用的公文格式不尽相同，可参考《党政机关公文格式》GB-T 9704-2012。

2. 日常事务文书

日常事务文书是企事业单位、机关团体、个人在处理日常事务时用来沟通信息、安排工作、总结得失、研究问题的实用文体。日常事务文书与行政公文的区别在于：一是无统一规定的文本格式；二是不能单独作为文件发文，需要时只能作为公文的附件行文。

3. 创意策划文书

策划是一种策略、筹划、谋划或者计划、打算。策划又称"策略方案"和"战术计划"，是指人们为了达成某种特定的目标，借助一定的科学方法和艺术，为决策、计划而构思、创意、设计、制作策划方案的过程。策划文书,简称策划书,也叫策划方案,就是把创意策划的过程用文字完整、系统地表达出来而形成的文字材料。写作策划书不仅需要写作能力,还强调注重思维能力的培养,包括逻辑思维能力、创新思维能力以及全面考虑、分析和解决问题的能力。

4. 商务洽谈文书

商务洽谈类文书是企事业单位在对外经济工作或商务活动中使用的一类应用文,这类文体的主要目的是沟通联络商务行为、明确经济权利和义务关系、搜集分析商业信息,能够保障经济活动的顺利进行,维护当事各方的合法权益,降低经营风险,提高经济效益。常用的商务文书主要有商务谈判方案、招投标书、意向书、协议书、合同等。

5. 宣传推广文书

在宣传推广工作中形成的文书,能够及时将本单位的信息发布出去,起到交流信息的作用,同时也可以扩大社会知名度和影响力。

6. 社交礼仪文书

社交礼仪文书是指党政机关、企事业单位、社会团体、个人在社会交往、礼仪活动和商务活动中,根据不同的情况和实际需要,遵循相应的习俗和情感关系所撰写的文书。

7. 会务管理文书

会议是党政机关、企事业单位、社会团体等组织进行讨论研究、工作总结、工作决策、工作部署、经验交流和处理其他事物的公务活动。会务管理文书的范围很广,包括会议讲话、会议报告、会议记录和其他事务文书,如开幕词、闭幕词、欢迎词、欢送词等。只要是在会议组织管理工作中撰写的各种会议或仪式的文件材料,都可以算作会务管理文书。

8. 学术科研文书

学术科研文书是记录社会科学和自然科学领域在实验、观测和理论探讨等方面具有新的学术研究成果和创新见解的应用文书。

9. 求职就业文书

即求职就业过程中需要的文书,有职业生涯规划书、简历、竞聘词、述职报告等。

五、应用文的写作要素

(一) 应用文的主题和材料

主题是文章的中心思想,材料是用来说明主题、表现中心思想的,二者必须统一。撰写时应切记主题要统率材料,要围绕主题选材;反之,材料又必须能够证实主题,所用材料与表达的主题应当一致。写文章时如果事先没想清楚就下笔,则容易造成主题与材料不一致。因此,写应用文,要注意材料与主题相一致。

(二) 应用文的结构

一般来讲,应用文的正文都具有开头、主体与结尾几大部分,但在具体安排时,还要根据不同文体的特点安排不同的结构形态。

(三) 应用文的表达方式

表达方式有五种形式:记叙、描写、抒情、议论和说明。由于文体性质和撰文目的不同,不同种类的应用文运用的表达方式也各有侧重。

(四)应用文的语言要求

1. 严谨、庄重

应用文中的公文代表组织发言,具有法定的权威性,在运用语言时必须严谨、庄重,以体现出公文的严肃性,因此,既不宜使用口语,也不宜运用文学语言。要使用规范化的书面语言,选用含义明确而限定的词语和专用词语。

2. 准确、规范

正确地记载与传递信息是撰写应用文的基本要求。遵循这一要求,应用文的语言表述必须符合客观实际,符合逻辑,即概念明确,判断和推理正确而恰当,同时还要符合语法修辞的规范。

3. 朴实得体

朴实,即文风要朴实无华,语言实在,强调直接叙述。得体,即指应用文的语言适应不同应用文种类的需要,说话有分寸、适度。

六、学习应用文写作的意义和方法

(一)学习应用文写作的意义

1. 提升素质

听、说、读、写能力是现代人才应该具备的四大基本素养,其中写作能力最能检测出一个人的综合素质,因此越来越多的用人单位将应用文写作作为接纳人才的重要素质之一。

2. 优化知识

学习应用文写作,可以开阔学生的视野、拓展学生的知识面,使同学们的知识能力结构更合理,对将来的发展更有裨益。

3. 增添优势

学习应用文写作,可以提高学习者在言语交际、文字表达、遣词造句、思维训练方面的能力,因而,在就业形势日趋严峻的今天,同学们可以凭借其优势在求职、交际以及处理公私事务方面表现得更加出色。

(二)学习应用文写作的方法

1. 大量阅读应用文范文,积累感性认识

阅读和借鉴范文是提高应用文写作能力的一条重要途径。诗歌创作中有"熟读唐诗三百首,不会作诗也会吟"之说,其实学习应用文写作,阅读和借鉴的价值似乎比诗歌创作更直接、更明显。比如,写一封求职信,多看几篇例文,就可能会受到启迪,增加对求职信写作的感性认识,并从中悟出一些写作方法和要求。

当然,在阅读和借鉴范文的同时,还要善于总结,不能走马观花,而是要用"脑"去思考,范文为什么要这么写,这么写的优点是什么,等等。这样,读得多了,思得多了,相关文体的文本印象就会镌刻在脑海里,积累到一定阶段,就会从量变转入质变,真正掌握这种文体的写作方法。

2. 学习应用文写作理论,掌握基本模式

应用文写作包含的文种众多,同学们仅通过阅读和借鉴范文来学习应用写作知识带有很大的局限性。因为一个人精力和时间毕竟是有限的,不可能把所有应用文的写作知识都通过对应用文范文的阅读和借鉴去掌握。学习已有的、千百年来无数人长期实践中总结出来的应用文写作理论知识,对于初学者而言,显得尤为必要和重要。因为,这样做可以帮助学习者少走一些弯路。

同时,应用文写作自身的特殊性,使得应用文逐渐形成了一种约定俗成的或法定的基本模式。这些模式经过人们的反复实践使用,也日趋规范和稳定,并被总结出来供人们写作时参考借鉴。因此,初学者在阅读范文、学习理论的同时,还要根据自己的实际情况,积极主动地去掌握相关文体的写作模式。

3. 坚持多写多练,在实践中提高

叶圣陶说:"要把写作的手腕训练到熟练,必须常常去写,规规矩矩去写。"提高写作能力,最根本的途径就是要坚持多写多练。因此,在做到前两点的基础上,刻苦训练,持之以恒,才会熟能生巧,得心应手,真正掌握和不断提高应用文写作的实际能力。

写作实训

1. 请结合材料,说说应用文的作用。

范成大上书乞免丁钱

范成大(1126年—1193年),字致能,号石湖居士,平江府吴县(今江苏吴县)人,宋高宗绍兴二十四年(1154年)中进士。他曾历任处州(浙江丽水)知府、静江知府兼广西西道安抚使、四川制置使、参知政事等职。任职期间,颇有建树,而且体察民情,上书请求减免丁钱,受到当地人民的爱戴。

范成大在《论不举子疏》中写道:"小民以山瘠地贫,生男稍多,便不肯举(养育),女则不问可知。村落间至无妇可娶,买于他州。计所夭杀,不知其几……乞令运司效苏轼遗意,措置宽剩,量拨助之。"当时处州(今浙江丽水)人民生活极其贫困,生子弃养现象颇为严重,范成大为帮助处州人民,一面效仿苏轼任密州知州时的做法,措置宽剩,量拨助之,以养弃儿;一面上《论不举子疏》,为民请命,乞减丁钱。《续资治通鉴》第142卷记载,宋孝宗乾道七年(公元1171年)七月,皇帝免两淮民户丁钱,两浙丁盐绢。帝(孝宗)谕辅臣曰:"范成大言处州丁钱太重,遂有不举子之风,有一家数丁者,当重与减免。"此后处州丁钱税全免。

2. 下面是一封淘宝店写给顾客的一封信,请你谈谈读后的感受。你有没有想要感谢的人? 请你写封信给他。

亲爱的:

不知这是你第几次收到我的来信,如果是有那么几次了,我想以下这些话你会懂我。如果是第一次,那也无妨,就当做你我结缘的开始。

转眼开店已是第九个年头。人生能有几个九年供我做自己一直坚持做的事呢? 从二十多岁的懵懂姑娘,到现在管理着团队几百号人的掌柜。期间结婚生子,从一个妻子到一个母亲,都没有这个店的成立时间长。

这九年来,数据所体现知道我的淘宝店的人,写信此刻淘宝手机端显示的粉丝数是

379.3万,不知你看到信时又会是多少呢?数字看上去非常光鲜,但我知道在这个快速发展的时代里,一不留神便会被淘汰,更何况时常在评价里看到客户提出的种种建议、吐槽或批评,是该更努力寻找问题改正错误才对。

庆幸的是,这一路走来,我都很清醒地知道自己该做什么。"善小而大成",这是我非常赞同的一句话。只有将一件件小事做好,才能成就真正的大事。经过时间的沉淀,回头看看,唯有踏踏实实一步一步走过来的路才能经得起考验。

"不忘初心",这句说起来容易,但坚持起来却很难的话,我时刻铭记。我们的第九年,初心仍在,这真是再好不过的状态。

最后还要向您说声谢谢,谢谢您,与我相遇。

掌柜阿木
2016.10.1

项目一　行政公务

任务一　通知　通报

江阳传播公司为了抓紧完成"石湖品牌推广策划"项目,各部门员工经常牺牲休息时间加班工作。为激励员工,公司经研究决定为加班员工支付加班费,要求行政部撰写一份关于发放加班费的通知。

在公司各部门员工的努力下,"石湖品牌推广策划"项目圆满完成。在本次项目攻坚战中文案策划专员王小燕表现特别突出。她在工作中善于思考,提出了不少合理化建议,她还一心扑在项目上,连续几天加班没有回家,为公司做出了自己的贡献。公司要求行政部撰写一份表彰通报对王小燕进行表扬并号召全体员工向她学习。

通　知

一、概念、特点和种类

1. 通知的概念

通知是知照性公文,"适用于发布、传达要求下级机关执行和有关单位周知或者执行的事项,批转、转发公文。"

2. 通知的特点

（1）知照性。通知的主要功能在于知照。

（2）广泛性。通知的广泛性表现在应用范围广。

（3）时效性。通知有一定的时效要求。

3. 通知的种类

根据内容的不同,通知大体可以分为以下四类。

（1）指示性通知

用于布置下级机关工作事项,指示工作方法、步骤,例如《国务院关于切实加强环境影响评价监督管理工作的通知》。

(2) 颁布或转发性通知

指批转、转发、颁发、印发、发布性通知,例如《国务院办公厅关于发布〈国家行政机关公文处理办法〉的通知》《××学院关于转发江苏省第四届大学生创新创意创业大赛的通知》。

(3) 周知性通知

也称知照性通知,如为了任免人员,设置或撤并机构,扩展、缩小或中止机关的某些职权,发行债券,启用或更换印信等而发的通知。

(4) 会议通知

是组织会议的单位制发的公文。例如《江苏××学院关于召开继续教育教学工作会议的通知》。

二、格式与写法

1. 标题

由发文单位名称、事由和文种构成。一般用 2 号小标宋体字,编排于红色分隔线下空二行位置,分一行或多行居中排布;回行时,要做到词意完整,排列对称,长短适宜,间距恰当;标题排列应当使用梯形或菱形。

2. 主送机关

写被通知的单位名称。部分会议通知可主送个人。编排于标题下空一行位置,居左顶格,回行时仍顶格,最后一个机关名称后标全角冒号。如主送机关名称过多导致公文首页不能显示正文时,应当将主送机关名称移至版记。有时,因通知事项简短,内容单一,书写时略去称呼,直起正文。

3. 正文

公文首页必须显示正文。一般用 3 号仿宋体字,编排于主送机关名称下一行,每个自然段左空二字,回行顶格。文中结构层次序数依次可以用"一、""(一)""1.""(1)"标注;一般第一层用黑体字、第二层用楷体字、第三层和第四层用仿宋体字标注。

正文因内容而异。开会的通知要写清开会的时间、地点、参加会议的对象以及开什么会,还要写清要求。布置工作的通知,要写清所通知事件的目的、意义以及具体要求和做法。

4. 落款

发文机关署名和成文日期。

单一机关行文时,一般在成文日期之上、以成文日期为准居中编排发文机关署名,印章端正、居中下压发文机关署名和成文日期,使发文机关署名和成文日期居印章中心偏下位置,印章顶端应当上距正文(或附件说明)一行之内。

联合行文时,一般将各发文机关署名按照发文机关顺序整齐排列在相应位置,并将印章一一对应、端正、居中下压发文机关署名,最后一个印章端正、居中下压发文机关署名和成文日期,印章之间排列整齐、互不相交或相切,每排印章两端不得超出版心,首排印章顶端应当上距正文(或附件说明)一行之内。

成文日期一般右空四字编排,印章用红色,不得出现空白印章。用阿拉伯数字将年、月、日标全,年份应标全称,月、日不编虚位(即1不编为01)。

三、注意事项

1. 指示性通知

须写明提出指示的根据与指示事项,内容要求明确具体。

2. 颁布或转发性通知

要求在正文中简短地说明所颁布或转发的公文的制发机关、制发(批准、生效)日期与公文标题以及颁发或转发的目的、意义与要求等。

3. 周知性通知

要简明扼要写明向有关单位告示的情况,但并不要求受文单位具体完成什么任务。

4. 会议通知

要求写明召开会议的名称、目的、议题、时间、地址、对参加会议人员的要求(如准备发言、文件、论文、生活用品等)、注意事项以及筹办会议单位名称、联系人、联系地址、电话号码、会议食宿安排、报到路线、接洽标志等。有的通知后面还要附上入场凭证或邀请函等。总之,要写得清楚、具体,对必须写明的项目无一错漏,以保证会议按预定要求准时召开。

写通知一般采用条款式行文,可以简明扼要,使被通知者能一目了然,便于遵照执行。

【例文】 转发性通知

芜湖市教育局转发《关于举办第五届全省职业技能大赛的通知》的通知

各县教育局、各中职学校:

为进一步加强高技能人才队伍建设,引导企业开展职工技能培训,推动职业院校深化教学改革,现将省人力资源和社会保障厅、省教育厅、省总工会、共青团安徽省委、省妇女联合会《关于举办第五届全省职业技能大赛的通知》(皖人社秘〔2012〕249号)转发给你们,请各单位高度重视,积极推荐教师和学生参赛,争取获得好成绩。

芜湖市教育局(印章)
2012年7月30日

【例文】 周知性通知

关于国庆放假的通知

各部门、各单位:

根据集团的实际情况,集团决定国庆节放假调休,共7天。具体安排如下:

一、10月1日至7日放假7天。

二、9月29日(星期日)、10月12日(星期六)正常上班。

三、要求:

1. 各企业副总以上领导,安全管理部门主要负责人,在节日期间必须保持通讯工具

24小时畅通,离开大连要按程序提前请假,经批准并安排好值班接替人后方可离开。

  2. 放假期间要高度重视安全工作。放假前各单位要对办公区、工地、物业小区和财务室等重要部位,进行一次全面的安全和防火检查,对存在的安全隐患立即组织整改;放假期间,集团将对各企业安全稳定、防火工作等进行随机检查和抽查,及时发现和消除安全隐患,杜绝各类事故和案件的发生。

通达集团行政部(印章)
2013 年 9 月 23 日

通 报

一、概念、特点和种类

1. 通报的概念

通报是"适用于表彰先进、批评错误、传达重要精神和告知重要情况"的公文。

2. 通报的特点

(1) 典型性。通报的事实,不论是表彰性的、批评性的,还是通报情况的,都要求有典型意义。典型就是具有普遍性、代表性,事实越典型,其警示和借鉴意义越大,只有个性没有普遍意义的题材,缺乏广泛的指导价值。

(2) 指导性。通报的内容,其价值往往并不单纯在于发布动态信息、宣布事件处理结果,而是要激励先进、督促后进,树立学习榜样,或者提供反面典型,使读者能够总结经验、吸取教训,得到有益的启示和警示。

(3) 时效性。上级机关应该适时发布通报,通报的事实较为具体,对发生的时间、地点等要素都要进行交代,这就要求通报及时发布。通报的内容总是跟特定时期背景有着紧密的联系,通报得过于迟缓,就失去沟通情况、宣传教育的目的。因此,通报的制发应该迅速及时,以免事过境迁,失去其积极的作用。

3. 通报的种类

(1) 表彰通报

表彰通报是用来表彰先进个人或先进集体,介绍先进事迹、推广典型经验的。

(2) 批评通报

批评通报是对工作中发生、出现的重大事故、重大失误、错误倾向、不良风气提出批评使用的公文文种。

(3) 情况通报

情况通报是用来传达重要精神、沟通重要情况的。常见的工作情况通报内容主要有工作进展情况、落实情况、评比检查结果等。

二、格式与写法

1. 标题

由发文机关、事由、文种构成。

2. 主送机关

一般通报有主送机关。少数普及性通报，可以不写。

3. 正文

表彰通报和批评通报一般分为三部分：

（1）主要事实

表彰通报要突出主要先进事迹，批评通报要抓住主要错误事实。

（2）分析指出事例的教育意义

表彰通报要在阐述先进事迹的基础上，提炼出主要经验、意义和值得学习与发扬的精神。批评通报要分析错误的性质、危害，产生的根源和责任，指出应吸取的主要教训等。

（3）决定要求

表彰和批评的通报，应写明组织结论与予以表彰或处理的决定，同时提出对表彰或批评对象与读者的希望、要求。为了防范和杜绝类似错误发生，批评通报的结尾处，通常要有针对性地提出防范的措施或规定。

情况通报有两种形式：一种只对有关事实作客观叙述；另一种还对有关情况加以分析说明，有时还针对具体问题提出应采取何种对策的指导性意见。

4. 落款

发文单位和日期。

【模板】

1. 表彰通报

××××（发文单位）关于表彰（奖励）×××（集体或个人）的通报

××××（主送单位）：

××××××（表彰奖励对象的先进事迹）。××××××（产生的积极影响和表现出的精神）。为了××××××（目的），根据××××××（依据），经××××研究，决定对×××（集体或个人）等予以通报表彰。

希望××××××（号召向先进学习，提出更高的工作要求和希望）。

发文单位（印章）
××××年×月×日

2. 批评通报

××××（发文单位）关于××××××问题的通报

××××（主送单位）：

××××××（通报×××违规违纪的事实和做法）。

经查，××××××（调查结果）。

为了××××××（目的），根据××××××（依据），经研究，××××××（对通报对象的结论和处理意见)。

×××××× (警示教育和下一步拟采取的措施)。

发文单位(印章)
××××年×月×日

3. 情况通报

××××(发文单位)关于××××××情况的通报

××××(主送单位):

××××年×月×日,××××(单位)在××××(地点)发生××××××事故(事件)。××××××(事故或事件的性质)。为了××××××(目的),进一步加强××××××工作,防止此类事故(事件)的发生,现将××××××事故(事件)情况通报如下:

一、××××××(事故或事件的原因分析)。

二、××××××(对有关单位和人员的处理情况)。

三、××××××(应吸取的教训和拟采取的措施等)。

发文单位(印章)
××××年×月×日

【例文】 表彰通报

××总公司关于表彰上海分公司王良同志的通报

公司各部门、各分公司:

上海分公司经理××同志自进入公司以来工作勤奋努力,他所带领的团队富有强烈的开拓意识和协作精神,已在上海市场取得了可喜的成绩,为××公司的员工树立了良好的榜样。

经公司领导研究决定,对上海分公司经理王良同志予以通报表扬,并奖励该员工人民币1000元整,以资鼓励。

希王良同志再接再厉,同时望全体员工积极向他学习,共创中交科技辉煌。

特此通报。

××总公司(印章)
2014年9月4日

【例文】 情况通报

××分公司关于职场检查情况的通报

各部门:

根据总经理室要求,分公司于3月3日上午9:10组织各部门负责人对员工考勤及日常管理情况进行了检查。现将检查情况通报如下。

一、考勤

本次检查,除去外地学习的人员外,共涉及5个部门54人,均能在早上九点前按照要求开展工作。

二、着装

在被检查人员当中,均能按规定着装,没有发现奇装异服或不得体着装现象存在。着装较好的部门是团险部、业务管理部。

三、环境卫生及物品摆放

整体情况良好,表现好的部门是×××部销售人员职场、×××部职场、业管大教室职场;进步较大的部门:×××部、××部。特点:整体环境卫生良好,物品虽多,但摆放整齐、井然有序。

四、存在的问题

一是×××部销售人员职场文件资料摆放无章,上周加班餐后的垃圾未能及时清理,衣服摆放不规整;二是×××部内勤室物品摆放凌乱;三是××××部个别工位桌面卫生与本部门整体不协调。

五、要求

(一)各部门要在职场办公人员逐渐增多的情况下,及时清理办公文件和资料,公私物品区分放置,做到物品摆放有序,整齐划一。

(二)各部门要加强着装管理。已配发工装的员工,应严格按照着装规定执行;未配发工装的员工,应着与职业相衬的服饰。

(三)办公室要加强日常职场管理,对着装、文件资料存放、物品摆放、卫生等进行规范和检查。同时要组织人员,协调业管部对来宾接待室、走廊等进行布置、清洗。

(四)各部门要加大考勤管理力度,要求每位员工在8:50前到达职场,并做好工作准备,保证在9:00准时进入工作状态。

××分公司办公室(印章)

2014年9月6日

任务二 请示 批复

任务引入

通达文化传播总公司下属的江阳传播公司,拟联合所在城市的5所高等院校举办"五四青年节"庆祝活动,向总公司请示。总公司认为这项活动很有意义,同意举行,要求江阳传播公司认真策划,有效协调,办出效益。请撰写请示和批复。

必备知识

请 示

一、概念、特点和种类

1. 请示的概念

请示是"适用于向上级机关请求指示、批准"的公文。

2. 请示的特点

(1) 不得越级请示

要按照隶属关系逐级请示,一般不得越过直接的上级机关请示问题。上级机关解决不了的问题,应由上级机关向更上级机关请示。因特殊情况必须越级请示时,应当抄送被越级的机关。

(2) 一文一事

请示的内容要做到集中、单一,应该一事一请,不要一文多事。如果在一份请示里同时请示了几件事,往往会因为其中的某一件事被卡住而影响其他事情的办理。如果有几件事情需要请示,可分别写成几份请示。

(3) 一般只有一个主送机关

要主送一个领导机关,不要多头主送。如需要送两个以上上级机关,应当用抄送形式,但不得同时抄送下级机关。

(4) 不能直接送领导者个人

除了领导人直接交办的事项,请示不得直接送领导者个人。

3. 请示的种类

(1) 请求指示性请示

用于上级主管部门明确规定必须请示批准才能处理的事宜,有关方针、政策的界限难以界定的问题,遇到的新情况和难以解决的问题,把握不准或无章可循的事项,情况特殊、有意见分歧,无法办理,需请示上级机关指示意见时所写的请示。

(2) 请求批准性请示

用于本单位职权范围内不能解决的问题,或要做某项工作而需要或缺少一定的财力、物力、人力,要向上级予以帮助时所写的请示。

二、格式与写法

请示由标题、主送机关、正文、落款组成。

1. 标题

一般由请示单位、事由、文种组成。

2. 主送机关

为直属上级机关,即一般只报一个主管的领导机关。

3. 正文

正文一般由三个部分组成:

(1) 请示缘由:提出请示的原因和理由。

(2) 请示事项:提出有关问题要求上级指示或批准,有的要求提出解决问题的建议和意见,供上级机关参考。提出的请示,要符合有关方针、政策,切实可行,不可矛盾上交。

(3) 请示要求:应明确提出要求解决问题的方法或途径,常用"是否妥当,请批示"、"妥否,请审批"、"如无不妥,请批准",等等。

4. 落款

三、请示和报告的区别

(1) 请示用于向上级机关请求指示、批准,上级接文后一定要给予批复;报告则用于向上级机关汇报工作、反映情况、提出建议,供上级了解情况,为上级提供信息和经验,上级机关接文后,不给予批复。

(2) 请示内容具体单一,要求一文一事,必须提出明确的请求事项。报告内容较广泛,可一文一事,也可反映多方面情况,但不能在报告中写入请示事项,也不能请求上级批复。请示起因、事项和结语缺一不可;报告行文较长,结构安排不拘一格,因文而异。

(3) 请示涉及事项是没有进行的,等上级批复后才能处理,必须事前行文,不能先斩后奏;报告涉及事项大多已过去或正在进行中,可以事后行文,也可以事中行文。请示时间性要求强。

(4) 批准性请示,上级未做出答复前,成文单位无权安排和办理;报告无须等上级表态,成文单位即可进行安排和部署。

该类请示主要用于下级机关在工作中遇到新情况、新问题,或因条件限制自身难以解决的困难,请求上级机关解决或协调解决。

【模板】
1. 请求批准性请示

××××(单位)关于请求协调解决××××××问题的请示

××××(主送单位)：
　　目前，我公司××××××(遇到的问题或困难)。为了××××××(目的)，根据××××××(依据)，现就××××××(意图主旨)请示如下：
　　一、××××××(问题的由来)。
　　二、××××××(问题的不利影响)。
　　三、××××××(解决问题的积极意义)。
　　四、××××××(请示内容，即请求协调解决的问题及解决问题的有关建议)。
　　妥否，请批示。

发文单位(印章)
××××年×月×日

(联系人：×××× 电话：××××)

2. 请求指示性请示

××××(单位)关于××××××问题的请示

××××(主送单位)：
　　近日，××××××(在某项工作中遇到××××××问题)。现将有关问题请示如下：
　　一、××××××(有关情况)。
　　二、××××××(遇到的问题)。
　　三、××××××(请示内容，即请求上级单位对××××××问题作出指示)。
　　妥否，请批示。

发文单位(印章)
××××年×月×日

(联系人：×××× 电话：××××)

【例文】 请求批准性请示

良渚街道办关于举办良渚街道动漫节系列活动的请示

区人民政府：
　　为充分展示良渚丰富的旅游资源和深厚的文化底蕴，良渚街道拟在第八届中国国际动漫节期间举办良渚街道动漫节分会场系列活动。活动内容主要以农夫乐园国际动漫节分会场活动为主，联合良渚博物院、玉文化产业园、野芦湾生态休闲农业园共同推出动漫节特色优惠活动。同时，街道内各景区景点将采用联票形式，统一宣传策划制作，从而推动良渚文创旅游产业的整体升级,实现社会效应和经济效益的双赢。现特向区政府请求同意我街道举办动漫节系列活动。

特此请示,恳请尽快批复为盼。

附件:良渚街道动漫节系列活动方案

良渚街道办(印章)
2012年4月17日

(联系人:×××,电话:××××××)

批 复

一、概念、特点和种类

1. 批复的概念

批复是"答复下级机关请示事项"时使用的文种,是下行文。

2. 批复的特点

(1) 行文的被动性

批复的写作以下级的请示为前提,它是专门用于答复下级机关请示事项的公文,先有上报的请示,后有下发的批复,一来一往,被动行文,这一点与其他公文有所不同。

(2) 内容的针对性

批复要针对请示事项表明是否同意或是否可行的态度,批复事项必须针对请示内容来答复,而不能另找与请示内容不相关的话题。因此,批复的内容必须明确、简洁,以利下级机关贯彻执行。

(3) 效用的权威性

批复表示的是上级机关的结论性意见,下级机关对上级机关的答复必须认真贯彻执行,不得违背,批复的效用类似命令、决定,带有很强的权威性。

(4) 态度的明确性

批复的内容要具体明确,不能有模棱两可的语言,使得请示单位不知道如何处理。

3. 批复的种类

根据批复内容的不同,可以分为审批事项批复、审批法规批复和阐述政策的批复等三种。根据批复性质的不同,还可分为肯定性批复、否定性批复和解答性批复三种。

二、格式与写法

1. 标题

标题的写法最常见的是完全式的标题,即由发文机关、事由和文种构成,如《国务院关于长沙市城市总体规划的批复》。

还有一种表态式的标题是:"发文机关+表态词+请示事项+文种",这种较为简明、全面和常用,如《××市政府关于不同意×板材厂修建办公楼的批复》。

2. 主送机关

为报送请示的直属下级机关。

3. 正文

（1）批复引语要点出批复对象，一般称收到某文，或某文收悉。要写明是对于何时、何号、关于何事的请示的答复，如："你厂关于修建办公楼的请示（×发〔2008〕3 号）已收悉，经研究批复如下"。

（2）批复意见是针对请示中提出的问题所作的答复和指示，意思要明确，语气要适当，什么同意，什么不同意，为什么某些条款不同意，注意事项等都要写清楚。

（3）批复要求（也可以单独算做结尾），是从上级机关的角度提出的一些补充性意见，或是表明希望、提出号召。如果同意，可写要求；不同意，亦可提供其他解决办法。结尾写上："特此批复"或"此复"。

4. 落款

发文机关署名和成文日期。

三、注意事项

第一，写批复时必须认真研究请示的内容，弄清情况，权衡利弊得失，确保批复的内容符合党和国家的方针、政策、法规，答复的意见切实可行。

第二，要写明批复是经批复单位的××组织或××会议研究决定的。批复内容要开门见山，观点明确，态度明朗，有针对性。不要使用模棱两可、似是而非的词语，尤其不能离开请示的问题和要求而空发议论，使下级无所适从。

第三，批复要及时。

第四，批复的文字要简洁、准确，用语必须明确、肯定，表示态度要鲜明、果断。

【模板】

1. 对下级单位请示的事项予以明确表态的批复

××××（单位）关于××××××有关问题的批复

××××（主送单位）：

你公司《关于××××××的请示》（文号）收悉。根据××××××（依据），经研究，同意你们关于××××××（请示主旨）。请你们在××××××工作中切实加强领导，确保××××××。

发文单位（印章）
××××年×月×日

2. 批准下级单位请示的事项,并提出具体要求的批复

××××(单位)关于××××××有关问题的批复

××××(主送单位):

  你公司《关于××××××的请示》(文号)收悉。鉴于××××××,根据××××××的有关规定(依据),现就××××××有关问题(请示主旨)批复如下:

  一、原则同意××××××。

  二、××××××(具体要求)。

  请你们××××××(提出进一步做好此项工作的要求,以及从长远或整体上提出有关要求)。

发文单位(印章)
××××年×月×日

【例文】 批复

北京市文物局关于同意举办清明文化节系列活动的批复

北京石刻艺术博物馆:

  你馆《关于举办清明文化节系列活动的请示》(京石博字〔2013〕10号)收悉。经研究,原则同意你馆举办此项活动。请进一步细化活动方案及安全预案,在活动的筹备及举办期间,认真落实相关方案措施,确保活动的顺利举办及场馆安全,并做好活动信息的报送工作。

  特此批复。

北京市文物局(印章)
2013年3月24日

任务三 报 告

任务引入

  江阳传播公司是一家以品牌形象设计、品牌全案代理、推广策略规划、房地产整合推广、活动策划执行、专题拍摄、影视广告、平面设计为一体的综合性品牌策划服务公司。2014年度,全体员工始终以认真的工作态度、务实的工作作风、快捷的工作效率、精良的制作水准为信条,力求以独具的文化张力和独特的文化品位打造高端创意项目,取得了突出成绩。江阳传播公司的总公司通达文化传播公司要求其上交工作报告。这份报告该如何撰写呢?

 **必备知识**

一、概念、特点和种类

1. 报告的概念

报告是"适用于向上级机关汇报工作、反映情况,回复上级机关的询问"的公文。

报告属上行公文,应用相当广泛。它可以用于定期或不定期地向上级机关汇报工作,反映本部门、本单位贯彻执行各项方针、政策、批示的情况,反映实际工作中遇到的问题,为上级机关制定方针、政策或者做出决策、发指示提供依据;也可以用来向上级机关陈述意见,提出建议,如针对本地区、本单位、本部门带有普遍意义或倾向性的问题,提示解决的途径,为上级机关当好参谋;还可以用于答复上级机关的询问。

2. 报告的特点

(1) 行文的单向性。报告是下级机关向上级机关行文,旨在为上级机关提供情况,不需要受文单位批复,属单向行文。

(2) 表达的陈述性。报告用于汇报工作、反映情况。具体地陈述本部门、本单位贯彻执行各项方针、政策的情况,某一阶段做了哪些工作,怎样开展的,取得了哪些成绩,存在什么问题。表达手法是叙述和说明。

3. 报告的种类

根据性质的不同,报告可分为综合报告和专题报告两种;根据时间期限的不同,可分为定期报告和不定期报告两种;根据内容不同,可分为工作报告、情况报告、答复报告和递送报告等。需要说明的是,有些专业部门使用的报告文书,例如"调查报告"、"审计报告"、"咨询报告"、"立案报告"、"评估报告"等,虽然标题也有"报告"二字,但其概念、性质和写作要求与行政公文中的报告不同,不属于行政公文范畴,不应与之混淆。

按内容划分的几种报告:

(1) 工作报告。是向上级单位或重要会议汇报工作情况的报告。它主要用以总结工作,反映某一阶段、某个方面贯彻落实政策、法令、批示的情况。

(2) 情况报告。是指用于向上级反映工作中的重大情况、特殊情况和新动态等的报告。这种报告便于上级根据下级情况,及时采取措施,指导工作。

(3) 答复报告。是针对上级机关向下级机关提出询问或要求,经过调查研究后所作的陈述情况或者回答问题的报告。

(4) 递送报告。是以报告的形式,向上级呈报其他文件、物件的说明性公文。

二、格式与写法

报告一般由标题、主送机关、正文和落款组成。

1. 标题

由发文机关、事由和文种构成,如《××部关于××抗灾救灾工作情况的报告》。

2. 主送机关

报告的主送机关原则上主送一个。顶格写于文首,其后用冒号。

3. 正文

报告正文的结构一般由开头、主体和结语等部分组成。

(1) 开头。主要交代报告的缘由,概括说明报告的目的、意义或根据,然后用"现将××情况报告如下"一语转入下文。

(2) 主体。这是报告的核心部分,用来说明报告事项。它一般包括两方面内容:一是工作情况及问题;二是进一步开展工作的意见。

在不同类型的报告中,正文中报告事项的内容可以有所侧重。工作报告在总结情况的基础上,重点提出下一步工作安排意见,大多都采用序号、小标题区分层次。答复报告根据真实、全面的情况,按照上级机关的询问和要求回答问题,陈述理由。递送报告,只需要写清楚报送的材料(文件、物件)的名称、数量即可。

(3) 结语。根据报告种类的不同一般都有不同的程式化用语,应另起段来写。工作报告和情况报告的结束语常用"特此报告";答复报告多用"专此报告";递送报告则用"请审阅"、"请收阅"等。

4. 尾部

落款发文单位署名和成文时间。

三、报告的写作要求

(1) 工作报告:

① 要写明工作进程,成绩与经验,问题与不足,改进的措施,未来的打算。

② 主次要分明,重点要突出,点面结合。

③ 要客观全面报告工作情况,实事求是,从客观反映的成绩或问题中揭示出一定的规律。

④ 报告可以写设想、提建议,但不得夹带请示事项。

(2) 情况报告:重在反映"动态"情况,如突发情况、意外事故,工作中出现的新事物、新问题、新动向。报告要及时,详略要得当。

(3) 答复报告:针对上级的询问,实事求是地回答。

(4) 递送报告:将报送的材料(文件、物件)的名称、数量写清楚就可以了。结尾用"请收阅"、"请查收"等惯用语。

【例文】

行政管理系关于首届行政管理专业学生毕业论文指导工作的报告

公共管理学院:

按照教学计划的规定和我院《高职学生毕业论文工作管理办法》的要求,2014年2月至6月,我系积极稳妥地开展了首届行政管理专业(以下简称行管专业)学生毕业论文指导工作。在院领导的关心支持下,在同志们的共同努力下,现在此项工作已经结束。总的

来看,工作完成得比较顺利,取得了一定成绩,结果较为圆满。根据院领导指示精神,现将毕业论文指导工作报告如下:

一、主要工作情况

由于首次组织行管专业毕业论文指导工作,我们缺乏经验,因此,本着早做准备、精心组织、边实践边摸索的原则开展工作。全部工作主要包括以下步骤:

1. 印发参考题目。……
2. 安排论文讲座。……
3. 落实指导教师。……
4. 开展个别指导。……
5. 组织成绩评定。……

在指导学生撰写论文的过程中,老师们既要完成日常教学任务,又要付出大量时间和精力,指导学生阅读资料,推敲提纲或观点并反复修改论文,但是却毫无怨言。在4个月的时间里,老师们不仅指导学生研究问题,更以严谨负责、一丝不苟的科学态度感染和教育学生。有的老师家住得很远,为了当面指导学生(系里规定可以通过电话答疑),多次专门赶到学校;有的老师为了等待学生下课谈论文,经常很晚回家。老师们积极工作和认真负责的精神以及对学生的满腔热情和细心指导,不仅给同学们留下了深刻印象,也是整个论文指导工作得以圆满完成的基本保障。

二、主要成绩与效果评价

回顾毕业论文指导工作,我们认为成绩是主要的,应当给予充分肯定。

1. 首次组织毕业论文指导工作,是在摸索过程中完成的。……
2. 撰写毕业论文,不仅进一步培养了学生们的科学精神,而且对强化写作训练,增强分析、研究和解决问题的能力,发挥了重要作用。……
3. 首届论文指导工作,是在我系师资力量比较紧张的情况下完成的,部分教师首次承担这样的工作,为了确保质量,大家共同研讨,向有经验的同志请教,整个指导过程完成得比较顺利。……
4. 指导教师的工作,得到了学生们的充分肯定。在谈到毕业论文写作收获时,同学们形成以下共识:

第一,在老师的指导下,初步学到了收集资料、研究和论述问题的方法。

第二,在老师的指导下,对选题进行了认真的研究,并且对所研究的问题有了一定的发言权,有的同学表示,毕业后还要继续研究毕业论文所涉及的问题,争取正式发表论文。

第三,从指导老师身上学到了一丝不苟、严谨治学的精神。这种精神将使学生受益终身。同学们的切身感受,是对指导老师工作效果的真实评价,也是对老师们辛勤工作的充分肯定。

总之,首次毕业论文指导工作是一次有益的尝试,成绩是主要的。它保证了行管专业教学计划的完整执行,提高了毕业论文质量,也使教师得到了锻炼,为继续开展这项工作积累了经验。

三、存在问题及改进意见

我们认为毕业论文指导工作尚有值得改进之处。

1. 在印发参考题目之后近半年的时间里,忽略了对学生在选题和收集资料方面的指导和督促,这就失去了提前下达参考题目的意义。今后这个环节的工作需要抓紧。

2. 对毕业论文写作方法的总体指导还有欠缺。在学生写作论文之前,组织了一次专题讲座。由于时间紧张,有些问题无法展开,致使部分同学在开始写作时感到无从下手。今后,要进一步加强毕业论文写作方法的集体指导环节。

3. 收尾阶段工作欠扎实,答辩工作比较仓促。主要原因是安排不太合理。今后应适当调整第五学期的课程安排,抓紧前期工作,以便节省时间,切实搞好论文成绩评定,卓有成效地开展论文交流、答辩工作,以便学生之间相互借鉴,取长补短,并且更加科学、准确地反映毕业论文成绩。

我们要继续发扬成绩,不断改进工作,吸取第一次毕业论文指导工作的经验教训,把以后各届学生的毕业论文指导工作做得更好。

特此报告,请审阅。

行政管理系(印章)
2014 年 7 月 12 日

任务四 函

任务引入

公司刚刚招聘来一位客服,名叫丁小强,将安排他专门负责公司网站客服工作,但公司对他的工作履历一无所知。请你分别以该单位人力资源部负责人和丁小强原公司人力资源部负责人的身份,拟写一份问答函,具体内容是:该同志的工作经历、主要工作业绩、获奖项目及原领导对其的综合鉴定。

必备知识

一、概念、特点和种类

1. 函的概念

函是"适用于不相隶属机关之间商洽工作、询问和答复问题,请求批准和答复审批事项"的公文。

2. 函的特点

(1) 使用范围的广泛性。函没有机关单位的使用权限的限制,而且涉及的内容比较广泛。

(2) 写作的灵活简便性。函的写法灵活简便,篇幅短小,制作程序、手续一般也较为简易。函是公文中最轻型的一个文种。

3. 函的种类

（1）商洽函：不相隶属机关之间商洽工作的函。

（2）询问函：向有关机关询问情况的函。

（3）答复函：针对询问函而制发的函。

二、格式与写法

1. 标题

由发文机关名称、事由和文种构成。

2. 主送机关

即受文并办理来函事项的机关单位，于文首顶格写明全称或者规范化简称，其后用冒号。

3. 正文

（1）开头

主要说明发函的缘由。一般要求概括交代发函的目的、根据、原因等内容，然后用"现将有关问题说明如下"或"现将有关事项函复如下"等过渡语转入下文。复函的缘由部分，一般首先引用来函的标题、发文字号，然后再交代根据，以说明发文的缘由。

（2）主体

这是函的核心内容部分，主要说明致函事项。函的事项部分内容单一，一函一事，行文要直陈其事。无论是商洽工作、询问和答复问题，还是向有关主管部门请求批准事项等，都要用简洁得体的语言把需要告诉对方的问题、意见写清楚。如果属于复函，还要注意答复事项的针对性和明确性。

（3）结尾

一般用礼貌性语言向对方提出希望，或请对方协助解决某一问题，或请对方及时复函，或请对方提出意见或请主管部门批准等。

（4）结语

通常应根据函询、函告、函商或函复的事项，选择运用不同的结束语，如"特此函询（商）"、"请即复函"、"特此函告"、"特此函复"等。有的函也可以不用结束语，如属便函，可以像普通信件一样，使用"此致"、"敬礼"。

4. 落款

发文单位与成文日期。

三、注意事项

函的写作，首先要注意行文简洁明确，用语把握分寸。无论是平行机关还是不相隶属机关的行文，都要注意语气平和有礼不要倚势压人或强人所难，也不必逢迎恭维、曲意客套。至于复函，则要注意行文的针对性，答复的明确性。

【例文】

××公司关于派员工赴××公司参观学习的函

××公司：

为学习贵公司在××××方面先进经验，进一步加强交流合作，我公司拟于××××年×月×日至×月×日，由××经理带队一行××人前往贵公司参观学习，请贵公司在参观线路及接待工作等方面给予安排接洽为盼。

特此函达。

附：人员名单

××公司（印章）
××××年×月×日

联系人：××（办公室主任）手机：×××××××××××

写作实训

1. 请找出以下材料的错误之处并予以改正。

天地公司关于申请专项资金的请示报告

省财政厅：

  天地公司是省属的集服饰、原材料、电子、化工和副食品等进出口贸易于一体的大型国有企业，目前已拥有多家分公司，总资产近百亿元，在职员工近万人，是国内颇具影响力的贸易公司。其中，第五分公司专门经营电器进出口贸易。自加入世贸组织以来，伴随着对外贸易的日趋活跃和城乡人民生活水平的提高，第五分公司现有的生产规模已经不能满足市场的需求。

  为促使企业更好地发展，恳请省财政厅划拨专项资金一千万元。有无不妥请批示。

天地公司
2015 年 1 月 10 日

2. 请你根据以下材料写一份情况通报。

  20××年 9 日上午 9 点 10 分，通达公司××市分公司办公室发生火灾事故。事故发生后，市消防队出动 1 辆消防车，经 10 分钟扑灭火灾。事故未造成人员伤亡，只烧毁部分办公用品，直接经济损失 5000 元。事故直接原因是电路短路，但也与公司管理层及员工安全意识模糊、公司制度得不到落实、许多安全隐患长期得不到解决有关。通达公司××市分公司对此事做了相应处理，并要求秘书起草一份报告，向总公司说明情况。

项目二　日常事务

任务一　计划　总结

**任务引入**

人们做什么事都需要有计划。"凡事预则立、不预则废。"预,就是事前的计划和安排。工作有了计划,可以统筹全局,做到心中有数,同时便于随时检查,从而提高工作质量,完成工作任务。

**必备知识**

计　划

一、概念、特点和种类

1. 计划的概念

计划是党政机关、社会团体、企事业单位和个人,为了实现预想目标或完成某项任务而事先制定出实现这个目标的具体步骤、方法和措施而使用的应用文体。

计划不是单一的文种,是计划类文书的总称,叫作"计划性文体"。由于时间长短和内容侧重不同,往往选用不同的名称。

（1）计划

计划是对常规性的工作任务进行布置的计划,如单位制订的年度计划、季度计划、月计划。

（2）安排

安排是对短期内工作进行具体布置的计划,如经贸学院人事处第五周工作安排。

（3）规划

规划是带有全局性、长远性和方向性的计划,如"十二五"发展规划。

（4）要点

要点是列出工作主要目标的计划,如2012年工作要点。

（5）方案

方案是对专项工作作出全面部署与安排的计划,如本溪市2002年进一步实施"蓝天计划"工作方案。

(6) 设想

设想是初步的草案性的计划,如桂林市西部开发办 2002 年工作设想。

(7) 打算

打算是短期内工作的要点式计划。

2. 计划的特点

(1) 预见性。

(2) 现实性。

(3) 目的性。

3. 计划的种类

计划的种类很多,按照不同的划分标准,可分为不同种类:

(1) 按内容分,有学习计划、工作计划、生产计划、科研计划、销售计划、会议计划;

(2) 按范围分,有国家计划、地区计划、部门计划、单位计划、科室计划、班组计划、个人计划;

(3) 按时间分,有长远计划、年度计划、季度计划、月份计划、周计划;

(4) 按作用分,有指令性计划、指导性计划;

(5) 按涉及面大小的不同,可分为综合计划、专题计划;

(6) 按形式分,有条文式计划、图表式计划、文表结合式计划。

二、格式与写法

1. 图表式计划

以表格方式撰写计划,适用于时间短、范围窄、变化小、内容单一的具体安排,如销售计划、月计划等。

2. 条文式计划

条文式计划通常包括标题、正文、落款三部分。

(1) 标题

计划的标题有以下两种情况:

① 完整式。写明制订计划的单位名称、计划内容、适用时间和文种名称,如《××学院 2014 年工作计划》。

② 省略式。对制订单位、适用时间有所省略。如省略单位《关于 2003 年卫生工作计划》,省略时间《××省直属机关整党计划》。

(2) 正文

正文是计划的主体,一般由前言、目标和任务、实施步骤和措施等内容构成。

① 前言。简要说明制订计划的原因或依据,也可以阐明计划的目的和意义。这部分内容是说明"为什么"制订本计划。

② 目标和任务。这是计划的核心内容,是说明"做什么"的问题,提出所要达到的总体目标,明确具体任务。

③ 步骤和措施。这部分是说明"怎么做"的问题。步骤是实施计划的行动程序和时

间安排。措施是实现计划的保证。

(3) 落款

在正文结束后的右下方,署上制订计划的单位名称,在署名的下一行写上制订日期。如果在计划标题下已标明了单位名称,结尾处就不必重复。

3. 文表结合式计划

即表格式和条文式相结合的计划。一般是将各项目的内容填进表格后,再用简短文字作解释说明。

【例文】

2016卫生工作计划

2016年全市卫生计生工作的总体思路是:全面深入贯彻党的十八大和十八届三中、四中、五中全会精神和市委十一届十次全会决定,牢固树立创新、协调、绿色、开放、共享的发展理念,聚焦G20峰会医疗卫生保障这一圆心和城市国际化、城乡一体化两大主题,把握"强化党建、提升能力、确保稳定"三个核心要求,突出公立医院综合改革、分级诊疗体系建设、智慧医疗服务和生育政策调整四项重点,坚持讲法治、抓联动、强统筹、促发展、惠民生五项原则,全面抓好六个方面的系统工作,实现"十三五"卫生计生事业发展的良好开局。

一、全力以赴,全面做好G20峰会医疗卫生保障

1. 周密做好筹备工作。坚决贯彻中央和省、市委要求,牢固树立使命意识、责任意识和机遇意识,以只有确保、没有力争的决心,举全系统之力做好G20峰会医疗卫生服务保障工作。要夯实全市卫生计生系统G20峰会医疗卫生保障的组织体系;在国家和省卫生计生委指导下,进一步高标准完善以贵宾医疗卫生保障为核心的各项技术方案和预案体系;落实定点宾馆和会场医疗点设置;建立水上和空中院前医疗急救通道;按标准完成医疗卫生保障有关的物资采购和人员选拔;强化医疗卫生保障人员业务培训和演练;全面提升定点和后备医院的医疗救治和服务能力。

2. 严格执行保障任务。紧紧围绕市委"四个满意"的目标,整合资源、统筹协调、统一指挥、密切配合,形成做好峰会医疗卫生保障的整体合力。在G20峰会会前及会中,在市峰会保障工作领导小组和国家、省卫生计生委领导下,严格执行医疗卫生保障各项技术方案和预案,全面落实社会面及整体活动的医疗救治及公共卫生保障任务,达到"四个确保"的要求,即确保医疗卫生保障工作落实到位、确保突发公共卫生事件预防和处置科学有效、确保公共场所卫生状况始终良好、确保峰会期间卫生应急万无一失。

3. 加快推进卫生国际化。贯彻《杭州市推进医疗卫生国际化行动计划》(杭政办函〔2015〕102号),结合G20峰会医疗卫生保障筹备工作,抓住G20峰会"后效应"拓展的机遇,加快全市医疗卫生国际化进程;推进医疗卫生国际化建设项目,建成市一医院、市中医院、市二医院的国际医疗中心并投入运行,进一步提升市红会医院国际医疗中心的层次,其他市级医院开设为外籍患者服务的医疗区域;指导各级医疗机构在改善服务环境的同时,提升服务能力和医疗救治技术水平,提供与国际接轨的高水平的医疗服务。在落实资金保障的前提下,协助浙医二院和邵逸夫医院推进市滨江医院和市下沙医院国际医疗中

心建设。支持引进以外资合资、独资形式设立的医疗机构或由国际化医院管理团队参与运营管理的医院建设。

二、统筹联动,全面深化医药卫生体制改革

1. 优化资源配置,推进城乡卫生一体化。科学编制并实施《杭州市"十三五"卫生计生事业发展规划》,进一步优化医疗卫生资源布局。继续推进卫生重点建设项目,确保市七医院新医疗综合楼建成启用、市中医院丁桥分院主体工程完工、市儿童医院新建医疗综合楼完成桩基工程、市老年病医院开工建设。提升优质医疗资源"双下沉、两提升"工程的内涵,着力在选派优秀管理人员、医务人员,加强对基层专科的帮扶和人才培养上下功夫,巩固市级三甲医院下沉工作成效;深化县级医疗资源下沉乡镇工作,在乡镇全覆盖的基础上,加强基层医疗机构的能力建设和人才培养;继续深化主城区"四大中心"和县域"五大中心"建设,进一步完善工作机制,拓展覆盖范围。

2. 推动联动改革,强化公立医院公益性。在市政府领导下,根据《杭州市公立医院综合改革试点方案》(杭政办函〔2015〕93号)深化城市公立医院综合改革试点工作,强化部门协同,推进医疗、医保、医药联动改革,探索符合医疗卫生行业特点的编制管理和人事薪酬制度,提升医务人员积极性,激发公立医院内生活力;夯实区域医联体工作机制,促进公立医院与基层医疗卫生机构分工协作和上下联动,增强改革的系统性、整体性和协同性。强化对公立医院的有效监管,科学控制医疗费用的不合理增长,市属医院市级参保病人门诊均次费用和住院均次费用继续按2016年市医保下达的指标控制,确保让群众共享改革成果并从中获益。提升医院科学管理能力,优化组织和人员结构,提高运行效率和服务质量,降低医院运行成本,增强可持续性发展能力。

3. 深化分级诊疗,拓展医养护一体化。坚持政府主导、部门联动、顶层设计、整体推进的工作机制,继续推进具有杭州特色的医养护一体化全科医生签约服务,签约人数保持60万以上,进一步健全转诊机制,市属医院30%以上号源向社区开放,进一步探索完善政策体系,强化绩效考核,加大宣传力度,提升服务内涵,符合家庭病床建床条件的签约对象应建尽建;推动其他区、县(市)按照省政府65号文件或主城区模式实施全科医生签约服务,要落实签约服务费和医保优惠政策;要真正使群众对签约服务有更良好的感知和认知,以此推进基本医疗和公共卫生服务均等化,进一步构建"社区首诊,双向转诊,急慢分治,上下联动"的分级诊疗体系。

三、以人为本,全面做好计划生育和公共卫生工作

1. 抓好计划生育服务管理。适应人口形势重大转折性变化,准确把握坚持计划生育基本国策的新内涵和新任务,有序稳妥实施一对夫妇可生育两个孩子政策,积极推进计划生育工作转型发展,工作重点转向适当提高生育水平,提高出生人口素质,改善人口结构,促进人口均衡发展。坚持和改革计划生育目标管理责任制,突出党委、政府的主体责任。促进基层计划生育工作网络和队伍建设,着力提升基层计生服务管理队伍素质和管理水平。积极发挥计生协会作用,推进基层群众自治工作。深化完善生育服务证制度改革,全面实行生育登记服务制度,改进特殊情况再生育审批,优化办事流程,提升群众满意度。加强出生性别比治理,强化生育全过程管理,加大打击"两非"力度。继续加强流动人口服务管理,全面做好流动人口社会融合国家试点工作。

2. 扎实推进幸福家庭创建。继续夯实全国创建幸福家庭活动示范市各项机制和载体活动，开展家庭文明倡导、优生优育、健康促进、致富发展、计生家庭扶助等"五大行动"和计生家庭养老照护试点，为计划生育家庭提供全方位服务，让计生家庭有更多"获得感"，提高家庭发展能力。全面落实法律法规明确的计划生育奖励优惠政策，深入做好计生特殊家庭的关爱扶助工作，加强对计生特殊困难家庭的经济援助、日常帮扶、心理关怀等工作。不断健全计划生育利益导向政策体系和工作机制，进一步完善杭州市特殊家庭帮扶救助机制和计划生育利益导向的各项管理制度，构筑起杭州市帮扶计生特殊家庭的社会力量体系。整合市计划生育宣传指导站和市妇幼保健院职能，突出生育健康和药具指导职能。

3. 做好疾病预防控制工作。以国家和省级慢病示范区、国家和省卫生应急综合示范区、国家艾滋病综合防治示范区、国家精神卫生综合试点城市创建工作为抓手，进一步夯实组织网络、工作机制，丰富工作载体，提升卫生应急、重点慢性病和传染病防控、精神卫生工作水平，完善联防联控机制，加强重大疾病防控。继续推进医防整合联动，落实医疗机构公共卫生职能。明确高校公共卫生管理职责和要求，增强高校公共卫生管理能力。加强重点传染病预测预警，提升新发传染病流行趋势预判水平和防控能力；依托国家心血管高危人群早期筛查与干预项目、脑卒中高危人群筛查干预项目，探索建立脑卒中预防与救治服务新体系；加强疾控机构实验室建设，提升传染病监测、突发公共卫生事件调查处置和食品安全风险监测能力。推进杭州市职业病防治院的功能转型，提升全市职业病防治工作水平。进一步做好精神卫生工作，实施《杭州市精神卫生条例》的修订。提升妇幼健康服务能力，强化妇幼保健与临床相结合，做好国家妇幼健康手册项目试点，优质完成各项公共卫生服务，确保各项指标保持优良。

4. 强化综合监督执法工作。以机构改革和职能调整为契机，整合和优化卫生计生监督资源配置，健全卫生计生综合监督网络，强化监督队伍能力建设。以创建省级卫生监督协管示范点为载体，推动综合监督协管工作的常态化和规范化建设。加大打击非法行医、"非医学需要的胎儿性别鉴定和选择性别人工终止妊娠"力度，完善部门联席会议制度，健全协调联络、监测报告、信息互通、联合执法和案件移送等工作机制。努力发展卫生监督智慧监管模式，广泛推行监督智能移动执法终端以及生活饮用水、游泳场所、商场、医疗废弃物监管等在线监测系统和卫生监督二维码信息公示工作。探索综合监督信息公示试点，做好行政处罚网上审批流转，努力实现行政执法过程透明公开。继续推进公共场所规范化管理，加强控烟卫生监督执法；继续做好生活饮用水卫生、传染病防控、学校卫生及医疗机构放射防护管理、医疗废弃物处置、感染控制等卫生监督监管工作。

5. 深入开展健康杭州建设和爱国卫生运动。进一步探索健康杭州建设模式，健全健康杭州建设长效管理制度，积极开展健康城市建设理论研究，丰富健康城市建设载体和项目，努力为健康中国建设提供实践样本。结合"五水共治"、新一轮城乡环境卫生整洁行动、美丽乡村建设等载体，推动城乡爱国卫生工作协调发展，重点做好国家卫生城市巩固和国家卫生镇乡的创建培育工作，力争每个县(市)至少有1个以上国家卫生镇乡；整合资源、合力推进农村改水改厕工作，完成20个农村水厂(站)净水设施或管网提升改造项目，新(改)建无害化卫生户厕1万座，累计无害化卫生户厕普及率保持在96%以上。扎实组织开展病媒生物预防控制工作,提高我市公共环境"四害"防制质量和效果,有效控制四害密度,提升群众的满意度。

四、惠民为民,全面提升医疗卫生综合服务水平

1. 着力提升内涵,拓展智慧医疗便民惠民成效。加快建设医养护一体化智慧医疗综合平台,为多样化、多层次的医养护健康服务供需双方提供平台,为提升医养护一体化服务内涵和推动健康服务业发展奠定基础。进一步完善市属医院物联网智慧护理管理,提升护理信息化水平;完善分级诊疗平台建设和工作机制,力争将萧山、余杭、富阳三区和省分级诊疗试点县(市)接入杭州市双向转诊平台;进一步夯实现有的智慧医疗项目,深化市民卡和健康卡在三区四县(市)的推广应用,提升"全城通"应用、"全人群"受益、"全自助"服务、"全覆盖"结算等"四个全"的成效。整合卫生计生信息资源,实现计划生育信息互联互通,强化跨部门信息共享,加快全员人口信息库建设,实现孕产期保健、住院分娩、出生医学证明、儿童预防接种等个案登记信息交换与共享。

2. 注重医疗安全,提升医疗服务技术水平。继续落实《杭州市卫生计生系统进一步改善医疗服务行动实施方案》(杭卫计办〔2015〕38号),着力改善群众就医体验。强化落实医疗核心制度,完善医疗安全防范处理机制。加强市级质控中心建设,持续抓好重点领域的医疗质量和医疗技术临床应用管理,切实提高医疗质量。深化优质护理服务工程,扩大覆盖面,加强护理质量管理,提升护理品质,促进护理学科发展。在遵守法律法规的前提下,鼓励开展临床新技术和新项目,提升临床技术水平。贯彻《杭州市院前医疗急救管理条例》,加快院前医疗急救体系建设,落实急救网点建设保障政策;提高院前医疗急救服务能力,提升急救网点规范化管理水平。加强无偿献血和临床用血管理工作。

3. 强化基层基础,提升中医药服务能力。巩固"全国基层中医药工作先进单位"创建成果,深化基层中医服务能力提升工程,依据新标准完善基层中医药服务网络,全市综合医院和社区卫生服务中心(乡镇卫生院)全部设置中医科,80%以上村卫生室能提供中医药服务。以基层名中医的评选、中医重点学科建设等为载体,扎实推进中医药"名医、名科、名院"建设。搭建"中医药适宜技术的推广应用智慧平台",大力推广中医药新技术、新疗法。加强中医药质控管理,持续推进中医药持续质量改进。加强中药饮片处方点评工作,进一步加强中药饮片处方管理。弘扬传统中医药文化,发挥中医药特色优势,优化推出一批中医特色旅游线路、创新开发一批中医药特色养生保健产品、规范建立一批中医药特色服务街区、引进扶持一批中药材种植基地,推动中医健康服务业发展。

4. 做强重点学科,提升卫生科教管理水平。完善重点学科制度建设,动态管理,优胜劣汰;开展第三轮市级重点学科的周期考核,提出第四轮建设计划建议。借助省市共建和省医学扶植重点学科平台,为我市现有重点学科列入省重点学科建设计划创造条件。加强以经费审核为重点的科技项目过程管理,倡导科研诚信,努力提升项目的完成率与完成质量。加强继续医学教育工作,按需施教,分层培训,增强培训的针对性、适宜性和有效性。以国家级培训基地管理为重点,加快推进住院医师规范化培训制度建设,加强联合体的自身管理和师资建设,力求培训结果同质化。继续开展各类岗位培训,加强基层卫生人才培养提高基层医疗卫生队伍素质。以对口医院的学科建设为载体,认真做好援疆、援青、援贵等对口支援工作。

五、从严从实,全面强化卫生计生行业党的建设

1. 抓行业党的建设工作。牢固树立"抓党建是最大的政绩"理念,明确党建工作要求,出台《加强和改进全市卫生计生系统党建工作的意见》,按照"两级联动抓党建,助推卫计新发展"的工作思路,树立"党建+"思维,把党建工作融入卫生计生事业发展各方面、全过程,发挥党建的独特优势,统领"一体两翼",即以做好医疗卫生为主体,以公共卫生和计生工作为两翼,探索党建工作与中心工作融合新模式,切实增强党建工作实效。以全面落实党建工作责任制为抓手,实现基层工作体系更加明晰、组织体系更加严密、治理体系更加健全、服务体系更加高效、制度体系更加完备、保障体系更加有力,推进基层党组织生活规范化,提升党建能力和水平;发挥党员先锋模范作用,抓人促事,推进工作。强化党建工作考核。结合行业实际,强化对直属单位党建工作的监管与考核,以考核促管理,以管理促规范。

2. 抓党风廉政建设工作。深化学习贯彻落实《廉洁自律准则》《党纪处分条例》,不断强化系统党员干部的理想信念和宗旨意识。进一步落实党风廉政建设主体责任、监督责任和"一岗双责",强化"管行业必须管行风"、"谁主管谁负责"的意识;运用好监督执纪"四种形态",把纪律规矩挺在法律前面,纪比法严、纪在法前,严肃"一案双查";坚持问题导向,牢牢盯住重点问题、重点人群、重要节点,进一步坚持落实中央八项规定精神,持续治理医药购销领域商业贿赂,规范干部选拔任用、公款存放、招标采购、基本建设等"三重一大"工作,充分利用信息化手段开展廉洁动态风险预警,深入开展谈心谈话、廉政谈话、约谈,继续深化党风廉政建设巡查、督查和审查工作,加强纪检干部队伍建设,发挥好监督执纪作用,促进卫计系统风清气正。

3. 抓干部和人才队伍建设。强化干部监督管理,围绕领导干部重点监督事项,健全和完善相关举措,建立干部管理数据库,对委管干部的日常管理实现信息化管理;加强年轻干部的培养和选拔工作,探索和建立委管后备干部培养选拔实施办法。以高层次人才引进为抓手,扩大政策宣传,建设人才交流信息平台,组织巡回招聘,力争在学科带头人和业务骨干的引进上取得新突破,努力培养一支政治过硬、纪律严明、技术精湛、作风优良的卫生计生干部队伍。继续做好老干部工作,抓好统战和工青妇工作,支持民主党派工作,不断推动卫生计生事业全面协调可持续发展。

六、依法治理,全面打造和谐卫生计生

1. 推进卫生计生法治建设。贯彻市委市政府建设"法治杭州"、"杭法十条"精神,加强法治宣传教育,建立法律顾问机制,健全完善行政执法责任制和依法行政工作制度,严格规范卫生计生行政行为。严格依法征收社会抚养费,在继续推进合法合理征收社会抚养费的同时,引导基层把社会抚养费征收工作重点转向重立案、下发征收决定书和移交法院强制执行上来。深化权力清单制度建设。以"四张清单一张网"建设为抓手,完善各权力事项运行流程图。按照简政放权要求,推进杭州市卫生计生行政权力系统升级改造;强化监管,协力开展信用杭州建设;试行许可证信息二维码,有效衔接许可与后续监督,落实事中事后监管责任。通过优化行政审批流程,提高行政审批效率,提升群众满意度。

2. 弘扬和谐卫生计生文化。积极倡导"医学有局限勇于攀登,服务无止境追求卓越"的卫生计生工作理念,大力弘扬医务人员"救死扶伤、为医精诚"的卫生行业核心价值观,

打造积极向上的卫生计生文化。强化卫生计生新闻宣传,深入挖掘报道卫生计生系统的先进典型和先进事迹,传递卫生计生系统正能量,努力创造一个有利于卫生计生改革和发展的舆论氛围。

  3. 强化卫生计生平安创建。重视源头防范、初信初访处理和健全处置机制,引导群众按法定途径分类处理矛盾纠纷,促进卫生计生信访秩序持续好转;建章立制,细化标准,强化人防、物防、技防,持续加强系统安全生产、反恐和综治维稳工作,积极构建和谐医患关系、创建"平安卫生计生"。

杭州市卫生局
2016 年 1 月 3 日

【例文】

2017 教师研修学习计划

  为了提高自己的执教水平和业务能力,更好地为教育教学服务,我将以新课程为引领,认真践行校本教研工作,借助同伴互助提升教育理念,感悟教育真谛。为促进自身专业不断成长,结合自己的实际和自身发展要求,特制订个人校本研修计划。

  以学校为本,以新课程实施为中心,以改善教学方法为突破口,以课堂教学研究为基本点,扎扎实实的开展好个人校本研修工作。通过校本研修,不断充实自己,努力提高自身整体教学水平,不断促进自身专业成长。

  一、研修目标

  1. 通过研修,努力提高自身的师德修养,做到德高为范,学高为师。能总结教育教学研究的经验与教训,认真备好、上好每一节数学课,撰写较高质量的教学案例、教学反思、教学论文和教学设计,不断提升自己的业务能力和教学艺术。

  2. 积极开展教育教学研究工作,充分发挥教研组长的示范引领作用,迅速提高自身和同伴的业务素质和教学研究水平。

  3. 优化数学课堂教学,优化备课活动,加强理论学习,不断进行教学研究,努力探索和研究适合学生特点、能促进学生全面发展的教学方法,推动教学质量稳步提升。

  4. 以新的教育理念和修订版学科课程标准为指导,大力实施新课程,着力解决教学改革和课堂教学中所遇到的实际问题,不断转变教师教学方式和学生学习方式,促进师生共同发展。

  二、研修要求

  以新的教育理念为指导,以课程改革实验研究为重点,以促进师生共同发展为目的,以改革课堂教学为突破口,促进教育教学观念的转变,重视学生创新精神和实践能力的培养,为学生的全面发展和终身发展服务,使自己及同伴们成为师德高尚、业务精湛、能促进学生全面发展的优秀教师。

  三、研修内容

  1. 个人读书

  争取每月精读一本教育教学专刊,每学期读一本数学方面的专业书籍,认真在读书笔记上做好记载,积极撰写读后感3~5篇,特别要加强对修订版课程标准的学习和领会。

2. 听评课

主要以本校教师为听评课对象,并积极参加县教研室和教研协作区组织开展的听课评课活动,每学期完成20节的听课任务,并认真进行记录和评议。

每学期观看五节以上的中学教学优质课课堂实录,做好听课记录,并在教研组活动时及时作出听课后评价。

3. 公开课

积极参加学校、教研协作区和教研室组织开展的教学公开课活动。每学期在组内上一节公开课,课前精心备课,然后请校内优秀教师进行指导后再邀请组内和其他教师听课。课后及时把教学设计和教学反思写下来。

4. 教研组集中研修

积极主持和参与每周一次的教研组研修活动,开展好业务理论学习和备课,加强组内教学研究专题和个人所申报的教学研究课题的研究。

5. 撰写教学论文

根据个人研修的实际情况,每学年独立完成一篇2000字以上的教学论文。独立完成一篇高质量的教学反思、教学设计和教学课件,并积极参加各级各类论文、教学设计和课件评选活动或公开发表。

四、研修具体措施

1. 通过个人与集体学习形式加强理论学习和业务学习,不断吮吸新的教育教学理念,积极探索教育教学规律。积极参加各级教研部门组织开展的论文、课件、教学设计等方面的评选活动,促进自身的专业理论水平不断提升。

2. 积极参加教学研究活动,主动参加学校、教研协作区和教研部门组织的研究课、示范课活动,在实践中丰富自己的教学经验。同时将培训和学习所得,在具体的教学实践中尝试,使自己的教学水平逐步提高,逐步形成自己的教学特色。

3. 积极参与课题研究,每学年结合课题研究内容撰写一篇教学反思、教学案例和教学论文。

4. 注重日常教学常规的扎实与提升,学会思考教育问题,积极把先进的教育理念转化为教师的行为,从反思中提升教学研究水平。平时教学及每节公开课后,把自己在教学实践中发现的问题和有价值的东西赶快记下来,享受成功,弥补不足,通过反思优化教学实践,在总结经验中完善自我,有效提高课堂教学质量与效益。

5. 按时按要求积极参与教研组的备课活动,认真备好每一节课,上好每一节课,务求取得实效。

总之,我将通过校本研修,进一步提高自身常规教学能力和教学研究水平,积极推进新课程的实施,充分发挥自身的专业引领作用,继续推进学校校本教研工作的有效开展,促进自我专业成长。

×××

2017年1月4日

总　结

一、概念、特点和种类

1. 总结的概念

总结是单位、部门或个人对前一阶段工作、学习或思想情况进行回顾与评价,从中找出经验教训,获取规律性的认识,以便指导今后实践的一种应用文书。

2. 总结的特点

(1) 真实性。总结在回顾过去时要用事实说话,从本单位(或本人)自身的实践活动中选取材料,并从这些材料中提炼观点,得出结论。

(2) 理论性。总结工作不是记流水账,不能停留在事实的表层作一般的陈述,而要客观、认真地评论得失,对事实材料进行科学分析,就事论理,透过事物看本质,寻找规律。

(3) 目的性。总结的根本目的就在于指导今后的实践,肯定成绩是为了增强信心,鼓足勇气,做好以后的工作;总结经验是作为后事之师,发扬光大,不断前进;找出教训是为了明白失利原因,以便记取,避免重蹈覆辙。

3. 总结的种类

总结可以从不同的角度分类。

(1) 按内容分,有工作总结、学习总结、生产总结、思想总结、活动总结、会议总结;

(2) 按时间分,有年度总结、半年总结、季度总结、月份总结、阶段总结;

(3) 按范围分,有单位总结、部门总结、班组总结、个人总结;

(4) 按性质分,有全面总结、专题总结;

全面总结又叫综合总结。它是对一个单位、一个部门在一定时间里各项工作的整体综合各全面概括的书面材料,其特点是内容全面,篇幅较长,以求全面反映工作的全貌。

专题总结也叫单项总结。它是对一个单位、一个部门在一定时间里某一项工作或某一项工作中的某一个问题所作的专门总结,其特点是内容比较集中单一,针对性强,篇幅也不长。

二、格式与写法

1. 标题

总结的标题有以下两种:

(1) 公文式标题

有完整式和省略式两种写法。完整式由单位名称、时间、内容、文种四个方面组成,如《××医院2012年度工作总结》。省略式可省略单位名称,如《2013年大学生心理咨询情况总结》;省略时间,如《××单位营销工作总结》;也可这两项都省略,如《青年志愿者活动工作总结》。

(2) 新闻式标题

新闻式标题有单标题和双标题两种写法。

单标题是根据总结内容用一句话或一两个短语概括出题目,类似一般文章标题的写法，如《适应新的形势，努力做好商业工作》。

双标题由正副标题组成。一般正题用文章式标题，点明总结主要观点，让人易于把握；副题采用公文式标题，补充说明单位、时限、内容，如《奋力开拓，打开局面——××公司2001年空调销售工作总结》，《薄利多销，保质保量——××市服装公司经验总结》。

单位常规工作总结大都采用公文式标题；经验介绍，并准备在新闻媒体发表的总结，大多数采用新闻式标题，总结标题的写法具有较大的灵活性。

2. 正文

正文内容包括前言、主体、结语三部分。

(1) 前言

也称引言，一般简要介绍工作背景、基本情况等，有时还对主要工作成绩和经验做出概括，取得开门见山的效果。

前言的几种写法如下：

概述式：概括介绍基本情况；

结论式：提出总结的结论，并重点介绍经验或概括成绩；

提示式：对工作的主要内容进行提示性的简要概括；

提问式：开头提出问题以引起读者对该文的关注。

前言总是以精练的语言，提示总结的精髓之处，使读者对全文有一个大体的把握。

(2) 主体

总结的核心部分，一般由基本情况、成绩与经验、问题与教训、今后打算等组成。

一是基本情况。交代总结对象的概貌、工作的背景、具体任务、工作结果等，用以说明在什么情况下，完成了什么任务，采取了什么主要措施，收到什么成效。这些内容有时与前言结合起来，有时甚至可以把它糅合在经验中写。

二是成绩与经验。总结工作成效，分析取得成绩的主客观原因，从而找出经验和规律，这是总结的重点，应占有比较长的篇幅。

三是问题与教训。说明工作中存在的问题，分析原因，找出病根，以便解决问题和避免今后工作中出现类似的失误。

四是今后的打算和努力方向。针对工作中存在的问题提出切实有效的改进措施，提出新的奋斗目标，以表明态度。

主体部分的结构思路主要有以下几种：

① 常规式。通常采用"基本情况——经验做法——存在问题——今后打算"的顺序，分成四大部分进行总结，这是总结的传统方法。这种结构容量大，眉目清楚，适用于综合性总结。

② 阶段式。用于对周期长、阶段性显著的工作进行总结。把整个工作过程按照时间顺序划分成几个阶段，分别说明每个阶段的情况、成绩和问题。

③ 并列式。将总结的内容按照性质逐条排列为几部分，每一部分既有相对的独立性，又能密切的联系。有的是以经验体会为序分条，结合经验体会自然地介绍工作情况、成绩、问题等；有的是以工作项目为序分条，在介绍工作情况的基础上引出经验教训。它的好处是条理清楚，纲举目张。

④ 贯通式。这种形式既不列条款,也不分小标题,而是从头到尾,围绕主题,分若干自然段一气呵成。这种结构常按时间顺序或事理发展的层次,抓住主要线索,层层分析说明,总结工作全过程。

(3) 结语

也称结束语。内容包括对前文的总结、点明要点、明确方向、提出目标,也可以对未来进行展望。这部分要求简洁有力。

3. 落款

包括署名和日期。单位总结的署名,可写在标题下方或正文的右下方,如果标题中出现了单位名称,则可不另署名。个人总结的署名,一般都有写在正文的右下方。总结日期可以加括号放在标题下,也可放在文后署名右下方。

三、总结与计划的区别

1. 时间安排不同

计划是在工作开始之前,是对未来行动的部署或安排;总结是在工作中或工作结束之后,是对过去所做的工作的回顾、评价。

2. 内容要求不同

计划要求回答的是在未来一定时间内要"做什么"和"怎么做";总结则要求回答的是在过去一段时期内已经"做了什么"和"做得怎么样"。

3. 表达方式不同

计划是为了完成一项任务所要采取的措施、步骤,因此重在叙述、说明;总结是对过去的工作进行回顾、分析与评价,是人们提高认识的过程。因此,表达方式以叙述、议论为主,说明为辅,可以夹叙夹议。

【例文】

坚持文化立校 打造景区教育品牌
——老子山镇九年制学校校园文化建设总结

学校文化建设是新时期贯彻党的教育方针,全面推进素质教育的有效手段。为此,为了认真落实"学校文化建设年"精神,营造浓厚的学校文化氛围,为学生创造良好的育人环境,我校于本学年进一步加大了校园文化建设工作力度。现将各项工作汇报如下:

一、学校领导班子成员高度重视校园文化建设工作,明确指导思想和目标任务,成立了以校长为组长的校园文化建设领导小组,多次召开专题会议反复研究论证,结合校园布局结构和实际情况,制定了我校校园文化建设发展规划:校园建设营造整体美,绿化美化营造环境美,名言佳作营造艺术美,人际和谐营造人文美。2010年以教学大楼和师生餐厅文化、学生宿舍文化建设为重点;2011年以广场的绿化美化、场地硬化、教室文化建设为重点。经过近两年的努力,把老子山镇九年制学校建设成为环境幽雅整洁,结构布局合理,人际关系和谐,校风、班风、学风良好的一流学校。

二、依据学校校园文化建设发展规划,认真制定了《老子山镇九年制学校校园建设工作实施方案》,详细安排部署了我校2012年校园文化建设的各项活动内容,明确任务,责任到人限时完成任务。

三、组织全体教职工认真学习《老子山镇九年制学校校园文化建设实施方案》,引导全校教职工认真领会精神,充分认识校园文化建设现实意义,并把相关任务要求向各部、各处室、各班级进行责任分解,从而营造全校上下互动、积极配合的氛围,形成对校园文化建设人人参与、齐抓共管的良好格局。

四、开展的主要工作

1. 营造浓厚校园文化氛围。(1)学校投资10多万元购置了校园广播、摄像机等设备,设立了校园广播室。坚持每天早晚两次播出"校园之声",开辟了"平安校园"、"绿色空间"、"亲情树"、"校园快讯"、"时文选萃"等专题栏目;成立了班级通讯组,定期培训通讯员,丰富了校园文化生活,提高了学生写作水平;我们不断优化广播内容,用优美、健康向上的乐曲陶冶学生情操;用适时播放的好人好事弘扬正气;用《校园新闻》培养学生关注时事、热爱学校的情感,树立主人翁意识;用经典、优秀的散文、诗歌培养学生的高尚品质;(2)对教室墙面、黑板、走廊、标语、橱窗等进行精心布置,建设奋志雕像、奋志走廊、奋志长廊等校园奋志景观;各班级的板报、学习园地每周一换,校园阅报栏展示内容两天一更新。

2. 培育学校精神,提升学校文化品位。一所学校的精神品质是这所学校的灵魂所在。借学校文化建设之机,我校把本校的价值观念、办学思想、办学理念、办学特色、办学目标、校训、校风、教风、学风以及《老子山镇九年制学校学生一日常规》进行了详细认真的解读,使全校师生熟知本校学校精神,并作为共同的座右铭内化为自觉行动。同时,我们根据湖区孩子特别能吃苦耐劳、顽强拼搏的特点,我们全体教师形成共识,密切配合,在学习和各项活动中积极引导并加以培养,使之成为我校的一种精神,成为我校每个学生身上共同具有一种优秀品质。

3. 造优美洁净的校园环境。在继续坚持校园卫生责任区实行包片管理、确保校园卫生的基础上,对校园的树木、花园、绿化带也明确班级负责,定期浇灌、修剪、养护,使学生在劳动和管护之中,增加对花草树木的了解,提升他们的欣赏水平及环保意识。为进一步美化校园,新修学校大门一座、中心花园一个、厕所一个,植花木1000余株,修建草坪绿化带,铺设大理石广场,实施了操场塑胶化,修建了旗台、安装了旗杆,投入200余万元进行内部装备、出新、改造旧教学楼。逐步实现校园的净化、硬化、绿化、美化、整齐化。

4. 开展各种活动,焕发校园生机。我校坚持每天清晨升国旗以及每周一集体升国旗、唱国歌、国旗下讲话活动,陶冶学生的爱国情操;以班级为单位开展了乒乓球比赛、羽毛球比赛、拔河比赛和篮球友谊赛,增强学生集体主义观念;举办了春季田径运动会,培养了学生顽强拼搏、永争第一的优良作风;组织了"安全伴我行"学生征文比赛和"我与法制同行"学生征文比赛,活跃学校文化氛围,提高学生的写作水平;举行了清明节为烈士扫墓活动,激发学生的爱国热情;每周一下午各班级分头组织内容丰富的主题班会,活跃班级风,举办了交通安全知识报告会和法制教育报告会,培养了学生的安全防范能力和遵纪守法意识;组织全校师生为患病学生捐款,以增强凝聚力。

5. 营建班级文化,创建班级特色,形成班级精神,努力营造人格培养的良好氛围。各班级教室布置充分体现班级特有的艺术气息,标语的选择、书写,板报、学习园地的设计、内容安排、插图绘画等无不体现着学生的独具匠心,体现着学生的聪明才智。"我说我"、"我爱我班"、"开拓展台"等独具匠心的班级文化建设的展示,表达了学生真挚的情感和心声,展现着学生们火热的青春与飞扬的梦想。学生在这样的环境内感染和熏陶,自觉或不自觉地把班级目标内化为自己的追求和行动,享受成功的喜悦,激发向上的欲望。

6. 加强学生的养成教育,培养学生的良好习惯。加强了学生的文明礼貌用语教育、尊老爱幼教育和谦逊恭让教育,引导学生做文明人,办文明事;加强学生的安全意识和技能教育,引导学生形成良好的安全防范意识;加强对留长发、染彩发、着奇装、戴首饰等学生的批评教育,引导他们形成健康的审美观;强化学生的感恩教育、诚信教育;引导学生形成高尚品质;强化学生的时间观念教育,培养学生形成良好的生活习惯。

五、校园文化建设取得的成效

1. 校园的环境优雅、整洁、和谐、美观,三季有花,四季常青,师生身处其中,心旷神怡,精神状态为之振奋,工作、学习的信心倍增。

2. 学生的文明行为和优良习惯正在逐步形成,学生整体的文明程度提升比较明显,按时到校的学生多了,迟到、早退的人少了,遵规守纪的学生多了,打架斗殴的人少了,按时作息的多了,宿舍吵闹声小了——使我们体会到了环境育人这一真谛,更加认识到校园文化建设的重要性。

3. 学校文化建设的新气象有力地促进了学校的育人功效,对良好的校风、班风、学风的形成起到了积极的推动作用,对学生综合素质的提升起到了润物细无声之妙。

六、学校文化建设未来构思

1. 致力教师文化建设

造就奋志教师。引导教师树立"愿栽大木柱长天"的宏伟志向,坚持以人为本,强化师德,充分发挥领导带头作用、榜样示范作用,形成一支爱岗敬业、无私奉献,有一颗超越世俗的爱心、能担当社会责任感的教师群体;强化创新意识,优化校本培训,采取撰写个性化的读书笔记、组织捆绑式的同伴互助、实施开放式的学习交流等形式,练就教师扎实的教学基本功,造就优秀教师队伍,发展品牌学校。

打造奋志课堂。追求"上善若水"的智慧课堂,用心灵塑造心灵,用智慧启迪智慧,构建见解深刻、充满智慧、精益求精的生态课堂。加强备课管理,坚持集体备课,着力课堂教学过程管理,切实做精、做实、做深课堂,广泛开展典型案例研讨、听课评课以及教学大比武等活动,大力开展校际交流,力求彰显每位教师的教学特色,实现教师教得轻松、学生学得愉快。

2. 给力学生文化建设

精心实施"德育一体化"工程。作为全县唯一一所九年制学校,我们将借助"一体化"的优势,根据每位学生在学校持续学习生活九年的实际,精心设计"德育一体化"育人目标,着力构建"德育一体化"育人模式,积极探索"德育一体化"的内容和方式。小学阶段,教育帮助学生初步培养起爱祖国、爱人民、爱劳动、爱科学、爱社会主义的情感;树立基本的是非观念、法律意识和集体意识;初步养成孝敬父母、团结同学、讲究卫生、勤俭节约、遵守纪律、文明礼貌的良好行为习惯;逐步培养起良好的意志品格和乐观向上的性格。力争通过努力,让所有学生学会求知、学会做事、学会共处、学会做人。

悉心开展老子文化特色活动。巩固已有的原国学特色活动,进一步弘扬地方特色文化——老子文化。充分挖掘、利用老子山、老子的文化渊源,构建以老子思想精髓为主题的校园文化,编写《老子文化启蒙》校本课程;精心组织开展"二一一"老子特色文化活动,每周开设两节老子文化课程,每人学会一套《道德经》自编操,每人参加一项老子文化兴趣活动,如太极操、乡土考察团、老子讲坛等,努力打造老子教育文化特色品牌。

作为一所湖区老校,谋求学校又好又快发展,办湖区人民满意的学校,是我们义不容辞的责任。未来,我们将继续坚持素质教育的办学方向,践行先进的教育观念,精致化学校管理,与时俱进,开拓创新,把各项工作做得更好,为景区的发展做出新贡献!我们坚信,有县教育局正确领导、有老子山镇大力支持、有社会各界鼎力相助,不久的将来,一所办学有特色、教学有特点、学生有特长的景区品牌学校必将焕发新的时代光彩。

总之,老子山镇九年制学校校园文化建设工作在上级部门的关怀和全体师生的共同努力下,经过两年多的辛勤劳作,作出了一定的工作,取得了一定的成效。展望今后,等待我们去做的工作还很多,任务还很艰巨,但我们有信心在上级部门的正确领导下,全校上下,群策群力,把我校的学校文化建设迈上一个新台阶,使浓厚的学校文化成为老子山镇九年制学校的一大亮点。

2011 年 12 月 30 日

【简析】 这份工作总结,标题采用新闻式标题。正文前言概括叙述了工作基本情况,用"现将各项工作汇报如下:"作为过渡,引出主体。主体采用条款式交代具体工作任务和措施,条理清晰、语言简洁。

任务二　请假条　借条　领条

旅游系酒店专业的学生张明轩在锦江之星酒店进行工学交替,时间两个月,从 4 月 5 日开始,无法上《苏州文化》选修课。请你以此为由,向该选修课李老师请假。

请假条

一、概念

请假条是因公或因私请求准假不参加某项工作、学习、活动的应用文书。它是我们日常工作、学习和生活中使用率极高的一种应用文样式。

二、格式与写法

请假条由标题、称呼、正文、落款四个部分组成。

1. 标题

一般直接在首行居中位置写"请假条"三个字。

2. 称呼

在标题下一行顶格写上对批准假期的领导或主管人的称呼,一般在其姓后加职务(如黄主任,张老师等),再加冒号。

3. 正文

写上请假的原因、时间。请假时间要说明请假起止时间,最后写上"恳请批准"等字样,有些还写上敬语。

4. 署名和日期

在正文末的右下方写上请假人的姓名和写请假条的时间。

【例文】

请假条

李老师:

  我是旅游系酒店专业1331班的学生,因将在锦江之星酒店参加工学交替(4月5日—6月5日)两个月。为此,特请假两个月,恳请批准。
  此致
敬礼

请假人:张明轩
2014年3月20日

请假条

××培训中心:

  因我行于1月10日晚举行员工大会,任何人不得缺席,所以本人1月10日晚不能到校参加培训。特此请假,恳望批准!
  此致
敬礼

××银行海珠支行营业部刘志强
2012年1月8日

借 条

一、概念

借条是一种凭证性文书。借个人或单位的现金、财物时写给对方的条子,就是借条。钱物归还后,打条人收回条子,借条即作废或撕毁。

二、格式与写法

借条的结构包括标题、正文、署名和时间等四个部分。

1. 标题

一般用"借条"二字标出,也有人写成"今借到"三个字的。

2. 正文

在标题下另起一行,空两格写起。正文要写清楚被借方姓名,所借物品的名称以及数量,物品的借期、归还的时限(要具体写清年月日)。如果所借的是钱财,则要写明币种以及有没有利息、利率是多少等。文后加"此据"二字。

凡借条中涉及数量的数目均要大写,领取钱款时要写名币种,并要在数字后面加个"整"字。如"陆佰圆整",以免被别人增添。有时既有大写,又在括号内写一次小写。大写的基数是:零、壹、贰、叁、肆、伍、陆、柒、捌、玖、拾、佰、仟、万、亿。

3. 署名

写借条的单位名称和经手人的姓名。位置写在正文内容右下角,分两行写,必要时要盖章或按指印,以示负责。

4. 日期

写在署名下面,年、月、日要齐全,不能只写月、日。

三、注意事项

(1)书写时要用钢笔或毛笔,不要选用易褪色的铅笔或其他笔墨。

(2)借条所列的数字要求大写。如果是钱款要写明币种,并在数字后面加个"整"字。

(3)从法律的角度考虑,借条和欠条的法律效力是不一样的,因此借物或钱最好写借条不写欠条。

【例文】

借 条

今借到华中公司财务处人民币捌仟元整。借期六个月,利息按银行存折利息计算,到时本息一次还清。此据。

借款人:张成强(盖章)
2012 年 5 月 6 日

今借到

学院工商系六个电脑桌,后天归还。此据。

经手人：旅游系酒店专业1332班学生李东
2014年3月25日

领　条

一、概念

领条是领取物品的个人或单位的一种文字根据,它是在发放和领取物品的过程中时经常使用的一种应用文样式。

二、格式与写法

领条的结构通常由标题、正文、落款三部分组成。

1. 标题

领条的标题写在正文正上方(居中),字体稍大。标题一般有两种写法:一种是直接由文种名组成,即在第一行写上"领条"字样;另一种是以正文内容的前三个字为标题,即以"今领到"作为标题(写在第一行中间),这类标题的领条的正文需顶格写。

2. 正文

如果标题写的是"领条",正文一般从标题下一行空两格处写起。如果标题写的是"今领到"三字,正文要从标题下一行顶格写起,转行仍顶格写。正文主要写明下列内容:从哪里领取、领取的东西都有什么、其数目有多少。有的领条还要写出所领物品具体的用途。若正文所发放的物品种类较多,则可单独列表表示。

3. 落款

落款即要在正文右下方写上单位、经手人的名称、姓名和日期。个人领取的则写上个人的姓名,姓名下方署上领取物品的日期。重要的领条,落款处一般需加盖公章或个人签名。有的署名既写单位名称又写个人姓名,遇到此种情况,最好既盖公章又签名。日期应写在署名下方,要写明年月日。

三、写领条的注意事项

(1) 领条上应如实记录所领取的钱物的数量品种,领取钱物要当面点清。
(2) 领条所列的数字要求大写,同借条一样。

【例文】

领　条

今领到市教育局教育科发放的《小学生安全手册》伍拾本。

第一小学
经办人:赵小红(盖章)
2012 年 5 月 21 日

今领到

办公室新发办公用品钢笔伍拾支、拖把拾把、垃圾斗拾个、蓝墨水贰拾瓶、信封伍拾个、稿纸贰拾本。

机电系:张彤
2012 年 3 月 1 日

任务三　调查报告

任务引入

某大学后勤处为了更好地办好食堂伙食,让学生会生活部在校园中展开调查,并撰写调查报告。如果你是生活部成员,你将怎样做这个调查？请撰写这个调查报告。

必备知识

一、概念、特点和种类

1. 调查报告的概念

调查报告是对客观事物进行调查研究,根据调查研究成果写成的反映事物客观规律的书面报告。调查报告是经历了调查、研究、整理成文三个环节才最终形成的书面材料。

2. 调查报告的特点

调查报告具有以下特点:内容真实,观点鲜明;针对性强,语言朴实。

3. 调查报告的种类

(1) 介绍经验的调查报告

这类调查报告为了概括先进人物或先进地区、先进单位在社会实践和工作中所取得的突出成绩,使有关人员或单位有所借鉴,或从中受到启发,通过实地调查,写出调查报告,推广经验,指导工作。

(2) 揭露问题的调查报告

这类调查报告是针对某一个存在的问题展开调查,以揭示这一问题的种种现象和深层原因。其目的是探究问题产生的根源,揭示问题的症结所在,提供解决问题的思路与方法,以提高认识、推动工作。

(3) 反映情况的调查报告

这类调查报告既可以是反映某一领域或某一方面基本情况综合性调查报告,调研的目的是为了掌握概貌,调研范围相对宽广,涉及的对象较多,报告的内容主要用作宏观决策参考,或者用于说明某种客观现象某一学术观点;也可以是反映具体情况的个案性调查报告,其调研目的是把某一个具体问题界定清楚,调研范围单一、具体,报告的内容一般用来作为处理某一具体问题的依据或重要参考。

二、调查研究的方法

调查研究要有明确的调查目的,立场、观点要正确,要坚持科学的调查方法,充分占有材料。常用的调查方法如下:

(1) 普遍调查法。即普查,是指在一定范围内,对所有对象进行全面的调查,以获得完整、系统的资料。普查的优点是资料全面、准确、误差小,如全国人口普查。

(2) 典型调查法。在一定的范围内,选择典型深入地调查。准确地选择典型,是此调查法的关键。若典型不具普遍性、代表性,将特殊规律误认为是适用的一般规律,用来指导全局则会造成失误。

(3) 抽样调查法。即抽取一部分进行调查,以此来推断总体情况。此法的长处是:省时,经济,排除人们的主观选择结论,较客观、可靠。

(4) 实地观察法。即直接亲身深入调查第一线中去,通过观察、访谈等方式,获取真实、可靠的情况。

三、格式与写法

调查报告惯用的结构由标题、署名、正文三部分组成。

1. 标题

调查报告的标题有以下两种写法:

(1) 单行标题

单行标题写法可分两种:一种是公文标题,即"对象范围"+"文种",基本格式为"××关于××××调查报告""关于×××× 的调查报告,如《关于大学生对食堂满意度的调查报告》,或只写调查对象+文种,如《大学生零用钱调查》;另一种是一般文章标题,如《新闻纸紧张的症结何在?》,这种标题写法往往多用提问式。

(2) 双行标题

正标题陈述调查报告的主要结论或提出中心问题,副标题标明调查的对象、范围、问题。副标题写在正标题下一行,前面加破折号。

2. 署名

调查报告的作者姓名、单位名称放在标题下一行居中位置。个人署名可放置尾部右下方。

3. 正文

正文由前言、主体、结尾三部分组成。

(1) 前言

前言是调查报告的开头部分,写法较灵活,常用的形式如下:

① 概括介绍式,即介绍调查对象的基本情况;

② 结论式,即在前言中先写调查报告的结论,再阐述主要事实;

③ 议论式,针对调查的问题说明意义,作简要的评述,再叙写事情的经过;

④ 提问式,开门见山,抓住中心提出问题,引起读者的思考和兴趣。

前言无论运用哪种方式开头,都应该重点突出,简明扼要,切入内容要旨。

(2) 主体

主体内容是一篇调查报告的主干。主体通常以叙述为主,叙议结合,围绕导语所提出的问题依次展开。主体为了突出段旨,常给各段加上小标题。主体部分的结构形式安排通常有两种方式:

① 纵式结构,按照事物发生发展的先后顺序组织材料安排层次;

② 横式结构,按问题的性质或事物的特点来组织材料,加上序号或小标题,分别进行阐述。

(3) 结尾

调查报告的结尾写法不一,或一段,补充说明有关事项;或一句,顺便交待某一问题;或总结全篇,深化主题;或指出调查存在的不足之处。

值得一提的是,随着中国市场经济的成熟,调查报告这种以往更多用于机关的文种也日渐深入到经济活动中,如市场调查报告、可行性分析报告等。

四、调查报告与总结的区别

调查报告和总结在写作上有许多相同之处,特别是在表达形式和所反映的内容方面。但他们也有很大的区别:

(1) 写作的目的不同。调查报告写作的目的侧重于对事物情况的探讨、发现、了解,从而认识事物的客观规律;总结则侧重对所做的事进行评价,总结经验教训,以推动下一步的工作,是对计划落实情况的检查。

(2) 写作的时间不同。调查报告的写作是不定期的,发现新情况、新问题随时可以展开调查,事前事后均可以调查;而总结大多是定期的,或者某一阶段工作结束,都要做常规总结,是一种事后的行为。

(3) 反映的范围不同。调查报告所反映的范围,更多的是社会上的人和事。而总结局限于对本单位、本部门、本地区的人和事做总结。

(4) 熟知的程度不同。调查报告中所调查的人或事,大多不十分熟悉和了解,故需展开调查,弄清事实真相;而总结则相反,只有对自己所做过的事或经历的事方可总结。

(5) 所用人称不同。调查报告的作者不是以当事人的身份出现，所以常用第三人称写作；总结因为是当事人对自身工作的回顾、分析，所以常用第一人称写作。

【例文】

××学院学生对学校食堂满意度的调查报告
××学院学生会办公室

一、调查目的

最近有新闻频频曝出，有高校的学生通过集体静坐、绝食等行为抵制学校食堂的涨价现象。大学生，这个特殊群体的衣食住行似乎需要得到更多的关心与关注。面对疯涨的物价，高校食堂怎么做才会既保证利益，又保证质量呢？食堂怎样才能顶住压力，保证满意度呢？面对学生的抱怨，政府部门明文规定的不许涨价的条例，食堂怎么做才能权衡自身利益与学生对食堂满意度之间的关系呢？学生对食堂的不满到底存在于哪些方面呢？为此，我们专门针对我校学生对食堂的满意度展开了调查。

二、统计资料

我们针对学校食堂饭菜的质量、食堂的卫生情况、服务人员的服务态度、同学的就餐选择、价格等方面进行了调查。对于饭菜的质量方面，同学们都认为平时食堂菜色丰富，只是口味偏重，但是假期的饭菜质量就大大不如平时。关于食堂的卫生情况，同学们普遍认为质量一般，还应该提高，使人觉得更放心。服务人员的态度方面，同学们觉得在不同的窗口有不同的态度，多数的服务人员态度还好，个别窗口服务人员态度不善。关于同学的就餐选择方面，在卫生安全方面有了保证后，大多数同学的首要选择是方便，部分同学觉得饭菜的味道才是最重要的，也有同学看重的是价格，更有同学会根据服务人员的态度来进行选择。

由调查结果可看出，95％的同学遇到过食堂工作人员打菜分量过少和打错卡的情况，这说明食堂的工作人员的服务质量还有待提高，要更加耐心细致，不能因为物价上涨而采取减少饭菜量这种变相涨价的方式来保证自身利润。而在价格方面，同学们认为食堂的价格还是比较合理的。其中，85％同学每月消费在300～500元，11％的同学消费在500～700元，另有4％的同学消费在300元以下。大部分同学在食堂用餐选择刷卡付款方式，对于配合现金付款的方式，87％的同学选择了支持，11％的同学持无所谓态度。由此看来，现金付款方式能给同学们带来方便，食堂应继续采用这种刷卡配合现金的付款方式。总的来说，同学们对食堂满意程度一般，不同被调查者分别希望食堂从质量、环境、卫生、价格和服务态度上改进，尤其是在饭菜质量和工作人员的服务态度上，同时规范食堂的用餐秩序，自觉排队用餐，为同学们提供一个更好的用餐环境。

三、现状及原因

通过对三食堂的满意度问卷调查，我们分析出三食堂主要存在以下问题：食堂工作人员服务态度差，存在故意刷错卡，打菜分量少；食堂饭菜不够新鲜；食堂饭菜口味重，饭菜保温工作做得不好；就餐环境较差，卫生条件不好，等等。

针对以上问题，我们经过认真分析，发现因为食堂实行承包制，营业额越高利润就越高,所以他们会较少考虑学生的感受和利益。而食堂饭菜口味重,是因为长沙人普遍喜食辣、偏咸,而食堂厨师一般是从本地招聘,所以口味偏重。关于就餐环境和饭菜保温的问题,主要是因为食堂硬件条件较差,设施不齐全,食堂追求利益最大化,食堂承包者压缩成本,影响学生利益。

四、解决措施

1. 建立责任监督机制,不断完善更新各项管理制度,做到:制度上墙、责任到人、落实到位。定期召开食堂工作人员的会议,经常组织学习食品卫生以及安全方面的知识,增强安全意识、提高管理水平。

2. 进一步规范内部管理。对食堂的全面工作进行制度化、规范化。从人员、采购、保管、加工、出售等所有管理环节进行细化并狠抓落实。

3. 重视宣传教育,增强师生食品卫生安全意识。经常利用晨会、班会、校会以及利用校园广播、黑板报有针对性地对学生进行食品卫生宣传教育,促进学生养成较强的卫生意识和良好习惯。

4. 定期进行意见反馈,调查学生满意度,及时发现问题并采取调整改进措施,做学生满意食堂。

五、总结

在对湖南××学院食堂满意度的调查过程中,本组成员付出了许多,也收获了许多。我们看到了食堂的不足,也找到了导致这些不足的原因,还给出了改变这些不足的建议。我们感受到了食堂给我们带来的便利,也深知食堂对大家的深远影响。学校是我们的第二个家,而食堂是大家的饮食之源。食堂的食物口味、价格、环境卫生及服务人员态度等跟我们的生活息息相关,直接影响着我们的健康、心情等。因此,作为学校的食堂,应显示应有的责任,为大家提供营养、健康、价格合理的食物,让老师能愉快工作,让学生能开心学习。作为用餐者,大家应该遵守食堂秩序、节约粮食、体谅食堂工作人员,让用餐者与供餐者之间能有和谐的关系、愉悦的氛围。通过这次问卷调查,我们对食堂工作又有了更深的理解。我们希望,学院食堂能继续为师生带来放心满意的食物与服务。

写作实训

1. 为更好地开展班级课外体育活动,增强同学的体质,请你拟写一份班级课外体育活动计划,并同时拟写一份自己参加课外体育活动的图表式计划。

2. 请你写一份近期学习生活总结。

3. 请四五个同学一组,分别找一个项目拟写调查问卷并进行调查,至少调查50个人,然后撰写调查报告(调查项目如大学生就业情况、大学生消费情况、大学生网购情况等)。

项目三　创意策划

任务一　活动策划书

任务引入

感恩节是每年十一月的第四个星期四,是西方国家一个古老节日,是合家欢聚的节日。中国自古就有"受人之恩,当涌泉相报"的古语,感恩是中华民族优秀的道德传统。我院团委将于感恩节举办活动,为大家提供一个感恩的平台,营造感恩校园。为了保证活动的顺利开展,我们怎样来撰写校园感恩节活动策划书呢?

必备知识

一、概念

活动策划书是活动策划成果的表现形态,通常以文字或图文为载体,策划方案起端于提案者的初始念头,终结于方案实施者的手头参考,其目的是将策划思路与内容客观地、清晰地、生动地呈现出来,并高效地指导实践行动。

二、结构和内容

1. 活动策划书名称

尽可能具体地写出策划书名称,如"×年×月××大学××活动策划书",置于页面中央,也可以写出正标题后将此作为副标题写在下面。

2. 活动背景

首先,这部分内容应根据策划书的特点在以下项目中选取内容重点阐述,具体项目有基本情况简介、主要执行对象、近期状况、组织部门、活动开展原因、社会影响以及相关目的动机。其次,应说明问题的环境特征,主要考虑环境的内在优势、弱点、机会及威胁等因素,对其作好全面的分析,将内容重点放在环境分析的各项因素上,对过去现在的情况进行详细的描述,并通过对情况的预测制订计划。如环境不明,则应该通过调查研究等方式进行分析加以补充。

3. 活动目的、意义和目标

活动的目的、意义应用简洁明了的语言将目的要点表述清楚;在陈述目的要点时,该活动的核心构成或策划的独到之处及由此产生的意义（经济效益、社会利益、媒体效应等）都应该明确写出。活动目标要具体化，并需要满足重要性、可行性、时效性。

4. 资源需要

列出所需人力资源、物力资源，包括使用的场所，如教室或活动中心等都详细列出。资源可以分为已有资源和需要资源两部分。

5. 活动内容

作为策划书的主体部分，表现方式应简洁明了，使人容易理解，但表述方面要力求详尽，写出每一点能设想到的东西，没有遗漏。在此部分中，不局限于用文字表述，可适当加入统计图表等；对策划的各工作项目，应按照时间的先后顺序排列，绘制实施时间表，有助于方案核查。人员的组织配置、活动对象、相应权责及时间地点也应在这部分加以说明。例如会场布置、接待室、嘉宾座次、赞助方式、合同协议、媒体支持、校园宣传、广告制作、主持、领导讲话、司仪、会场服务、电子背景、灯光、音响、摄像、信息联络、技术支持、秩序维持、衣着、指挥中心、现场气氛调节、接送车辆、活动后清理人员、合影、餐饮招待、后续联络等。各工作项目可根据具体情况自行调节。

6. 经费预算

活动的各项费用在根据实际情况进行具体、周密的计算后，用清晰明了的形式列出。

7. 活动中应注意的问题及细节

内外环境的变化，不可避免地会给方案的执行带来一些不确定性因素。因此，当环境变化时是否有应变措施、损失的概率是多少、造成的损失多大、应急措施等也应在策划中加以说明。

8. 活动负责人及主要参与者

注明组织者、参与者姓名、嘉宾、单位（如果是小组策划应注明小组名称、负责人）。

三、注意事项

1. 主题应单一

一份活动策划书只能有一个主题，要选择一个针对所要达到的目标的、最合适的主题，这样才能够引起受众的关注，记住最重要的信息。

2. 活动应集中

活动策划涉及的具体活动，要紧紧围绕主题进行。尽量做到集中、精简。太多的活动容易造成主次不分、成本提高、执行不力等状况。

3. 措施应可行

一份成功的活动策划书必须具有良好的可执行性，活动的时间、地点、前后衔接等都要考虑周全。

【例文】

爱的四次方邮局——投出你的爱
感恩节活动策划书

一、活动背景

感恩节作为一个源于西方的节日,自传入中国以来正在被国人逐渐接受。作为一个以感恩为主题的节日,感恩节的设立就是为了提醒人们应永远拥有一颗感恩的心并将感恩精神传递给每一个人。作为院感恩教育的先锋,院青年志愿者服务队在每年的感恩节都会组织相关的活动,但往年的活动缺乏创意,某些活动环节甚至与其他院志愿者队的活动有重复,同学们对于活动的关注度不是很高,活动现场的参与度也有限,活动所取得的影响力并没有达到预期效果。针对这些问题,青年志愿者服务队联合09广策班LEVEL广告小组共同打造了这一次创意丰富的"爱的四次方邮局——投出你的爱"系列感恩节活动。

二、活动目的

本次活动旨在实现以下几点目的:

(一)基本目的

1. 让同学们知道感恩节,了解感恩节
2. 在学校内营造感恩节氛围
3. 在活动中了解感恩的意义和重要性
4. 将感恩精神传递到校园里每一个人

(二)进阶目的

1. 帮助增强学院的感恩教育建设
2. 增强青年志愿者服务队(萤火虫感恩社)的知名度

三、活动主题

"爱的四次方邮局——投出你的爱"(利用邮局的形式,鼓励同学向自己所要感恩的人表达出自己的爱)

四、活动内容

(一)前期宣传

1. 悬念宣传(活动开始前3天)

制作一张以倒计时为主题的悬念海报,主要内容元素为:

(1)活动时间倒计时牌
(2)邮局功能简要介绍
(3)爱的四次方邮局LOGO
(4)人人主页地址
(5)实体邮箱

制作一个实体邮箱摆放在海报旁边,并且在邮箱里放置一些活动报名表供有兴趣参加活动的同学领取。

2. 长廊布置(活动开始前1天)

悬挂照片,展现我们这一代人成长历程中接触不同的人事物,接受各种不同形式的帮助与关怀。每张照片背面写字,下面系一只千纸鹤,所有照片按成长历程阶段集中摆放。借助照片展示提前营造感恩节氛围,提醒同学感恩节即将到来,为感恩节活动造势。

3. 人人网主页宣传

申请并制作活动人人网主页,人人网主页上提供活动相关信息和与感恩节有关的内容,在网络上为活动积聚人气。

(二) 当日活动

活动时间:11月24日

活动地点:7号宿舍楼下空地

场地布置:方案另附

活动组成:

在活动当日,我们将把活动地点打造成邮局的样式,以邮局的形式带领所有参与的同学进行一系列的活动。活动现场将划分为登记处、填写处、投递处和明信片拍摄处四大部分,这四大部分组合在一起引导参与者对自己的感恩对象写出感恩宣言,并获得写有感恩宣言的明信片等小礼物。

登记处:回收活动前发放的活动登记表,记录参与者相关信息,并对其进行编码,向参与活动者发放印有编码的号码牌。

向路过活动现场的同学宣传活动并发放活动登记表,鼓励他们参与现场活动。

填写处:为参与活动者提供事先准备好的便签纸,请参与者在便签纸上写下感恩的对象和自己的感恩宣言。

在事先准备好的小纸盒上记录参与者的编码并将对应的便签塞入小纸盒中,交还给活动参与者。

投递处:安置事先准备好的用纸板、支架以及网兜制作成简易的"篮球筐"(纸板上画一些简单的图样,示意这一"篮球筐"是投对"父母"、"亲人"、"朋友"还是"老师"、"同学"感谢的话语),让参与者将手中装有感恩宣言的小纸盒投入与其感恩对象对应的篮筐中,完成投出感恩宣言的过程。

在篮筐下设置简易邮筒用来收集参与者所投出的感恩宣言。

明信片拍摄处:制作一块类似于明信片的板子,在板子的左边抠出一个能露出脸的洞,在右边空出一块位置安置参与者的感恩宣言。活动时由专人拍摄照片并记录参与者的号码,在活动之后将有专人进行PS,将照片和对应参与者的感恩宣言拼合在一起,最终制作成一张专属的感恩明信片,以电子邮件的形式发送给所有参与者,并同时鼓励他们将这张电子明信片发送给所感恩的对象。并且将所有明信片上传至活动官方人人主页上,供所有人进行关注和转载。

参与活动的前30人将收到制作并打印好的实体明信片,在征求他们的意见之后由我们统一邮寄给他们的感恩对象。

(三) 后期宣传

1. 人人主页持续更新活动内容和现场情况,大力转载与感恩有关的内容,在保持既有关注者的数量的基础上,努力发展新关注者。

2. 邀请学思新闻社的同学进行现场采访,在院报上发表相关报道。

3. 邀请都市晨报记者进行采访,争取活动报道上都市晨报。

4. 全程进行影像记录,并进行后期裁剪,最终制作出一部约10分钟的活动记录片,上传至人人主页上供关注者观看和转载。

五、活动时间计划

(一)活动策划撰写和修改(11月16号)

(二)活动申请及审批(11月18日)

(三)活动参与者人员培训(11月18日)

(四)活动准备(11月19—22日)

1. 活动LOGO及宣传海报制作(11月20日)

2. 活动道具购买及制作(11月22日)

3. 活动场地申报,借活动用桌椅等(11月23日)

(五)前期宣传(11月21—22日)

1. 活动海报张贴及活动报名表发放(11月21日)

2. 长廊布置(11月22日)

(六)现场活动(11月24日)

1. 活动现场布置(11月24日9点前)

2. 活动持续时间(11月24日9点25分—14点)

六、活动准备

(一)LOGO设计、海报设计

(二)人人主页申请制作

(三)活动道具:

1. 前期宣传

(1)海报×2

(2)小邮箱×1

2. 长廊布置

(1)呈现成长历程照片×32

(2)文字说明板子×6

(3)细绳、夹子等其他杂物若干

3. 现场活动

(1)长桌×2,板凳若干

(2)号码牌(名片)×150

(3)活动报名表×200

(4)便签纸×150,笔若干

(5)小纸盒子×150

(6)简易篮架×4

(7)简易邮筒×4

(8)明信片大板子×1

(9) 电脑×2,多媒体音箱×1

(10) 相机×1,摄像机×1

(11) 气球等装饰品若干

七、活动人员安排

活动总负责:华洋　王世佳

(一) 前期准备:华洋

策划书制定:××

宣传板制作:学生会宣传部

利用短信形式向全院同学进行宣传:××

购买道具:××　××　×××

发放活动登记表:××　××　×××

活动场地申报及借相关桌椅:××　×××　××

(二) 中期执行:

活动长廊布置:××　×××

活动现场布置:××　×××

活动现场维持秩序:××　×××　××(6人负责引导同学写标语,2人负责4个篮筐的信息整理收集工作)

明信片拍照处:×××　××

活动总指挥:×××　××

(三) 后期宣传:

联系邀请学思新闻社记者:×××

联系晚报记者:×××

人人网明信片及相关照片上传:××

明信片后期制作打印:×××　××

明信片邮寄:×××　××

八、活动预算

海报打印:20元

长廊布置用照片打印:20元

号码牌(名片):10元

便签纸:10元

明信片大板子:65元

气球等其他装饰物:60元

其余物品均能自己DIY制造因此不算费用。

总计:185元

九、活动可能出现的问题及解决方案

1. 准备阶段

(1) 保卫处不愿批准场地:

由华洋与保卫处进行再联系,如在情况说明已经十分详尽的情况下依然不愿批准则

另作安排。

2. 中期执行

(1) 活动现场人员不够：

联系学生会其他部门向他们借人手参与活动，保证活动正常进行。

(2) 遇到雨天大风等恶劣天气情况：

如遇雨天则活动延期。大风则点蜡烛及放飞孔明灯活动延期，其他活动照旧。

(3) 活动现场人气不足：

在准备阶段积极宣传活动，防止此类情况在活动当天出现。如果活动当天出现此类情况则临时发动学生会所有成员为活动造势。

3. 后期宣传

没能邀请到晨报记者进行报道，则主动与晨报记者进行再联系，如果依然未成功则自己写稿投递到本市其他新闻媒介。

青年志愿者服务队＆LEVEL 创意小组
2011 年 11 月 16 日

任务二　营销策划书

任务引入

11 月苏州旅游开始进入淡季，康辉旅行社教育园北区营业部受旅游淡季影响，近期销量下滑。如何做好淡季营销呢？营业部的旅游营销可以结合景区的特点，抓住感恩节的契机，将感恩节营销做得缤纷多彩。让我们来策划一下如何营销吧。

必备知识

一、概念

营销策划书是根据市场变化和企业自身实力，对企业的产品、资源及产品所指向的市场进行整体规划的计划性书面材料。

二、结构和内容

营销策划书没有固定的格式，但却有一些必备的项目。

1. 封面

(1) 策划书的名称；

(2) 被策划的客户；

(3) 策划机构或策划人的名称；

(4) 策划完成日期及本策划适用时间段。

2. 前言

简单介绍委托情况，策划目的地意义，以及策划的概略情况。

3. 目录

4. 概要提示

阅读者通过概要提示，可以大致理解策划内容的要点。

5. 正文

这里以一般整体策划书为例简单介绍。

(1) 营销策划的目的

(2) 企业背景状况分析

(3) 营销环境分析

① 当前市场状况及市场前景分析

产品的市场性、现实市场及潜在市场状况；

市场成长状况，产品当前处于市场生命周期的哪一阶段上。对于不同市场阶段上的产品公司营销侧重点如何，相应营销策略效果怎样，需求变化对产品市场的影响；

消费者的接受性，这一内容需要策划者凭借已掌握的资料分析产品市场发展前景。

如台湾一品牌的漱口水《"德恩耐"行销与广告策划案》中策划者对德恩耐进入市场风险进行了分析，对产品市场进行准确判断。如对产品市场成长性分析中指出：以同类产品"李施德林"的良好业绩说明"德"进入市场风险小；另一同类产品"速可净"上市受普遍接受说明"李施德林"有缺陷；漱口水属家庭成员使用品，市场大；生活水平提高，中、上阶层增多，显示其将来市场成长。

② 对产品市场影响因素进行分析

主要是对影响产品的不可控因素进行分析，如宏观环境、政治环境、居民经济条件，以及消费者收入水平、消费结构的变化、消费心理等。对一些受科技发展影响较大的产品，如计算机、家用电器等的营销策划中还需要考虑技术发展趋势方向的影响。

(4) 市场机会与问题分析

营销方案，是对市场机会的把握和策略的运用，因此分析市场机会就成了营销策划的关键。只是找准了市场机会，策划就成功了一半。

① 针对产品当前营销现状进行问题分析。一般营销中存在的具体问题，表现为多个方面：企业知名度不高，形象不佳影响产品销售；产品质量不过关，功能不全，被消费者冷落；产品包装太差，提不起消费者的购买兴趣，产品价格定位不当；销售渠道不畅，或渠道选择有误，使销售受阻；促销方式不力，消费者不了解企业产品；服务质量太差，令消费者不满；售后保证缺乏，消费者购后顾虑多等。

② 针对产品特点分析优、劣势。从问题中找劣势予以克服，从优势中找机会，发掘其市场潜力。分析各目标市场或消费群特点进行市场细分，对不同的消费需求尽量予以满足，抓住主要消费群作为营销重点，找出与竞争对手差距，把握利用好市场机会。

(5) 营销目标

营销目标是在前面目的、任务基础上公司所要实现的具体目标,即营销策划方案执行期间,经济效益目标达到:总销售量为×××万件,预计毛利×××万元,市场占有率实现××。

(6) 营销战略(具体行销方案)

主要包含营销宗旨、产品策略、价格策略、销售渠道、广告宣传、具体行动方案。

(7) 策划方案各项费用预算

这一部分记载的是整个营销方案推进过程中的费用投入,包括营销过程中的总费用、阶段费用、项目费用等,其原则是以较少投入获得最优效果。

(8) 方案调整

这一部分是作为策划方案的补充部分。在方案执行中都可能出现与现实情况不相适应的地方,因此方案贯彻必须随时根据市场的反馈及时对方案进行调整。

营销策划书的编制一般由以上几项内容构成。企业产品不同、营销目标不同则所侧重的各项内容在编制上也可有详略取舍。

6. 结束语

7. 附录

三、注意事项

(1) 前言的撰写最好采用概括力强的方法,如采用流程图或系统图等;
(2) 在书写之前,先在一张图纸上反映出计划的全貌;
(3) 巧妙利用各种图表;
(4) 策划书的体系要井然有序,局部也可以用比较轻松的方式来表述;
(5) 在策划书的各部分之间要做到承上启下;
(6) 要注意版面的吸引力。

【例文】

中国电信天翼手机营销策划方案

一、概述

随着经济的快速发展,手机已经从高端的奢侈品变得"平易近人"。相对全世界50%的手机普及率来看,我国41%的普及率已接近世界水平,个别发达城市已达到107.5%。中国手机用户数量已从2007年的5.40亿增长到7.38亿。通讯产业的竞争愈演愈烈,尤其从3G牌照发放开始,更可谓是硝烟四起,但是纵观这两年各大运营商的发展,中国电信一直处于劣势,在移动通讯产业里,市场的占有量远低于中国移动公司。

我们团队融合了我校经济管理学院、物理与信息科学学院等多专业的学生,且其中有两位成员为我校两大社团负责人,一位为学校学生会副主席。团队成员有广泛的校内人脉资源,我们能积极调动学校内大部分学生,达到资源的最大化整合,从而体现团队的力量。

而××师范学院校园一卡通由中国移动承办,学校内同时使用中国移动和中国电信两部手机学生少之又少。根据以上现状,我们团队采用先市场调查,制定以主打中国电信小辐射的环保效益和亲情号内互打免费的宣传亮点,又根据细分市场,针对社团内部成员、其他未参加社团学生和我校教职工等不同消费对象的销售计划,从而达到多销的目的。

二、产品

中国电信公司拥有着全国最全面的通信产品和最庞大的基础设施。伴随着全球通讯需求的飞速增长和通讯技术的日新月异,中国电信也加快了自身发展的步伐,一方面不断推出新业务,创建新品牌,另一方面留住老用户,发展新用户,积累客户资本。

本次活动,中国电信为我们提供的天翼3G手机,是中国电信针对校园学生用户定制的适合大众使用的产品。其对不同用户设定不同消费套餐,并且其快速的上网速度和便宜的话费相对中国移动和中国联通都有很大优势。现就本次产品具体特点罗列如下:

上网速度快;

话费较中国移动、中国联通便宜;

每个电信号码可设定5个亲情号,互打免费;

每月不同套餐不同程度地赠送WLAN上网时长和手机上网流量。

三、市场分析

1. 企业目标和任务

在校内外(以校内为主)推广中国电信天翼校园卡,使学生能够有更多的选择,享受到更好的服务、低廉的通讯费用和低手机辐射的健康生活。

2. 市场现状

××师范学院是一所拥有15000位在校学生和700位教职工的本科院校。在校学生思想开放,接受新事物的能力强。而在我校校园一卡通特定为中国移动的现况下,电信天翼3G手机的校园市场已趋于饱和。

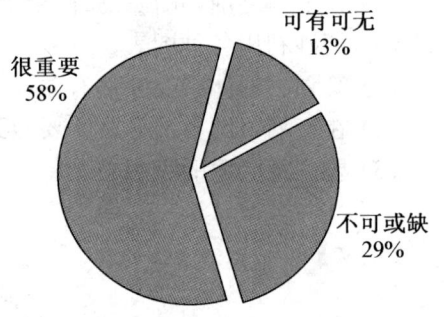

手机在生活中所占的地位

下面是针对我校学生的具体调查结果:

数据显示,学生对手机服务的要求已不局限于与他人联系,对于手机服务多样化的要求与日俱增,尤其手机登录互联网功能更是超过了传统意义上的手机功能。然而,由于学生的经济来源主要依靠父母,因而购买能力一般,同时喜欢追求时尚,这就要求运营商用多样的服务项目、便宜的服务价格来抢占学校市场。

3. 细分市场

学校内所有学生多在学校住校,所以学生们跟家长及其亲人的联系是比较多的。但是每个月高昂的电话费则是学生顾忌较多的,而中国电信在这方面则制定了多种策略让大家可以随心所欲,随时和亲朋联系。

学校所有教职工及校外社会人士:他们步入社会有稳定的工作,消费部分开始转变为完全自立,他们体会到挣钱的不易,也懂得多为家里分担,经常和家人的联系必不可少,而中国电信推出的亲情包业务将是他们满意的选择。

四、主要竞争对手及其优劣势

1. 竞争对手分析

对于中国电信公司而言其主要竞争对手为中国移动,潜在对手是中国联通。

中国移动凭借其占有市场时间较长、宣传力度较强、品牌形象较好、学生对其认知度较高等各方面的优势,成为我校最大的通讯运营商。并且,我校学生一卡通业务由中国移动代办,使得中国电信走进我校市场难上加难。

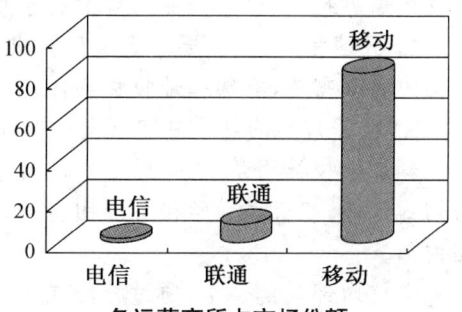

各运营商所占市场份额

中国联通,新兴的通讯产业公司,年轻,富有活力,国家给予的政策相对优厚,并且产品价格较低。但是,中国联通基础设施不完善,网络环境较差,并且产品种类单一,利润略低于电信公司。(三大公司在我校所占市场份额如图所示)

2. 劣势分析

① 电信产品至今只有极少量进入我校市场。在校学生中50%以上的人不了解中国电信,使用过中国电信手机卡的学生仅占3%左右,学生对于中国电信相关产品的认知度低。据调查,电信在我校所投入的广告费用极少,根本没有形成有效宣传。

② 由于电信手机卡制式限制,多数手机与之并不兼容。并且学生购买能力较低,无法拿较多资金重新购入高端的天翼手机,这就限制了电信天翼手机及手机卡的推广。

③ 校园代理较少。在我校,中国电信并没有自动缴费机或空中充值等代办点,这使得同学们不能够方便地进行充缴话费等业务。

3. 优势分析

然而,中国电信在我校开展业务也具有一定的优势。作为网络3G业务的先驱者,中国电信的3G网络技术也相对成熟。中国电信必将凭借3G网络在手机业务上的应用,通过提供实惠、稳定、优质、多样的手机网络服务赢得我校学生的青睐。

在我校,30%的学生长途话费占月话费的70%以上,34%的学生长途话费占月话费的30%—70%,对于这部分对长途电话需求较多的学生来说,天翼校园卡较低的资费及其亲情号业务都有着较强的吸引力。

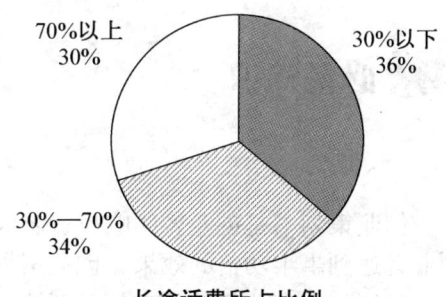

长途话费所占比例

天翼校园套餐有一定时长的免费WLAN上网方式,并且有上网速度快、网络信号好等特点,这对在校学生而言具有极大的诱惑力。

绿色健康已成为现代人生活的主题之一,我校有72%的学生对手机辐射很关注,需要一款辐射较小的手机。而天翼手机辐射小的特点正满足了该部分学生的需求。

五、营销策略

我们团队针对上述具体市场现状,制定了如下的营销策略:

1. 集中分类推广：在校园内部以搭帐篷、做广告的形式，集中展示电信天翼手机。
2. 特色推广：本次活动主打天翼手机辐射小的特点，来满足广大学生的需求。
3. 量化推广：产品的高中低档的型号数量组合要参照市场前期的销售统计和未来市场发展趋势预测，保证产品系列的科学化。
4. 区域推广：产品要考虑地区需求特征和区域内不同品牌之间及品牌内部不同渠道之间的竞争需要，有选择地投放产品。
5. 根据市场的细分制定不同的营销方案：

参加学校社团学生：借助本团队有学校社团负责人两名，且与学校其他各个社团联系密切的优势，积极调动学校各社团资源，以社团活动的形式，将天翼手机推向学校各个社团内部。

学校内部其他学生：通过社团成员在校内为天翼手机做良好的宣传，并通过中国电信提供的帐篷、桌子，在校园内部为广大同学们提供一个认识和了解电信天翼手机的平台，从而吸引更多的学生来使用天翼手机。

学校所有教职工及校外社会人士：主打天翼手机亲情号这项业务服务，宣传少量的话费，给他们和亲人大量的交流，从而吸引此部分步入社会的工作者来使用天翼手机。

任务三　创业策划书

任务引入

年年毕业季，许多毕业生都在美丽的校园里忙着拍照留影。有摄影专长的范能和他的同学们从中看到了商机，想创立一个"校园摄影工作室"，承接毕业写真、校园情侣微电影拍摄等业务。范能和他的团队找了一份创业策划书模板来，进行分析、研究与撰写，准备好好筹划创业大计。

必备知识

一、概念

创业策划书是创业者叩响投资者大门的"敲门砖"，一份优秀的创业策划书往往会使创业者达到事半功倍的效果。创业策划书是创业者计划创立的业务的书面摘要。它用以描述与拟创办企业相关的内外部环境条件和要素特点，为业务的发展提供指示图和衡量业务进展情况的标准，通常创业策划是市场营销、财务、生产、人力资源等职能计划的综合。

二、结构和内容

一般来说，在创业策划书中应该包括创业的种类、资金规划及基金来源、资金总额的分配比例、阶段目标、财务预估、行销策略、可能风险评估、创业的动机、股东名册、预定员工人数等,具体内容一般包括以下十一个方面:

1. 封面

封面的设计要有审美观和艺术性,一个好的封面会使阅读者产生最初的好感,会有很好的第一印象。

2. 计划摘要

它是浓缩了的创业策划书的精华,计划摘要涵盖了计划的要点,追求一目了然,以便读者能在最短的时间内评审计划并做出判断。

计划摘要一般包括以下内容:公司介绍、管理者及其组织、主要产品和业务范围、市场概貌、营销策略、销售计划、生产管理计划、财务计划、资金需求状况等。摘要要尽量简明、生动、特别要说明自身企业的不同之处以及企业获取成功的市场因素。

3. 企业介绍

这部分的目的不是描述整个计划,也不是提供另外一个概要,而是对你的公司做出介绍,因而重点是公司理念和如何制定公司的战略目标。

4. 行业分析

在行业分析中,应该正确评价所选行业的基本特点、竞争状况以及未来的发展趋势等内容。

5. 产品(服务)介绍

产品介绍应包括以下内容:产品的概念、性能及特性、主要产品介绍、产品的市场竞争力、产品的研究和开发过程、发展新产品的计划和成本分析、产品的市场前景预测、产品的品牌和专利等。

在产品(服务)介绍部分,企业家要对产品(服务)做出详细的说明,说明要准确,也要通俗易懂,使不是专业人员的投资者也能明白。一般地,产品介绍都要附上产品原型、照片或其他介绍。

6. 人员及组织结构

在企业的生产活动中,存在着人力资源管理、技术管理、财务管理、作业管理、产品管理等。而人力资源管理是其中很重要的一个环节,因为社会发展到今天,人已经成为最宝贵的资源,这是由人的主动性和创造性所决定的。企业要管理好这种资源,更要遵循科学的原则和方法。

在创业策划书中,必须要对主要管理人员加以阐明,介绍他们所具有的能力、他们在本企业中的职务和责任、他们过去的详细经历及背景。此外,在这部分创业策划书中还应对公司结构做简要介绍,包括公司的组织结构图、各部门的功能与责任、各部门的负责人及主要成员、公司的报酬体系、公司的股东名单、认股权、比例和特权、公司的董事会成员、各位董事的背景资料。

7. 市场预测

应包括以下内容:需求预测、市场预测市场现状综述、竞争厂商概览、目标顾客和目标市场、本企业产品的市场地位等。

8. 营销策略

对市场错误的认识是企业经营失败的最主要原因之一,在创业策划书中,营销策略应包括以下内容:市场机构和营销渠道的选择、营销队伍和管理、促销计划和广告策略、价格决策。

9. 制造计划

创业策划书中的生产制造计划应包括以下内容:产品制造和技术设备现状、新产品投产计划、技术提升和设备更新的要求、质量控制和质量改进计划。

10. 财务规划

财务规划包括的内容的重点是现金流量表、资产负债表以及损益表的制备。

流动资金是企业的生命线,因此企业在初创或扩张时,对流动资金需要预先有周详的计划和进行过程中的严格控制;损益表反映的是企业的盈利状况,它是企业在一段时间运作后的经营结果;资产负债表则反映在某一时刻的企业状况,投资者可以用资产负债表中的数据得到的比率指标来衡量企业的经营状况以及可能的投资回报率。

11. 风险与风险管理

这部分写企业在市场竞争和技术方面都有哪些基本的风险,并且分析如何管理风险以及避免危机的措施。

三、注意事项

(1) 要清楚、简洁、通俗易懂。忌用过于技术化的用词来形容产品或生产营运过程,尽可能用条款,使阅读者容易接受。

(2) 要有具体资料,有根据和有针对性的数据必不可少。不能用含糊不清或无确实根据的陈述或结算表,比如,不要仅粗略说"销售在未来两年会翻两番",或在没有细则陈述的情况下就说"要增加生产线"等。

【例文】

"12580求职通"江苏省第三届大学生创新创意创业大赛
创业策划书模板目录

1.0 执行摘要……………………………………………………………………
  1.1 公司概况…………………………………………………………………
  1.2 注册资金…………………………………………………………………
  1.3 商业模式…………………………………………………………………
  1.4 投资收益评价……………………………………………………………
2.0 市场分析……………………………………………………………………
  2.1 市场定位与目标客户……………………………………………………
  2.2 市场预测(市场占有率)…………………………………………………
  2.3 竞争分析…………………………………………………………………
  2.4 项目 SWOT 分析 ………………………………………………………

3.0 营销策略
　　3.1 产品定价
　　3.2 销售渠道
　　3.3 宣传推广
4.0 人员与组织结构
　　4.1 组织结构
　　4.2 团队成员
　　4.3 部门/岗位职责
5.0 财务分析报告
　　5.1 固定资产:生产经营所需设备、工具和办公家具
　　5.2 原材料/商品采购成本
　　5.3 销售与管理费用预测
　　5.4 启动资金需求
　　5.5 启动资金来源
6.0 利润预测
7.0 风险分析与对策
8.0 企业的愿景
9.0 附录
　　9.1 附表1:销售收入预测
　　9.2 附表2:第一年度的利润表
　　9.3 附表3:第一年度的现金流量表
　　9.4 《创业/商业计划书》评估表

资料来源:《省教育厅办公室关于举办"12580求职通"江苏省第三届大学生创新创意创业大赛的通知》(苏教办指〔2013〕4号)。

写作实训

1. 为了丰富同学们的校园生活、展现我院的独特风采,院团委将于11月开展校园文化活动周活动,请设计撰写校园文化活动周活动策划书。

2. 班级同学分小组、团队合作,完成任务二"任务引入"部分的营销策划案,并制作PPT进行展示PK,评出班级优秀营销策划案。

3. 大学生"三创"大赛又要开始了,请同学们各自寻找创业项目并成立创业团队,合作撰写创业策划书。

项目四　商务洽谈

任务一　商务谈判方案

 **任务引入**

我校团委决定在母亲节前夕举行一场以"情牵母爱,遥报春晖,用声音来传递"为主题的歌曲联谊晚会。为了吸引更多外界关注、打造实用性人才和展示我校学生的风采,故决定与国际著名音乐公司 OPPO 公司合作举办该场音乐会。同时为了取得合作共识和长远的合作意向,由谈判小组成员与 OPPO 公司相关谈判代表共同磋商解决合作方面的具体事宜,明确我方与对方的权利与义务。

古语云"凡事预则立,不预则废"、"知己知彼百战不殆",都说明了在做事情前应该有充分的准备,谈判前我们先来撰写一份详细周到的方案吧。

 **必备知识**

一、概念

商务谈判方案实际上就是谈判计划,是在谈判之前,根据谈判的目的和要求预先拟定出谈判具体内容、步骤、策略的文书。

二、结构和内容

1. 前言

前言简要说明谈判的总体构想、原则、背景或谈判内容以及谈判对象的情况。

2. 主体

应写明谈判主题、谈判目标、谈判程序、谈判组织等内容。

三、注意事项

商务谈判前搜集信息要全面,谈判目标要明确,谈判程序要合理,谈判策略要适当。

【例文】

谈判方案

前言

我校团委决定在母亲节前夕举行一场以"情牵母爱,遥报春晖,用声音来传递"为主题的歌曲联谊晚会。为了吸引更多外界的关注、打造实用性人才和展示我校学生的风采,故决定与国际著名音乐公司OPPO公司合作举办该场音乐会。同时为了取得合作共识和长远的合作意向,由谈判小组成员与OPPO公司相关谈判代表共同磋商解决合作方面的具体事宜,明确我方与对方的权利与义务。

古语云"凡事预则立,不预则废"、"知己知彼百战不殆",都说明了在做事情前应该有充分的准备,接下来这份策划就将双方的优劣势、各阶段所采取的谈判战略技巧及相关资料准备情况作详细分析。

一、谈判主题

我方提供校园宣传促销OPPO产品空间,对方向我方提供活动经费,促成双方长期合作关系。

二、谈判团队人员组成

主谈:×××,校方谈判全权代表。决策人:××,负责重大问题决策。

技术顾问:××,负责经费的核算和确认。

法律顾问:××,负责相关法律、规章制度问题。记录:×××,×××。

三、双方利益及优势分析

1. 我方核心利益

(1) 双方尽快达成合作关系,避免拉锯战。

(2) 对方赞助我方所有涉及活动经费,并确保按时到账。

(3) 双方建立并维护长期合作关系。

2. 对方利益

(1) 按质按量为其提供产品宣传和促销空间。

(2) 能建立和维持长期合作关系。

3. 我方优势

(1) 本次活动将有逾一万人了解到贵公司。同电视、报刊等传媒相比,在学校宣传有更好的性价比,可用最少的资金做到最好的宣传。

(2) 学校消费集中,针对性强,产品品牌容易深入人心。受所处年龄阶段与集中学习、住宿特点的影响,大学生群体更易接受新品牌、新产品和新消费。学生生活方式、学生消费心理、消费习惯尚不稳定,消费需求具有较大的弹性和可诱导性;感性消费、个性消费、群体消费、社交娱乐消费倾向明显;具有求新求异和攀比从众的复合心理特性,易受产品、服务的独特形式、广告创意、行销活动的影响,是产品上市、品牌推广的极佳受众。"OPPO"作为集手机、数码于一身的大型品牌,如果能够提早将品牌深入到学生之中,对于"OPPO"开辟高校市场、抢占更多客户资源将起到至关重要的作用!中国移动在高校市场能够全面战胜中国联通,就是这方面的典型例子。

（3）市场的概况：我校现在约有一万在校大学生，在校大学生月人均消费900元左右，月消费总量逾900万元，不难看出其消费市场的规模和吸引力。

（4）便捷的活动申请：商家在高校内进行宣传或促销活动，将经过一系列的申请，费时费力，而这次与我们学校的合作，这一系列问题将不复存在。

（5）我校市场稳定，在哈尔滨市有一定方面的优势。这对我校的长期发展提供了很好的外部条件，而OPPO公司更应该清楚地看到此次合作对自己长远发展的极大帮助。

4. 我方劣势

（1）我校校区分属郊区，难以确保提供所承诺的市场。

（2）我校就目前来看，实力和知名度都不太高，对方会以此为借口拒绝合作。

（3）如果对方延迟经费或者活动用赞助产品的交付，将影响活动的顺利进行和学生参与活动的积极性。

5. 对方优势

（1）OPPO公司知名度高，特别是在国际上享有盛誉，经济实力强。

（2）在国内合作伙伴众多，选择余地大。

（3）随着OPPO公司，大学生联盟的建立，与高校的合作紧密，在与高校的合作上，要求得更多、更高。

6. 对方劣势

（1）OPPO公司属于国内品牌，然而OPPO公司长期走国际品牌战略，以至于忽视了国内的发展。近年来转向国内市场的发展，为了自身发展，急需合作伙伴。

（2）对方在国内国外想要很高的知名度，一旦双方达成协议，为了自身的名誉和利益，不能轻易单方面撕毁合约。

（3）近年来各类公司走向大学校园，与校方的合作逐渐成为新一轮经济发展趋势，如中国三大通信在大学校园的竞争。然而OPPO在这方面起步较晚所以竞争更大。

四、谈判目标

1. 战略目标

尽快达成合作共识，进一步商榷在合作中的相关具体事项，并能建立与维护长期的合作关系。这一战略目标的意图有二：其一，学生在校重点工作还是学习，不能在业余活动方面花费太多时间；其二，在这方面的合作伙伴OPPO具有相关联性（与文艺很接近），我们需要有这样的长期合作伙伴。

2. 合作目标

（1）最优合作目标

A. 活动相关经费总计：3460.00元人民币

B. 活动用小礼品：为了更具活动参与性和更好的产品宣传，为活动提供至少十份小礼品。最好是具有一定纪念意义的小礼品。

C. 交付时间：2011年12月26日前

D. 我方提供包括海报，多媒体、网络等全方位的产品宣传。

（2）合作底线

A. 活动晚会经费：2000元人民币。

B. 交付时间:2011年12月28日前。
C. 我方提供相关媒体宣传。

五、谈判程序及具体策略

1. 开局阶段策略

(1) 开局阶段设计

方案一:感情交流式开局策略。通过谈及双方发展现状及前景形成感情上的共鸣,把对方引入较融洽的谈判气氛中,这也是针对第一次进行商务谈判所采取的较好开局方式。

方案二:先声夺人。因为双方的第一次合作,对对方的了解不是很深入,故由我方首先发言,表明我方的众多优势、渲染自己的实力,或是从侧面指出对方此行的必要性和对该活动的参与不可或缺的重要性。这有利于削弱对方的谈判地位,把握谈判的主动权。

(2) 对方可能一开始就以听而不闻相对应,更有以我校目前发展并不是很强为理由拒绝合作的策略,大肆宣扬自己的优厚条件和众多预备合作伙伴。我们应以明年暑期全省教育大会提出的在五年内将我校建成全省前十的教育发展目标规划为契机,表明我校的大好发展前途和光明的合作前景。

2. 中期阶段

(1) 数字陷阱。因为本次谈判涉及的是我方以长远市场换取对方的短期投资,那么在金额方面不仅要考虑此次活动,还得掺进我方可能长远失去的利益。然而又不能明确提出,那么就只有在活动相关经费上"掺水分",以加大总成本,并提供证明和依据。

(2) 投石问路。因为本次是双方的第一次合作,对双方合作的条件不能作深入了解,所以就先提出一组交易假设条件,向对方进行询问,最后在讨价还价中确定。本策略需得注意虚实结合,让对方难以琢磨你的意图。

(3) 突出优势。通过己方掌握的有利资料,突出己方的优势所在,强调我方能为对方所带来的最大的利益体。暗示对方若与我方达不成协议将会对其带来巨大损失。

(4) 把握让步原则。明确我方的核心利益所在,实行以退为进的策略,进行迂回战术。

(5) 打破僵局。合理利用暂停,分析僵局形成原因,最后可以通过聊对方产品及市场的方式来打破僵局缓和气氛。

3. 休局阶段

可根据实际情况对已有方案进行进一步的修正和调整。

4. 最后谈判阶段

(1) 把握底线,适时运用折中调和策略,把握最后让步的幅度,在适宜的时机提出最终要价,使用最后通牒策略。

(2) 埋下契机。在谈判中形成一体化谈判,以期建立长期合作关系。

(3) 达成协议。明确最终谈判结果,出示会议记录和合同范本,请对方确认,并确定正式签订合同时间。

六、准备谈判资料

1. 相关法律、校规文件。包括《中华人民共和国合同法》、《经济合同法》以及我校关于在校内进行商业宣传的相关规定制度。

2. 合同范本、背景资料、对方信息资料、技术资料、财务资料等。

七、制定应急预案

双方是第一次进行商务谈判，彼此不太了解，为了使谈判顺利进行，有必要制定应急预案。

1. 对方摆出一副居高临下，不重视合作的姿态。

应对方案：首先我方应表示出足够的合作诚意，并将此次合作给对方带去的利益一一说明，动之以情，晓之以利。

2. 对方使用权力有限策略，声称金额等受限制，拒绝我方提议。

应对方案：了解对方权限情况，先唱"白脸"，向对方说明我方经费详情，比如少了会有相应的实施困难，达不到预想的宣传效果等，适当制造僵局；然后"红脸"，运用掌握的以前对方类似合作提供的经费情况，揭露对方的权限策略，并承诺一定会尽全力办好此次活动，为对方带来最大效益。

3. 对方使用借题发挥策略，对我方某重要问题抓住不放。

应对方案：可转移话题避免不必要的解释，必要时可点破对方的策略实质，声明对方的策略影响谈判进程。

谈判小组成员

2010 年 11 月 28 日

任务二　招标书　投标书

任务引入

我校团委对以"情牵母爱，遥报春晖，用声音来传递"为主题的 OPPO 歌曲联谊晚会的活动承办资格项目进行招标，人文与旅游分院团总支准备去参加投标，投标书怎么写呢？

必备知识

招标书

一、招标书的概念

招标书又称招标说明书，是用于招标活动的书面文件，是通过公开招标的办法聘请其他单位或个人协助办理的告知性文书。招标书通常以招标广告、招标通告、招标启事、招标通知书等名目出现。

二、结构和内容

1. 标题

由招标单位名称、招标项目名称和文种构成,或由招标单位名称和文种构成。

2. 正文

(1) 前言。招标单位基本情况。行文目的。

(2) 主体。

形式:多用条文式,也可用表格式。

写作内容:招标项目情况、实施招标项目地点、招标条件、要求、开标日期等。

商品招标书:标明商品的名称、数量规格、价格等。

3. 结尾

招标单位名称、地址、法人代表、成文日期并加盖印章、联系人姓名、电话号码等,必要时还可写上开户银行及账号。

【例文】

河北××学院宿舍区网络工程招标书

河北××学院为适应现代教育的发展需要,决定启动家属宿舍区网络工程建设。凡有意参加我校该项工程建设的厂商,请遵照如下说明参加我校的招标、投标工作。

学院网络概况

河北××学院校园网已经先后完成了两期工程,形成覆盖教学楼、办公楼二层、1号学生公寓的计算机网络,校园网采用千兆以太网解决方案(基于光纤),百兆交换到桌面,星型拓扑结构。网络中心地处教学楼七楼,网络主交换机为CISCO2948。本期工程需要完成将家属宿舍连入校园网。

网络工程需求

1. 需要联网的有1♯、2♯、3♯、4♯家属宿舍楼,分别为5层四个单元每个单元3户、5层五个单元每个单元2户、6层五个单元每个单元2户、6层两个单元每个单元2户,共三栋半。从网络中心核心交换机千兆光纤接入每栋宿舍楼,保证100兆到桌面。光纤走线示意图见附件。

2. 总体应具有一定的可升级性和前瞻性,保证网上多路视频信号传输流畅,系统工作稳定可靠。

3. 交换机为国际、国内知名品牌。布线系统产品需采用经过信息产业部测试的国际、国内知名品牌,需提供厂家产品合格证书、厂家的质量保证授权和系统工程师证明。布线系统原则上质保15年,质保证明由厂家出具。

4. 设备的各项要求(品牌、型号、配置)应与中标单位签订合同中条款为准,不得擅自更改。所有的设备到达现场应有完整的包装,随机技术、服务性资料和软件齐全。

招标说明

1. 按照宿舍区网络工程招标书的要求,将制作的投标文件于2004年7月8日上午9:

00前送交,必须出示合法企业的资格证明,购买标书时间6月30日至7月8日(周六、日休息)上午9:00前,以缴纳购买标书费时间为准,过期不再受理,标书售价150元。投标文件由投标人密封,一式三份。

标书购买地点:河北××学院网络室(教学楼七楼)。

联系人:黄×、石××

咨询电话:×××××××。

2. 7月8日,上午9:30河北××学院(以下简称甲方)将组织开标。由评标专家组负责评审,从中确定2～3家拟中标厂商,再进行议标、决标,最终结果另行通知。

3. 投标的厂商在投标时需按投标价的5％缴纳履约保证金,现金和支票都可。未中标的单位当场退回保证金。最终中标单位保证金不退,作为该项目的质保金记入总合同金额,按照合同约定支付。

4. 该项工程建设分设备选购、综合布线、系统集成三个方面,这三个方面工作均由乙方统一完成。

5. 工程开工前,甲方按照有关网络产品技术指标对乙方购买产品进行抽样测试,如交换机、网线、信息点模块等。

6. 投标文件要求出示投标单位营业执照、产品厂家相关证明、单位业绩证明(加盖用户单位公章)、设计方案、整个项目详细报价。须注明产品生产厂家、型号、数量、价格。投标文件也须加盖投标单位公章。

投标说明

1. 投标厂商应是已在工商部门注册的合法企业或厂商。投标时应出具合法厂商的资格证明。投标厂商应是具有一定规模,有一定经济和技术实力,并单独承接过本市一个楼宇网络工程的公司。

2. 投标文件包括投标报价表、综合布线施工方案、资格证明文件以及有关说明文件。投标文件应采用已规范的中文术语,字迹要清楚、工整。

3. 投标文件应密封,封面标明:河北××学院宿舍区网络工程投标书;投标单位全称、地址、邮编、联系电话、联系人,并加盖公章。

4. 投标文件请于规定时间前送交指定地点,过期不受理。

其他要求

1. 安装及调试

乙方负责设备的采购、安装、调试、与现有网络的集成和培训甲方人员,乙方应在甲方指定开工的25日内完成工程。

2. 售后服务

中标单位负责交换机以及其他网络产品的一年包换或免费维修;在接到系统故障通知后,应在2小时内响应。硬件故障如不能当场解决应及时提供同类产品替代使用直至故障排除。

开标与评标

1. 开标

招标会时间定在2004年7月8日上午9:00进行,现场开标为7月8日上午9:30,

开标地点在河北××学院办公楼一楼。参加开标的投标代表应签名报到,证明其出席。正式开标前未签名出席,视为废标。开标时由招标领导小组领导宣布开标程序和办法,并当场认定投标文件的封签并拆封。

2. 评标

由评标专家组进行,安排一定时间的厂商答疑。评标主要是比较各投标文件所提供设备的质量、性能、价格和厂商的服务、信誉、实力,综合选定中标厂商。我们本着性能价格比最优的原则,不保证最低价中标,投标厂商不出席评标过程,由评标专家组当场宣布并书面通知拟中标厂商。

河北××学院
2004 年 6 月 24 日

投标书

一、投标书的概念

投标书是投标单位按照招标书提出的条件和要求,向招标单位提出承包项目或承买大宗商品时,填报价格等所写的书面文书的统称。它包括投标申请书、资格审查材料、投标书、演讲词、答辩词等。

投标书是投标者为了中标而按照招标书提出的项目、条件和要求,以求实现与招标者订立合同,而提供给招标者的承诺文书。投标书撰写的好坏直接影响中标结果。

二、结构和内容

1. 标题

由投标单位名称、投标项目名称和文种构成,或由投标单位名称和文种构成。

2. 正文

(1) 引言。说明投标的依据、指导思想和投标意愿。

(2) 主体。紧紧围绕招标书提出的目标、要求而写:介绍投标企业的现状、具备投标条件,提出标价(常用表格表示)、完成招标项目时间,明确质量承诺和应标经营措施,填写标单等。

3. 结尾

写投标单位的名称、法人代表、联系人地址、电话号码和传真。

4. 附件

附利于己方中标的有关材料等。

三、招标书、投标书的注意事项

(1) 遵守规定,合法合理。招标、投标活动是现代经济活动的重要形式,国家为此颁布了一系列法律法规,招标投标活动既受其保护,也受其监督。要保证招标投标活动公平、公正、公开,以激励竞争,提高经济效益。招标、投标方案既要科学、先进,又要适度、可行。

(2) 吃透情况,内容周全。招标人要了解市场信息、投标人的情况,才能根据时间确定招标项目的标准、标底;投标人要全面了解招标项目情况、市场情况和竞争者情况,才能知己知彼,报价恰当,具有竞争力,以保证中标后取得一定的经济效益。各个项目内容都要书写周全,要写细,写具体,不得有疏漏。

(3) 表述规范、简明、准确。由于招标、投标多数是一次性成交,没有反复磋商的余地,因此各类招标书和投标书之间要相互统一,对应,各种提法、概念、用语、数字都要规范。文字表达要考究,方案要高度概括,简明易懂,要做到准确无误,避免含糊不清,以免产生歧义。

【例文】

目　录

1. 投标函
2. 报价表
3. 营业执照
4. 业绩报告
5. 法人代表授权书
6. 服务承诺
7. 企业简介
8. 检验报告

投标单位:中国××有限公司
××××年×月×日

投标函

××公司:

承蒙信任,我公司有幸参加贵单位××市城市建设综合开发公司小区配套改造用采暖和给水用料工程的投标,在此我公司向贵公司表示真诚的感谢。

对于本次招标,我公司非常重视,经过仔细研究招标书,我公司决定参加本次投标,并按招标文件的要求提交了相关文件,并做如下说明:

1. 我们愿按照招标文件中的一切要求提供所招设备材料及相关服务,其投标总报价按:实际单价数量总合计为准,其明细详见投标报价。

2. 如果我们投标文件被接受,我们将履行招标文件中规定的每一项要求,按期、按质、按量完成交货任务。

3. 我们同意按招标文件中的规定,本投标文件的有效期为开标之日起60天。

4. 我们愿意提供招标人在招标中要求的所有资料。

5. 我们认为你们有权决定中标人,也认为最低报价是确定中标的重要因素,但不是唯一的标准。

6. 我们愿按《中华人民共和国合同法》履行自己的全部责任。

7. 我们同意按招标文件规定交纳人民币<u>陆万元</u>的投标保证金。

8. 售后服务承诺详见后面、运输费用我方承担。

9. 当我方供货到甲方施工地时需要装卸货时,甲方应积极予以配合。

         投标人:中国××有限公司(盖章)
           ××××年×月×日

唱标一览表

招标项目名称:××建设工程

招标文件编号:×××

投标人名称	中国××有限公司
包 号	
设备材料名称	
产地/品牌	
生产厂家	
报价数量	
单价	
投标总报价(元)	
交货期	
质保期	
付款方式有无偏离	
招标认同程度	

         投标人:中国××有限公司(盖章)
         委托代理人:
           ××××年×月×日

产品报价单

单价:元

品名	规格型号	单位	数量	单价	总价	备注

以上材料报价含有包装费、运杂费、装车、卸车费、保险费、税金和检测费用及货到现场检验费,而且包括长期的售后服务费用。

投标人:中国××有限公司(盖章)
委托代理人:
××××年×月×日

技术规格、参数偏离表

投标人名称:中国××有限公司

序号	招标文件条款	投标文件条款
	条款内容	条款内容
	无偏离	无偏离

投标人:中国××有限公司(盖章)
委托代理人:
××××年×月×日

商务条款偏离表

投标人名称:中国××有限公司

序号	招标文件条款	投标文件条款
	条款内容	条款内容
	无偏离	无偏离

投标人:中国××有限公司(盖章)
委托代理人:
××××年×月×日

业绩表

序号	产品名称	数量	用户名称	投运日期	备注
1					
2					
3					
4					
5					
6					
7					
8					
9					
10					

投标人：中国××有限公司（盖章）
委托代理人：
××××年×月×日

法人授权书

××开发公司：

兹委派_____代表中国××有限公司参加贵公司"小区配套改造用采暖和给水用料"工程所需材料采购投标项目，并以此授权其全权代表我公司处理本次投标有关事宜。

全权代表的职务：
授权代表签字：
法人代表：

投标人：中国××有限公司（盖章）
委托代理人：
××××年×月×日

服务承诺

为客户提供优质产品，便捷、诚实守信的服务是企业的精神，也是我公司的服务宗旨，我公司在确保所供产品质量方面有ISO9001的质量保证体系，其中包括对产品的售前、售中、售后服务和对用户之间的联系，特此我公司作出如下承诺：

本公司设有售后服务机构，满足用户的三包维修服务，该机构是在接到报修通知后2～10小时内赶到现场，并连续进行，直到故障排除，产品完全恢复正常使用为止。

售后服务机构备有足够的零备件,以满足业主对产品维修的要求。

产品使用过程中我公司定期组织服务人员进行用户访问,征询用户对产品使用状况,改进意见等各方面的反馈,以便进一步提高服务质量。

我公司产品在保质期内实行三包服务(即包退、包换、包修);在质保期外我公司定期派技术人员回访,如需产品配件只收配件成本价。产品安装过程中,我公司派有专业技术人员驻现场配合指导安装。

投标人:中国××有限公司(盖章)
××××年×月×日

中国××有限公司简介

中国××有限公司,位于美丽的海滨城市,交通便利,是一家集五金机电、电工、化工建材等产品以经营销售、加工生产的综合性公司。公司始建于2005年,在公司领导与职工的共同努力下,已发展为资产达贰仟万元,员工200多人,年销售额过千万元的大型五交化、机电行业公司。

目前下设:××分公司,××分公司。

主要经营:建筑、装潢五金、铁丝、元钉、筛网、滤布、标准件、螺丝、螺帽、垫片、自攻螺丝、弹垫、铆钉、锁具、钢丝绳、链条、弹簧、轻型、重型、国标、非标扳钳、工具及中美奥飞工具,日本牧田、日立及德国博世等世界名牌电动工具。杭州"武林"、浙江"双鸽"、上海"神雕"、德国"安博"等名优起重机械,"索斯沃斯"升降台、千斤顶、工矿轮、脚轮、转向轮、砂纸、切割片、角磨片、空压机、液压元件、减速机、包装机械、电焊条、焊丝、松下、新亚等电焊机及焊接设施、设备工具。各种机械工具、量具、刃具、哈尔滨瓦房店、洛阳、SKF、NSK、NTN国产进口轴承。电动机、汽油、柴油发电机、SMC、济南华通、上海气动成套厂、液压气动、成套产品元件。水泵、管道泵,各种进口国产闸阀、截止阀、球阀、蝶阀、止回阀、柱塞阀、旋塞阀、调节阀、平衡阀、减压阀、电磁阀、疏水阀、隔膜阀、安全阀、真空阀、排气阀、切断阀、排污阀、浆渣阀、过滤器、软管、ABS管件及阀、玻璃钢管、阀件。不锈钢补偿器、软管、橡胶接头、各种焊接法兰、弯头、管件,消防器材、设施、设备。卫生洁具及配件、空调设备及配件。各种照明灯具、灯泡、照明器材、防爆器材、电器、照明配电箱、动力配电箱、高低压开关箱,熔断器、转换开关、各种电流电源、配套产品。塑铜线、护套线,电力电缆、交联电缆、控制电缆,阻燃型和本质型热电偶补导线、补偿电缆、炸性环境用绞对仪表控制电缆、多芯绞对屏蔽电缆。各种压力表、温度计、温度表、液位计、热电偶,各种气体、液体流量计等。

各种石棉石墨、聚四氟乙烯材料制品、金属缠绕垫片、各种橡胶板、橡胶管、橡胶制品。各种不锈钢、铝、铅等板、管、棒、带、排、扁钢等有关材料。

各种名优硝基、聚酯类、丙烯酸类、氨基类、酚醛类、聚氨酯类,橡胶类、环氧类,树脂类,过氯乙烯类等油漆及有关稀释剂、化学试剂、化工原料。各类劳保手套、套袖、帽子、口罩、雨衣、工作服、安全帽、安全带、雨靴、皮鞋等。

主要客户及工程业绩：××公司，××公司，××公司

我公司竭诚以更周到、及时的服务和质高价廉的产品让您满意，在此向以往关爱与支持我公司的广大用户表示诚挚的谢意，并希望继续得到新老客户的支持，我们相信我们公司以宏大的实力，良好的信誉和周到的服务，一定获得你们的青睐、保您放心，并真诚希望广大新老客户继续给予关爱与支持，共创美好未来。

投标人：中国××有限公司（盖章）
××××年×月×日

拓展学习

投标人怎样递交招标书

《中华人民共和国招标投标法》第28条规定，投标人应当在招标文件要求提交投标文件的截止时间以前，将投标文件送达投标地点。招标人收到投标文件后，应当签收保存，不得开启。投标人少于3名的，招标人应当依照本法重新招标。在招标文件要求提交投标文件的截止时间后送达的投标文件，招标人应当拒收。

投标文件的送达。投标人必须按照招标文件规定的地点，在规定的时间内送达投标文件。投递标书的方式最好是直接送达或委托代理人送达，以便获得招标机构已收到投标书的回执。

在招标文件中通常就包含有递交投标书的时间和地点，投标人不可以将投标文件送交招标文件规定地点以外地方，如果投标人因为递交投标书的地点发生错误而延误投标时间的，将被视为无效标而被拒收。

如果以邮寄方式送达的，投标人必须预留出邮寄时间，保证投标文件能够在截止日期之前送达招标人指定的地点。而不是以"邮戳为准"。在投标文件提交截止时间后送达招标文件，招标人收到标书以后应当签收，不得开启。为了保护投标人的合法权益，招标人必须履行完备的签收、登记和备案手续。签收人要记录投标文件递交的日期和地点以及密封状况。签收人签名后应将所有递交的投标文件放置在保密安全的地方，任何人不得开启投标文件。

为了保证投标人之间的公平竞争，对于投标人少于3名的，应当重新招标。这种情况在国外称之为"流标"。按照国际惯例，至少有3家投标者才能带来有效竞争，因为2家参加投标，缺乏竞争，投标人可能互相提高采购价格，损害招标人利益。

准备投标资料五要点

投标文件主要包括投标书、开标一览表、投标报价表、投标产品的方案及详细介绍、技术和商务方面与招标文件的偏离表、投标人的资信证明和招标文件要求的其他资料。

投标文件是描述投标人实力和信誉状况、投标报价竞争力及投标人对招标文件响应程度的重要文件,也是评标委员会和招标人评价投标人的主要依据。企业在产品和实力能够满足招标文件要求的前提下,编制出高水平的投标文件,是在竞争中能否获胜的关键。因为招标文件中任何含糊不清或未予明确的细节都有可能导致执行合同意见不一致。所以,投标人除了要了解潜在竞争对手的情况,从技术、商务等各方面确定投标策略外,在制作投标文件时应注意以下五要点:

一、吃透标书

一字不漏地看标书,认真研究招标文件内容,摸清招标人的要求和意图,吃透标书的全部内容,切忌出现理解上的错误。

二、积累投标经验

标书通常大同小异,内容差不多,有经验的话,就可以省时省力,少犯错误。投标经验既要理论又要实践,往往一两个错误就可能导致废标。

三、拟定合理的投标价格

确定投标价格要根据国内、国际市场行情和自己产品成本等因素综合分析来做决策。投标实际上就是投标人按照招标文件上提出的各项交易条件,按期提出自己最优惠的报价来进行竞卖。其中,各项费用一定要精确计算。这里要强调的一点是,不一定价格最低的投标人就是中标者。招标人通常会从技术、价格、实力三方面来综合考虑,依据标书的要求对投标人分别进行考核打分才决定。

四、多提供说明自己优势的文件

比如能说明投标人的技术优于招标人的要求或其他竞争对手的文件,可提前交货的保证和承诺,等等。投标人还可将自身的业绩、在其他项目中中标的情况、各方面的评价、产品样本等有关材料充实到投标文件中,并分别配上详细介绍,以便向评委和招标人充分展示自己的实力,引起他们的重视。

五、注意语言规范和格式

虽然标书对投标资料的格式有明确固定的要求,但仍有一部分文件未作格式上的要求,所以投标人需要准备清晰、明确的文件。

参加投标,对企业本身也是一个促进和提高。成功地执行一个投标合同,是提高企业管理水平、人员素质和研发能力的最好方式之一。所以,企业应积极参与招投标的工作,利用这一方式为企业的发展服务。

任务三 意向书

经过几次商谈,我院与OPPO公司有了合作意向,准备签署意向书。我们该如何写作意向书呢?

 **必备知识**

一、概念

意向书是协作各方通过初步谈判,就合作事宜表明基本态度、提出初步设想、表达某种意图或目的的意向性文书。

二、结构和内容

1. 标题

意向书的标题有三种形式:一是只写文种;二是在"意向书"前写出协作内容,如《合资经营冰箱厂意向书》;三是在协作内容前标明协作各方的名称,如《××大学与××科技有限责任公司联合开发××产品意向书》。

2. 正文

(1) 导语

写明签订意向书的依据、缘由、目的。

(2) 主体

通常采用条款式表达合作各方达成的具体意向。

(3) 结尾

写明"未尽事宜,在签订正式合同或协议书时再予以补充"一语,以便留有余地。

3. 尾部

意向书签订各方单位的名称、代表人姓名并加盖公章、私章及日期。

三、注意事项

语言准确,表达清楚,忠实于洽谈内容。

【例文】

合作意向书

甲方:承德××文化产业投资有限公司

乙方:承德××职业学院

为了更好地贯彻执行××承德市委市政府"建设国际旅游城市"的重要决策,根据市委杨汭书记对承德鼎盛文化产业投资有限公司"鼎盛王朝"文化产业园项目提出的"打造二十一世纪避暑山庄"的指示精神,进一步深化教育体制改革,充分实现新时期"产学结合"、"校企结合"的办学新思路、新方法、新形式,以"请进来、走出去"为基本目标,让企业积极参与到学校的教学工作,让教职工、学生尽早地适应社会、企业的实际工作,培养具有专业技能的实用人才,甲乙双方本着"干实事、想干实事、干好实事"的原则,经友好协商达成以下合作意向:

一、甲方所属"鼎盛王朝"文化产业园作为乙方教职工、学生的职业培训、实习基地;

二、甲方优先考虑乙方学生的就业问题;

三、甲方聘请乙方有关领导作为甲方专业顾问;

四、甲方邀请乙方教职工参与甲方项目相关工作;

五、甲方邀请乙方有关演出团体参与甲方有关演艺活动;

六、乙方安排学生参与甲方实景演出工作;

七、乙方申报、安排相关科研课题与甲方合作完成;

八、乙方聘请甲方梅洪总裁作为乙方客座教授;

九、乙方邀请甲方专业人员定期不定期到乙方为学生做讲座;

十、乙方为甲方工作人员做相关职业培训;

十一、乙方为甲方定向培养专业人才;

十二、乙方拟开设艺术系,对外定位为鼎盛艺术学院;

十三、甲乙双方共同策划组织相关主题论坛、研讨活动;

十四、甲乙双方共同策划组织其他活动;

十五、近期适当的时间,甲乙双方共同举行合作签约仪式,邀请有关市领导出席,新闻媒体充分报道。

具体合作细节,甲乙双方就每个项目进行充分研讨后拟定合作协议。

甲方:承德××文化产业投资有限公司　　　乙方:承德××职业学院
×××(签章)　　　　　　　　　　　　　　×××(签章)
日期:　　　　　　　　　　　　　　　　　　日期:

写作实训

1. 根据材料撰写商务谈判方案。

谈判 A 方:KLL 工厂(卖方)

谈判 B 方:FLP 工厂(买方)

FLP 和 KLL 工厂是两个长期的合作伙伴,KLL 是 FLP 的模具供应商,它的模具供给量占 FLP 工厂使用模具的 80%。但是,KLL 的模具最近一直有质量问题,给 FLP 工厂造成了大量的额外损失。当初两厂签订的协议中规定:KLL 提供的模具合格率达到 95% 以上便可。但这是一条有歧义的条款,既可以理解为每套模具各个零件的合格率达到 95% 以上,也可以理解为所有模具的总体合格率达到 95% 以上。

前一种理解比较有利于 FLP 工厂,后一种理解比较有利于 KLL 工厂。而实际上正是由于 KLL 生产的所有模具中的那不合格的 5% 造成了 FLP 工厂巨大的损失。FLP 知道自己一下子不可能完全抛开这个供应商,KLL 当然也不想失去 FLP 这个大客户。FLP 提出,先前由于 KLL 的次品导致的损失必须由 KLL 承担。而 KLL 坚持认为 FLP 的质检部门在接受 KLL 工厂的模具时就应该看清楚,如果是次品可以退货,而不是等到进了工厂投入使用以后才发现有问题,因而他们拒绝承担损失。双方交涉多次都没有达成协议。最后导致双方的高层领导都开始过问此事。FLP采购部和KLL销售部的经理约定本周末碰面,准备通过谈判对此事做一个了断。而且双方谈判代表都非常清楚,如果这次谈不成回去肯定会受到领导斥责。

谈判目标:

(1) 确定对95%以上合格率这一条款的理解。

(2) 商议KLL赔偿FLP工厂损失的事宜。

如果你是FLP采购部经理,为了达到谈判目标请你撰写商务谈判方案。

2. 天地公司为满足需要,计划采购一批办公用计算机、打印机和传真机。领导准备采用公开招标的形式选择供应商。请代天地公司撰写一份招标书。

3. 请你查找相关资料,说说意向书、协议书、合同的异同。

项目五 宣传推广

任务一 消息 通讯

消 息

 **任务引入**

美丽的校园是同学们天天学习生活的地方,可是你有没有认真观察过身边的环境,有没有发现同学们各自不同的生活状态呢?请写一条发生在一周之内的校园消息,字数大约200字。

 **必备知识**

一、消息的概念

新闻有广义和狭义之分。广义的新闻,包括消息、通讯、评论、特写、专访、记者来信、新闻图片、电视新闻、录音新闻等。狭义的新闻,则专指消息。

消息是新闻中最基本的、使用量最大的文体。它是用概括叙述的方式,以简明扼要的文字,迅速、及时地报道最新事实的短篇新闻。

消息的主要特点是:报道新闻事实迅速及时,内容简明扼要,语言生动简洁,篇幅短小精练。消息的写作一般采用"倒金字塔"结构,即将最重要、最新鲜的事实写在新闻的最前面,按事实重要程度和读者关注程度的先主后次安排结构,内容越是重要的,读者越是感兴趣的,越要往前安排,然后依次递减。

二、消息的结构和内容

1. 标题

标题的制作要准确、鲜明、生动、简练,能突出主旨,抓人眼球。

标题有以下三种写法。

(1) 三行标题。一般用于重要新闻的报道。第一行是引题,用来交代背景,烘托气氛,引出主题;第二行是主题,用来说明新闻中最重要或是引人入胜的事实和思想,主题在整个标题中字号最大,位置最为显著;第三行是副题,用来补充交代较重要的新闻事实。

例如：

沸沸扬扬的"郑州事件"带来教训（引题）
"万家乐"以乐万家态度整改（正标题）
中日专家认为"干烧"现象不难解决（副题）

（2）两行标题。引题加主题或主题加副题。例如：

阿里巴巴在纽约启动路演（主题）
马云讲述中国故事（副题）

（3）一行标题。只有一个单行标题，它是消息内容的高度概括。例如：

吉林野生丹顶鹤突袭啄伤游客

2. 导语

导语位于消息的开头，是主体部分的浓缩。导语是用简练生动的文字，表达新闻中最重要或者最精彩的内容，是具有启发性或诱惑力的消息开头部分。导语的常用写法有以下几种：

（1）直接性导语。又称概括性导语，是目前用得最多也较易掌握的一类导语，它以概括的、直接陈述的方式，开门见山、简明扼要地叙述最新鲜、最重要的事实，或最有个性特色、最具有新闻价值的内容。写作模式可按"何时、何人、何地、何事"来进行。例如：

世界首家互动式微生物博物馆9月30日在荷兰首都阿姆斯特丹开门迎客，让参观者得以和这些与人类关系密切的微小个体来一次亲密接触。馆长海格·巴利安甚至如此描述它的奇妙："来一趟微生物博物馆吧，它将从此改变你看世界的方式。"

（2）间接性导语。又称延缓性导语，是相对于直接性导语的一种导语形式，即导语曲径通幽，引人入胜，间接体现新闻主题，迂回舒展地引出新闻的核心事实或新闻要旨，可分为描写式、评议式、提问式等。

① 描写式导语。简单描写某个事件或人物的有意义的特征，既形象又传神，具有现场感。例如：

一头披肩长发，一袭淡雅的粉色连衣裙，一双亮白高跟鞋，安静的黑嘉嘉就这么出现在双人围棋赛场上时，人气超旺的她绝对是第五届"穹窿兵圣杯"世界女子围棋赛上"一道最美的风景"。

② 评议式导语。在导语中表明作者的态度和对报道对象的看法，对读者具有导向性的作用。例如：

教育资源不均问题由来已久，解决起来难度很大。但让每个孩子享受教育公平，合理配置教育资源，力争使其趋于均衡，再高的大山也要过。

③ 提问式导语。用提问的方式引出消息的主要内容，以启发读者进行思考，吸引读者阅读消息。例如：

"十一"长假怎么过？出门旅游？做好堵在高速上前不着村后不着店的准备了么？到了景区，当心欣赏不了风景只看人。宅在家里？……

3. 主体

主体是导语的扩展。消息主体是紧接在导语后面构成消息主要内容的部分，也叫新闻躯干。它对导语的扩展主要表现在两个方面。其一，解释和深化导语。即对于导语中所涉及的内容，进一步提供细节和有关材料。其二，补充新的事实。新闻躯干部分往往要补充导语中未涉及的新闻内容，使新闻"五要素"（何人、何时、何地、何事、何因）得以完备。

主体常采用倒金字塔结构形式。所谓"倒金字塔"，就是把最重要的材料放在开头，比较重要的随后安排，再次的再向后排，最不重要的放在最后。

4. 结尾

消息的结尾承接主体，是消息的最后一句或一段话。好的新闻结尾能起到深化主题、发人深思、耐人寻味的作用。

无论用哪种形式的结尾，要根据消息的具体需要决定，简明扼要，新颖深刻，而不可强加上去，使文章不自然。当主体部分已经叙述清楚，也可不加结尾。

5. 背景

背景是消息中与新闻事件发生、变化有联系的补充性材料，把它们组织到消息中去，能增加新闻的"厚度"，更有说服力、穿透力，有助于读者更深刻地理解消息的主题。消息写作中交代背景，要恰到好处，不要为交代背景而交代背景。

三、注意事项

消息写作必须完全真实地反映客观事实，用确凿的事实来教育影响读者，绝不允许虚构和添枝加叶。消息必须迅速及时地把最新的事实报告给读者，延误了的信息就失去了新闻价值。消息要用较小的篇幅、简练的文字来叙述事实、传达信息，要求内容集中，言简意丰。此外，对于初学者来说还应注意以下事项：

1. 善于发现具有新闻价值的事实

初学消息写作的人，往往无从下手或写出来的东西没有新闻价值不被编辑采用。因此，首先要善于发现具有新闻价值的事实。所谓新闻价值，是指在新的事实中或在事实的新变动中所包含的新的信息的分量，以及能够引起读者普遍兴趣的程度。

2. 以叙述为主，用事实说话

消息多用叙述型的语言，叙述应该真实、简练、清楚。通过叙述，把事实讲出来，把事实中有关的时间、地点、人物、事件和原因（即五W）告诉读者，五要素尽量完整。

3. 标题中学会用动词

消息是新近发生的有价值的事实的报道，所以消息的标题中应告诉读者发生了什么事，使用动词能表现事件中的动作，句式以主谓结构或动宾结构为主。例如报道国家扶持小微企业发展的消息标题，就一定要有"扶持"这个动词，最简单的新闻标题是"国家扶持小微企业"，或者复杂一些，写成"国务院六大举措扶持小微企业"。

4. 格式写法

比较完整的消息格式是：标题＋导语＋主体＋结尾。但并不是每一篇消息都必须有这四部分，除标题和主体外，其他部分视需要取舍。另外，消息撰写中也讲究背景材料，它的位置是自由灵活的。

【例文】

中华情韵——情动埃德蒙顿

当地时间2月13日晚,兰州大学大学生艺术团赴加拿大孔子学院巡演埃德蒙顿站演出在艾尔伯塔大学剧场举行。埃德蒙顿公立教育局理事 Bridget Stirring 女士、阿尔伯达省议员 Thomas Deng 先生、中国驻卡尔加里总领馆副总领事王磊出席活动,埃德蒙顿孔子学院师生、当地民众等1000多名观众观看演出。

在整场近2个小时的演出过程中,观众们体验到了中国武术的力之美、柔与刚,感受了中国少数民族的能歌善舞和热情奔放,了解了中国传统文化的无穷魅力,认识了中国大学生的青春活力与激情。舞台上下互动热烈,观众随着演员舞动、鼓掌和呐喊,完全沉浸在体验中国文化魅力的情境之中。

中外嘉宾在致辞中不约而同的提到一个主题——"交流与合作",希望中加双方以及兰州大学与加方高校和教育机构加强联系,相互支持、协作共进。本次巡演不仅是文化和艺术的交流,更是心灵和精神的交流与共鸣,希望双方通过此次巡演,进一步加强联系和沟通,共同为中加人民的友谊和双边的交流与合作创造条件和机会。

2月14日,巡演团先后赴埃德蒙顿孔子学院设在 Rosslyn 中学(Rosslyn Junior High School)、Edith Rogers 中学(Junior High School)和 McNally 中学(McNally High School)的3个孔子课堂交流演出。所到之处同学们都热情投入,踊跃参与互动交流,尤其对中国武术表现出特别浓厚的兴趣,纷纷要求上台学习和体验中国武术。午餐间隙,中外师生有了更加近距离的交流和沟通,外方中文社团和狮舞社团的同学们按捺不住地为巡演团献上舞狮、舞龙表演,双方学生或弹奏或舞蹈,或相互切磋,或围坐交谈,充分交流文化体验感受,彼此依依不舍、相谈甚欢。

在埃德蒙顿的演出受到社会各界人士的一致好评,在当地引起普遍关注,一时成为聚焦话题,"孔子学院总部/国家汉办"、"兰州大学"、"中国文化"、"功夫"等成为热议词段。大家不仅认为演出内容"有水平"、"接地气",更觉得结合了互动与体验交流的演出形式有趣、亲和并极具感染力,希望如此高水平的演出能再次到加拿大。

演出结束后,巡演团团长、兰州大学副校长曹红接受了当地媒体"光华报"的专题采访。

(《兰州大学新闻网》 2017年2月20日)

中国最强气象卫星传回首批图像 到底有多牛?

27日上午,国防科工局、中国气象局联合发布了我国新一代静止轨道气象卫星风云四号获取的首批图像与数据。风云四号卫星与地面应用系统协调匹配、工作正常,标志着我国静止轨道气象卫星成功实现了升级换代。风云四号卫星到底有多牛?又能在哪些领域发挥重要作用呢?

对首批获取的图像和数据初步分析显示,图像层次分明,云层和地表纹理丰富,风云四号卫星的主要探测功能得到全面验证,综合探测能力达到国际领先水平。风云四号卫星于 2016 年 12 月 11 日在西昌卫星发射中心成功发射。迄今为止,中国已成功发射 15 颗气象卫星,其中 8 颗卫星在轨运行,成为世界上少数几个同时拥有极轨和静止轨道气象卫星的国家。

据国防科工局总工程师田玉龙介绍,依托星载先进设备,风云四号卫星可以更加精确地开展天气监测与预报预警、数值预报、气候监测,还将对灾害及环境监测、人工影响天气、空间天气研究等提供有力支撑。

中国气象局副局长于新文告诉记者,由于风云四号提供了高时空分辨率的图像以及大气垂直探测的产品,它所搭载的干涉式大气垂直探测仪,相当于在中国上空释放了上千探空气球,时时刻刻为预报员提供观测信息。风云四号可以提高对台风等特定、短时、局地天气系统的监视与预警能力。它还可以进一步提高灾害和环境预测的能力,不仅可以对火灾、洪涝、雾霾等灾害进行判识和面积估算,还能掌握其动态变化,全面了解灾害的发生、发展以及消亡全过程,对大气污染物的时空变化、污染源的调查与防控提供重要信息。

据悉,国防科工局、中国气象局正在按计划组织有关单位开展卫星在轨测试,计划今年 6 月—7 月交付使用。同步组织力量在天气预报等领域开展应用攻关,为"一带一路"沿线国家提供高精度气象卫星资料,为共同构建防灾减灾体系提供支撑。

(《环球网军事》2017 年 2 月 28 日)

写作实训

1. 2016 年 10 月 18 日,××大学第四十届田径运动会在新校区体育场隆重举行。学校领导及各学院、各部门负责人出席了开幕式典礼。上午 8 时,伴着激昂的《运动员进行曲》,国旗队、校旗队、彩旗队以及各代表队依次入场。××校长宣布第四十届田径运动会开幕,××副书记致开幕词。赛场上,师生们以饱满的热情迈开了竞技角逐和刷新纪录的步伐。

请根据材料写一则消息。

2. 请以你所在班级的一次春游或秋游活动为内容,写一篇消息。

通 讯

任务引入

为丰富学生课余文化生活、拓展学生素质、加强社团建设、繁荣校园文化,5 月至 6 月,某高职学院举办了一年一度的社团文化月系列活动。

本届社团文化月所有活动均由社团部及各学生社团组织承办,其中,动漫协会的"动感校园 漫行××"漫画大赛,摄影协会的"我运动 我青春"手机摄影大赛,尤其受到同学的欢迎,所有参赛作品在院食堂前广场展出并接受大众评选,由全院师生投票选出获奖作品。

社团现场展示也是本届社团文化月的一项重要活动内容。5月底，各学生社团在社团部的统一协调下，群集校园广场，进行现场展示。动漫协会的COSPLAY秀、千叶歌剧社的现场演唱及舞蹈协会的街舞秀，吸引了不少观众的目光。

　　6月上旬，一台主题为"璀璨之夜 魅力社团"的文艺晚会，为本届社团文化月圆满拉下帷幕。整场晚会既突出各系的专业特点，又充分展示学生社团的青春风采，舞蹈协会、千叶歌剧社、动漫协会、青年志愿者协会等学生社团都有精彩表现。

　　根据以上材料，结合你所在学校学生社团活动的调研情况，写一篇风貌通讯。

必备知识

一、通讯的概念和分类

1. 通讯的概念

　　通讯是综合运用叙述、描写、抒情、议论等多种表达方式，详细而生动地报道新近发生的事实的一种新闻体裁。如果说消息是为满足读者想"早知道"的心理，那么通讯便是为了满足读者想"多知道"的心理。

　　通讯与消息都是新闻的主要文体，它们的共同点是都要求具有严格的真实性和及时性。不同之处有以下几点：

　　（1）表述详略不同。消息侧重写事，叙述简明扼要，一般不展开情节。通讯可写人物也可写事件，其材料比消息丰富、全面，其容量比消息厚实、充足。

　　（2）表达方式不同。消息在表达上主要是平面的叙述，语言追求简洁、明快、准确。通讯则较多借用文学手段，可以描写、抒情、对话，可以用比喻、象征、拟人等修辞。

　　（3）结构形式不同。消息有固定的结构形式。通讯的结构与一般记叙文章相同，基本上按时间、逻辑及二者结合的顺序安排结构。

2. 通讯的分类

　　从报道的内容来划分，最常见的通讯有以下四类：

　　（1）人物通讯。报道先进人物、新闻人物为主要内容，报道的目的是反映他们的先进事迹，展示人物的崇高品质，为社会树立榜样。

　　（2）事件通讯。集中反映现实生活中有典型意义的事件，通过写典型事件，来刻画一代新人的"群像"，表扬先进，歌颂社会新风。

　　（3）工作通讯。也是新闻报道中经常出现的，对提升一个地方的工作水平、总结经验、指导工作、宣传政策很有帮助，能够较全面、直观地反映本地方、本单位的工作。

　　（4）概貌通讯。它主要反映现实生活中的新风貌、新气象、新变化，这种通讯由于经常用于介绍游览名山大川、名胜古迹，因此常被称为旅游通讯。

二、结构和内容

1. 标题

　　通讯的标题有两种写法。

(1) 单标题:直接叙述新闻事实。例如《为了一千一百七十六名旅客安全》。
(2) 双标题:正标题介绍报道的主要内容,副标题可交代报道的背景和新闻的来源等。例如《"泥腿子"院长王庆煌——来自中国热带农业科学院的故事》。

通讯的标题可以直接概括新闻事实,也可以运用多种表达方式,引发读者的阅读兴趣。

2. 开头

与消息的倒金字塔结构不同,通讯围绕主题,把材料串起来,有故事情节,有细节材料。因此,通讯的开头不一定是最重要或最精彩的内容,但一般要点出报道的主要对象。

3. 主体

主体是通讯的主干部分,是继开头之后,对事件或事实报道的核心。

通讯的主体有三种写法:

(1) 纵式。即按时间顺序、事物发展顺序或作者对报道对象的认识顺序安排材料。
(2) 横式。即以空间转换或按事物性质归类安排材料。
(3) 综合式。即上述两种结构同时使用,既注意时间顺序,又注意空间顺序或事物性质归类。

4. 结尾

通讯的结尾可采用自然收束的结尾方法,即按叙述过程自然结尾,干净利落;也可采用卒章显志的结尾方法,即在结尾点明主题或写作目的,起提示和总结的作用。

三、注意事项

(1) 通讯写作须选好典型,确立主题。典型是通讯的筋骨,主题是通讯的灵魂。要选择那些具有代表性、具有普遍意义、具有宣传价值和教育意义的人和事,选择那些在一定时期内人们所关注的问题。要确立体现时代精神、表现时代风尚以及反映人物和事物本质和规律的主题。

(2) 写好人物是通讯写作的重要任务。不论是人物通讯还是事件通讯,都要把人物写好。写人离不开事,因此,写人必写事、写人物自己所做的真实的事,写能揭示人物内心世界的事。写人物还要用人物自己的语言、行为、活动来表现人物;人物要写得有血有肉,有音容笑貌,有内心活动;写事要具体形象,有原委,有情节。

(3) 通讯写作要角度新颖,结构合理。写作方法要灵活多样,除叙述外,可以描写、议论,也可以穿插人物对话、自叙和作者的体会、感受,既可以用第三人称的报道形式,也可以写成第一人称的访问记、印象记或书信体、日记体等。

【例文】

郎永淳 用创业化解"中年危机"

郎永淳,1971 年生于江苏。1994 年毕业于南京中医药大学针灸专业,后考入北京广播学院播音系。1995 年进入央视,先后主播《新闻 30 分》《新闻联播》等节目。2015 年 9 月从央视离职,现任找钢网高级副总裁兼首席战略官。

郎永淳的办公室里放着一辆他自己组装的自行车，通体银灰色，简约而时尚，被摄影记者一眼相中，用作了拍摄的道具。"这是刚组装好的，我还没来得及骑。"郎永淳笑道。他倚在车把上的样子与《环球人物》记者印象中的央视主播形象截然不同，以往的他永远面带微笑、正襟危坐，总是西装领带白衬衫，在大家吃午饭或晚饭的时候出现在电视里。

然而现在，郎永淳名片上的头衔已经与媒体毫无关系。他是找钢网——一家B2B互联网公司的高级副总裁兼首席战略官。去年9月，他从工作了20年的央视辞职，成为互联网创业大军中的一员。从庙堂到江湖的转变让外界感到突然，但郎永淳却显然已经适应了自己的新角色。

每天都像打仗一样

国内航空公司的记录显示，从去年9月到现在，郎永淳飞了132次，行程22万多公里。实际数字远不止于此，因为国外航空公司的里程还没有算进去。找钢网正在布局海外市场，东南亚、中东、美洲是重点合作地区，郎永淳经常要去谈项目。此外，国内外的各种论坛、峰会以及社会活动常常邀请他去"站台"。还有北大光华管理学院的课程，也要挤时间完成。

"过去这一年，每天都像打仗一样。"郎永淳对《环球人物》记者说。他不想把太多时间花在各种会议上，但作为公司的首席战略官，他需要通过个人的影响力宣传和提升企业品牌，其中一个重要内容就是告诉外界，找钢网是做什么的。

2011年，钢铁行业经历了一次大洗牌。由于国内外经济环境的变化，"钢贸危机"爆发，大量传统贸易商退出了市场。面对严重的产能过剩，各个钢厂都需要快速的分销渠道，提升流通效率。找钢网创始人王东就在这个时候进入了市场，利用电子商务的优势，让生产方和消费方直接在网上对接、交易，省去了中间环节。去年底，找钢网获得了11亿元的战略投资，全年总交易量达到3200万吨。

"所以准确地说，我是加入了一个创业团队。"郎永淳说。当初之所以选择这个行业，他是经过深思熟虑的。

"现在是实体经济，尤其是制造业转型的时间点。最困难的时候机会也最多。但最重要的一点是，我播完《新闻联播》之后还能再去做什么？"郎永淳坦率地对《环球人物》记者说，他没有选择跟老本行相关的领域，比如文化、教育、医疗之类，这让很多人意外。

"我希望找一个风险相对较低、成功几率相对较高的行业。面对各种选择，我主要从3个方面进行考量：一是市场化程度足够高，二是政策的不确定性风险足够低，三是未来的发展空间足够大。医疗、文化、教育、传媒，都和我的专业相关，但都属于资源稀缺行业，从业者众多，但市场化程度不够高，政策存在风险。比如大家现在一窝蜂做直播，但你有资格证吗？做商业网站，你有采访权吗？不像钢铁，处在过剩阶段。"

因此，郎永淳看好产业互联网的发展前景。"信息互联网已经完成了它的历史使命，消费互联网业基本上成型了，但产业互联网却刚刚起步。"钢铁是工业的粮食，与煤炭相比不算夕阳产业，目前还没有替代品，未来在经济中仍将占据重要地位。更关键的是，这个行业未来5年都会处于去产能的主旋律中，加上"中国制造2025""工业4.0"的大背景，政策风险基本不存在。

"从数据看，钢铁行业今年会接近谷底，之后将慢慢回升。但正是因为行业有了困难，市场出现空缺,我们才有机会切入。"在某种程度上,郎永淳自己也是找钢网的一个"流量入口"。

一直有危机感

站在"不惑"和"知天命"的正中间,郎永淳已经不在意外界的评价。"我知道自己在做什么。当你认准了一个跑道、一个方向,会有种强迫症似的感觉,就是一定要去做。"

这种动力20多年前有过一次。那时郎永淳还是南京中医药大学针灸专业的本科生,毕业前在一家医院实习。"那是1994年,医药代表崛起的时代,3块钱可以解决的病,给你开100块钱的药。一个针灸科有4张诊疗床,来的大多是行动不便的患者,躺在床上接受治疗,每人半小时,每次收费7毛钱,哪家医院愿意让这个科室壮大?我就找不到路了。"郎永淳对《环球人物》记者回忆。

迫于生存的压力,还带着一点虚荣心,郎永淳报考了北京广播学院(现为中国传媒大学),结果出乎他的意料,考中了。那是他第一次转行。"当时根本不懂什么叫新闻理想,虽然是自己主动选择的,但带有被动的成分。后来进入中央电视台也没想到,随着工作的积累,慢慢才树立起责任感和使命感。"

1995年,郎永淳从《新闻30分》开始了主播生涯。家境并不富裕的他,出镜时穿的西装还是向同学借的。据他回忆,领到第一个月的工资和发的BP机时,兴奋得"像个暴发户"。他跑到后来的妻子吴萍面前,把BP机从腰里一拔,"那叫一个神气,满脸笑开了花"。

从《新闻30分》到《新闻联播》,郎永淳在央视整整20年时间,一直怀着如履薄冰的心态。"我出身草根,从苏北农村一步步赶上了时代。我始终有危机感,要让自己强大起来。"当觉得在行业走到顶点时,他开始求变。

"我们那个年代成长起来的人,在职业规划上几乎没想过不从一而终,尤其是到了央视这么好的一个平台。只不过做播音的到了《新闻联播》就算到了最高点,之后的职业生涯只有两种可能:要么是一条直线,直到退休,画上句号;要么一路下滑,画上句号。想再提升,很难很难。"

还有家庭的因素。2013年,因为儿子去美国上初中,郎永淳的妻子也一道赴美,此前几年她已查出乳腺癌,赴美既是陪读,也是治疗、休养。"家庭遇到的各种挑战,让我对未来做出一些思考,进行重新规划。"人到中年,安逸之下危机暗涌,郎永淳的对策是主动走出舒适区。"我不想成为40岁就已经死了,80岁才被埋掉的人。"

相比于第一次,这次转行完全是郎永淳自己主动选择的。"我当然可以留在央视,享受外界认为体面的东西,但我内心还有一股冲劲,想再做点事情,挑战自己。这是一个创业的时代,我想找个合适的跑道再跑一回,试过才不会后悔。"

让情怀落地

郎永淳承认,自己的性格属于比较执着甚至执拗的。"我对自己要求比较苛刻,有点完美主义。"而多年主播的经历也强化了这种特质。

"跟现在相比,《新闻联播》的工作压力要大得多。你在半小时内,完全不能出错。有时快到晚上7点了,头条还没来,或者要换稿子。那种心理压力没干过的人难以体会。"工作性质与个人性格正好匹配,用郎永淳的话说,追求完美、卓越已经进入他的血液,成为生命的一部分。

尽管如此,从媒体到企业仍然需要一个适应过程。"以前是一个坑好几个萝卜,大家相互帮衬;现在是一个萝卜好几个坑,有太多事要去做,考验的也是自己的学习能力和体力。"

目前,郎永淳把精力主要放在3个方面:一是公共体系建设,包括政府关系、公关宣传、品牌推广等;二是企业战略,着眼于政策研究、业务拓展;三是找钢网旗下的投资基金——胖猫创投,郎永淳是合伙人。"我们已经投了一系列'找'项目,比如找油、找五金、找玻璃,等等。"

2015年,找钢网的销售额和交易量都是业内第一。按照冶金规划院的统计数据,去年市场上钢铁电商交易量共计1.3亿吨,未来将会增长到3亿吨。为了获得更多的市场份额,郎永淳希望联合上游企业,提供更多内容服务。"比如,我们可以策划'最美钢厂'评选,让线上和线下更具黏性。我们还计划做'钢铁是如何炼成的'直播,希望和钢厂的关系越来越紧密。"

媒体人总是习惯谈论"诗和远方",谈论理想和情怀,郎永淳却觉得,他是到了企业之后才把理想与现实真正结合起来,让情怀落地。"我现在做的事能够产生看得见的价值。对于一家B2B企业来说,你不创造实际价值,两个B端都会抛弃你。"

自从进入创投圈,郎永淳经常挂在嘴边的一句话是"九死一生"。和很多创业者一样,他的生活方式也发生了变化。"第一,生活不像原来那么规律了;第二,没有太多锻炼时间,成天飞;第三,学习时间多了,应酬也比以前多。"

不过,这种状态也只是一个阶段。"等找钢网在业内成为一家成功企业后,我也许会进入半退休状态,从事教学也好,写一些东西也好,让自己轻松下来。"郎永淳对《环球人物》记者说,"但在此之前,我还是希望在创业路上完成一次登顶,再实现一次个人价值,也是解决自己心里那个所谓的中年危机。当然,我不可能一直这么奔跑下去,总要停下来休息的,但那会是多年以后的事情了。"

不是所有人都适合创业,但有些人不创业会后悔一生,所以郎永淳半开玩笑半认真地说"成功过的人适合创业"。按照这个标准,他属于适合创业的一员,尽管他进广播学院时没想到有一天能进央视,进央视时没想到有一天能播《新闻联播》。

"是越努力越幸运吗?"记者问。"很难说。人生是无止境的。这个问题我回答不了,别人也回答不了,能够回答的是时间。"郎永淳说。

(《环球人物》2016年第29期)

写作实训

1. 根据任务导入部分的材料,结合你所在学校学生社团活动的调研情况,写一篇风貌通讯。

2. 以你身边的一位同学或老师为对象进行采访,收集其生活、学习和工作中有价值的材料,写一篇人物通讯。

任务二　演讲稿

每年九月,学校都会迎接新生的到来。作为老生的你们,会提出什么好的意见和建议给新生们呢?请以老生代表的身份写一份演讲稿,在迎新晚会上演讲。

一、概念

演讲稿也叫演说词、演说稿,是在较隆重的集会、会议或场合发表的讲话文稿。它是演讲者在演讲前事先准备的供演讲使用的文稿,是对演讲内容和形式的规范和提示,体现了演讲的目的和手段。

二、结构和内容

演讲稿的结构由标题、称呼和正文三部分构成。

1. 标题

一份优秀的演讲稿首先要有一个鲜明的主题,并在演讲中反复突出,使听众产生亲切感、参与感和冲击力。标题应体现演讲稿的主题,通常以判断句的形式出现。

常见的演讲稿标题有五种,分别是提要式、寓意式、警句式、设问式、抒情式。

(1) 提要式

即标题概括演讲的主题,把演讲内容的核心简明地提示出来,如《人总是要点精神的》。

(2) 寓意式

指的是运用象征、比喻等修辞手法把抽象的哲理具体化,如《让美的横杆不断升高》。

(3) 警醒式

在标题中运用哲言警句,立片言以居要,提醒、劝谏、鼓励听众,以激发听众的警觉,使之猛醒,如《忧劳可以兴国,逸豫可以亡身》。

(4) 设问式

指的是通过设问来提示演讲涉及的内容,用演讲来回答标题的提问,如《我们应该怎样爱孩子》。

(5) 抒情式

指的是标题具有强烈的感情色彩,达到以情动人的效果,如《自豪吧,光明的使者》。

当然,标题的类型并不仅限于上述几种。好标题的拟制和提炼,要经过反复推敲,深思熟虑,既要切合演讲内容,又能吸引观众兴趣。

2. 称呼

标题下空一行,左起顶格加冒号,根据受听对象和讲演内容需要决定称呼。常用"同志们:""朋友们:""女生们、先生们:"等,也可加定语渲染气氛,如"尊敬的各位来宾:"等。

3. 正文

正文由开头、主体和结尾三部分构成。

(1) 开头

即开头语、开场白,它在演讲稿的结构中处于显要的地位,具有特殊的作用。演讲稿的开头,通常有以下几种:

① 开门见山

就是直接提示演讲的主题,不讲多余的话。如宋庆龄《在接受加拿大维多利亚大学荣誉法学博士学位仪式上的讲话》的开头:"我为接受加拿大维多利亚大学荣誉法学博士学位感到荣幸。"

② 交代背景

说明演讲的目的和原因。例如孙中山《在东京留学生欢迎会上的演说》,这是孙中山1905年在东京留学生欢迎会上的演说词。演讲的开头说明了这次演讲的背景、起因,使听众了解是在怎样一种情况下讲的。

③ 提出问题

演讲稿的开头,还可根据听众的特点和演讲的内容,提出一些激发听众思考的问题,以引起听众的兴趣。这种问题应该新颖、独特,确实能促使听众去思考。例如老舍《文学创作和语言——在作协湖南分会办的文学讲座上的报告》的开头,这个开头,连续三次发问,然后加以解答,不仅使听众产生兴趣,而且迫使听众同演讲者一道动脑筋思考,把注意力集中到演讲上来。

(2) 主体

演讲稿在开头后要迅速转入主体,这是演讲的核心部分,在行文的过程中,要处理好层次、节奏和衔接等几个问题。

① 层次清晰,与阅读文章可以回看不同,演讲过程中,所有的内容观众都只能听一遍。因此,演讲稿的层次、条理必须非常清楚。最常见的手法就是用"首先"、"其次"、"然后"等语词来区别层次。

② 节奏适宜,节奏是指演讲内容在结构安排上表现出的张弛起伏。

演讲稿结构的节奏,主要是通过演讲内容的变换来实现的。演讲内容的变换,是在一个主题思想所统领的内容中,适当地插入幽默、诗文、轶事等内容,以便听众的注意力既保持高度集中而又不因为高度集中而产生兴奋性抑制。优秀的演说家几乎没有一个不长于使用这种方法。演讲稿结构的节奏既要鲜明,又要适度。平铺直叙,呆板沉滞,固然会使听众紧张疲劳,而内容变换过于频繁,也会造成听众注意力涣散。所以,插入的内容应该为实现演讲意图服务,而节奏的频率也应该根据听众的心理特征来确定。

(3) 结语

结语是演讲能否走向成功的关键,常用简单小结,加深印象;提出希望,鼓动人心;坚决表态,誓言收尾;照应题目,完整文意等方法在思考回味的结语中结束全文。

三、注意事项

1. 了解对象，有的放矢

演讲稿是讲给人听的，因此，写演讲稿首先要了解听众对象：了解他们的思想状况、文化程度、职业状况如何；了解他们所关心和迫切需要解决的问题是什么，等等。否则，不看对象，演讲稿写得再好，说得再天花乱坠，听众也会感到索然无味，无动于衷，也就达不到宣传、鼓动、教育和欣赏的目的。

2. 观点鲜明，感情真挚

演讲稿观点鲜明，显示着演讲者对一种理性认识的肯定，显示着演讲者对客观事物见解的透辟程度，能给人以可信性和可靠感。演讲稿观点不鲜明，就缺乏说服力，就失去了演讲的作用。

演讲稿要有真挚的感情，才能打动人、感染人，有鼓动性。因此，它要求在表达上注意感情色彩，把说理和抒情结合起来。既有冷静的分析，又有热情的鼓动；既有所怒，又有所喜；既有所憎，又有所爱。当然，这种深厚动人的感情要发自肺腑，就像泉水喷涌而出。

3. 行文变化，富有波澜

构成演讲稿波澜的要素很多，有内容，有安排，也有听众的心理特征和认识事物的规律。如果能掌握听众的心理特征和认识事物的规律，恰当地选择材料，安排材料，也能使演讲在听众心里激起波澜。换句话说，演讲稿要写得有波澜，主要不是靠声调的高低，而是靠内容的有起有伏，有张有弛，有强调，有反复，有比较，有照应。

4. 语言流畅，深刻风趣

要把演讲者在头脑里构思的一切都写出来或说出来，让人们看得见、听得到，就必须借助语言这个交流思想的工具。因此，语言运用得好还是差，对写作演讲稿影响极大。要提高演讲稿的质量，不能不在语言的运用上下一番功夫。

【例文】

共担时代责任 共促全球发展
——在世界经济论坛2017年年会开幕式上的主旨演讲
（2017年1月17日，达沃斯）
中华人民共和国主席　习近平

尊敬的洛伊特哈德主席和豪森先生，
尊敬的各国元首、政府首脑、副元首和夫人，
尊敬的国际组织负责人，
尊敬的施瓦布主席和夫人，
女士们，先生们，朋友们：

很高兴来到美丽的达沃斯。达沃斯虽然只是阿尔卑斯山上的一个小镇，却是一个观察世界经济的重要窗口。大家从四面八方会聚这里，各种思想碰撞出智慧的火花，以较少的投入获得了很高的产出。我看这个现象可以称作"施瓦布经济学"。

"这是最好的时代,也是最坏的时代",英国文学家狄更斯曾这样描述工业革命发生后的世界。今天,我们也生活在一个矛盾的世界之中。一方面,物质财富不断积累,科技进步日新月异,人类文明发展到历史最高水平。另一方面,地区冲突频繁发生,恐怖主义、难民潮等全球性挑战此起彼伏,贫困、失业、收入差距拉大,世界面临的不确定性上升。

对此,许多人感到困惑,世界到底怎么了?

要解决这个困惑,首先要找准问题的根源。有一种观点把世界乱象归咎于经济全球化。经济全球化曾经被人们视为阿里巴巴的山洞,现在又被不少人看作潘多拉的盒子。国际社会围绕经济全球化问题展开了广泛讨论。

今天,我想从经济全球化问题切入,谈谈我对世界经济的看法。

我想说的是,困扰世界的很多问题,并不是经济全球化造成的。比如,过去几年来,源自中东、北非的难民潮牵动全球,数以百万计的民众颠沛流离,甚至不少年幼的孩子在路途中葬身大海,让我们痛心疾首。导致这一问题的原因,是战乱、冲突、地区动荡。解决这一问题的出路,是谋求和平、推动和解、恢复稳定。再比如,国际金融危机也不是经济全球化发展的必然产物,而是金融资本过度逐利、金融监管严重缺失的结果。把困扰世界的问题简单归咎于经济全球化,既不符合事实,也无助于问题解决。

历史地看,经济全球化是社会生产力发展的客观要求和科技进步的必然结果,不是哪些人、哪些国家人为造出来的。经济全球化为世界经济增长提供了强劲动力,促进了商品和资本流动、科技和文明进步、各国人民交往。

当然,我们也要承认,经济全球化是一把"双刃剑"。当世界经济处于下行期的时候,全球经济"蛋糕"不容易做大,甚至变小了,增长和分配、资本和劳动、效率和公平的矛盾就会更加突出,发达国家和发展中国家都会感受到压力和冲击。反全球化的呼声,反映了经济全球化进程的不足,值得我们重视和深思。

"甘瓜抱苦蒂,美枣生荆棘。"从哲学上说,世界上没有十全十美的事物,因为事物存在优点就把它看得完美无缺是不全面的,因为事物存在缺点就把它看得一无是处也是不全面的。经济全球化确实带来了新问题,但我们不能就此把经济全球化一棍子打死,而是要适应和引导好经济全球化,消解经济全球化的负面影响,让它更好惠及每个国家、每个民族。

当年,中国对经济全球化也有过疑虑,对加入世界贸易组织也有过忐忑。但是,我们认为,融入世界经济是历史大方向,中国经济要发展,就要敢于到世界市场的汪洋大海中去游泳,如果永远不敢到大海中去经风雨、见世面,总有一天会在大海中溺水而亡。所以,中国勇敢迈向了世界市场。在这个过程中,我们呛过水,遇到过漩涡,遇到过风浪,但我们在游泳中学会了游泳。这是正确的战略抉择。

世界经济的大海,你要还是不要,都在那儿,是回避不了的。想人为切断各国经济的资金流、技术流、产品流、产业流、人员流,让世界经济的大海退回到一个一个孤立的小湖泊、小河流,是不可能的,也是不符合历史潮流的。

人类历史告诉我们,有问题不可怕,可怕的是不敢直面问题,找不到解决问题的思路。面对经济全球化带来的机遇和挑战,正确的选择是,充分利用一切机遇,合作应对一切挑战,引导好经济全球化走向。

去年年底,我在亚太经合组织领导人非正式会议上提出,要让经济全球化进程更有活力、更加包容、更可持续。我们要主动作为、适度管理,让经济全球化的正面效应更多释放出来,实现经济全球化进程再平衡;我们要顺应大势、结合国情,正确选择融入经济全球化的路径和节奏;我们要讲求效率、注重公平,让不同国家、不同阶层、不同人群共享经济全球化的好处。这是我们这个时代的领导者应有的担当,更是各国人民对我们的期待。

女士们、先生们、朋友们!

当前,最迫切的任务是引领世界经济走出困境。世界经济长期低迷,贫富差距、南北差距问题更加突出。究其根源,是经济领域三大突出矛盾没有得到有效解决。

一是全球增长动能不足,难以支撑世界经济持续稳定增长。世界经济增速处于7年来最低水平,全球贸易增速继续低于经济增速。短期性政策刺激效果不佳,深层次结构性改革尚在推进。世界经济正处在动能转换的换挡期,传统增长引擎对经济的拉动作用减弱,人工智能、3D打印等新技术虽然不断涌现,但新的经济增长点尚未形成。世界经济仍然未能开辟出一条新路。

二是全球经济治理滞后,难以适应世界经济新变化。前不久,拉加德女士告诉我,新兴市场国家和发展中国家对全球经济增长的贡献率已经达到80%。过去数十年,国际经济力量对比深刻演变,而全球治理体系未能反映新格局,代表性和包容性很不够。全球产业布局在不断调整,新的产业链、价值链、供应链日益形成,而贸易和投资规则未能跟上新形势,机制封闭化、规则碎片化十分突出。全球金融市场需要增强抗风险能力,而全球金融治理机制未能适应新需求,难以有效化解国际金融市场频繁动荡、资产泡沫积聚等问题。

三是全球发展失衡,难以满足人们对美好生活的期待。施瓦布先生在《第四次工业革命》一书中写道,第四次工业革命将产生极其广泛而深远的影响,包括会加剧不平等,特别是有可能扩大资本回报和劳动力回报的差距。全球最富有的1%人口拥有的财富量超过其余99%人口财富的总和,收入分配不平等、发展空间不平衡令人担忧。全球仍然有7亿多人口生活在极端贫困之中。对很多家庭而言,拥有温暖住房、充足食物、稳定工作还是一种奢望。这是当今世界面临的最大挑战,也是一些国家社会动荡的重要原因。

这些问题反映出,当今世界经济增长、治理、发展模式存在必须解决的问题。国际红十字会创始人杜楠说过:"真正的敌人不是我们的邻国,而是饥饿、贫穷、无知、迷信和偏见。"我们既要有分析问题的智慧,更要有采取行动的勇气。

第一,坚持创新驱动,打造富有活力的增长模式。世界经济面临的根本问题是增长动力不足。创新是引领发展的第一动力。与以往历次工业革命相比,第四次工业革命是以指数级而非线性速度展开。我们必须在创新中寻找出路。只有敢于创新、勇于变革,才能突破世界经济增长和发展的瓶颈。

二十国集团领导人在杭州峰会上达成重要共识,要以创新为重要抓手,挖掘各国和世界经济增长新动力。我们要创新发展理念,超越财政刺激多一点还是货币宽松多一点的争论,树立标本兼治、综合施策的思路。我们要创新政策手段,推进结构性改革,为增长创造空间、增加后劲。我们要创新增长方式,把握好新一轮产业革命、数字经济等带来的机遇,既应对好气候变化、人口老龄化等带来的挑战,也化解掉信息化、自动化等给就业带来的冲击,在培育新产业新业态新模式过程中注意创造新的就业机会,让各国人民重拾信心和希望。

第二,坚持协同联动,打造开放共赢的合作模式。人类已经成为你中有我、我中有你的命运共同体,利益高度融合,彼此相互依存。每个国家都有发展权利,同时都应该在更加广阔的层面考虑自身利益,不能以损害其他国家利益为代价。

我们要坚定不移发展开放型世界经济,在开放中分享机会和利益、实现互利共赢。不能一遇到风浪就退回到港湾中去,那是永远不能到达彼岸的。我们要下大气力发展全球互联互通,让世界各国实现联动增长,走向共同繁荣。我们要坚定不移发展全球自由贸易和投资,在开放中推动贸易和投资自由化便利化,旗帜鲜明反对保护主义。搞保护主义如同把自己关进黑屋子,看似躲过了风吹雨打,但也隔绝了阳光和空气。打贸易战的结果只能是两败俱伤。

第三,坚持与时俱进,打造公正合理的治理模式。小智治事,大智治制。全球经济治理体系变革紧迫性越来越突出,国际社会呼声越来越高。全球治理体系只有适应国际经济格局新要求,才能为全球经济提供有力保障。

国家不分大小、强弱、贫富,都是国际社会平等成员,理应平等参与决策、享受权利、履行义务。要赋予新兴市场国家和发展中国家更多代表性和发言权。2010年国际货币基金组织份额改革方案已经生效,这一势头应该保持下去。要坚持多边主义,维护多边体制权威性和有效性。要践行承诺、遵守规则,不能按照自己的意愿取舍或选择。《巴黎协定》符合全球发展大方向,成果来之不易,应该共同坚守,不能轻言放弃。这是我们对子孙后代必须担负的责任!

第四,坚持公平包容,打造平衡普惠的发展模式。"大道之行也,天下为公。"发展的目的是造福人民。要让发展更加平衡,让发展机会更加均等、发展成果人人共享,就要完善发展理念和模式,提升发展公平性、有效性、协同性。

我们要倡导勤劳俭朴、努力奋进的社会风气,让所有人的劳动成果得到尊重。要着力解决贫困、失业、收入差距拉大等问题,照顾好弱势人群的关切,促进社会公平正义。要保护好生态环境,推动经济、社会、环境协调发展,实现人与自然、人与社会和谐。要落实联合国2030年可持续发展议程,实现全球范围平衡发展。

"积力之所举,则无不胜也;众智之所为,则无不成也。"只要我们牢固树立人类命运共同体意识,携手努力、共同担当,同舟共济、共渡难关,就一定能够让世界更美好、让人民更幸福。

女士们、先生们、朋友们!

经过38年改革开放,中国已经成为世界第二大经济体。道路决定命运。中国的发展,关键在于中国人民在中国共产党领导下,走出了一条适合中国国情的发展道路。

这是一条从本国国情出发确立的道路。中国立足自身国情和实践,从中华文明中汲取智慧,博采东西方各家之长,坚守但不僵化,借鉴但不照搬,在不断探索中形成了自己的发展道路。条条大路通罗马。谁都不应该把自己的发展道路定为一尊,更不应该把自己的发展道路强加于人。

这是一条把人民利益放在首位的道路。中国秉持以人民为中心的发展思想,把改善人民生活、增进人民福祉作为出发点和落脚点,在人民中寻找发展动力、依靠人民推动发展、使发展造福人民。中国坚持共同富裕的目标,大力推进减贫事业,让7亿多人口摆脱贫困,正在向着全面建成小康社会目标快步前进。

这是一条改革创新的道路。中国坚持通过改革破解前进中遇到的困难和挑战,敢于啃硬骨头、涉险滩,勇于破除妨碍发展的体制机制障碍,不断解放和发展社会生产力,不断解放和增强社会活力。近4年来,我们在之前30多年不断改革的基础上,又推出了1200多项改革举措,为中国发展注入了强大动力。

这是一条在开放中谋求共同发展的道路。中国坚持对外开放基本国策,奉行互利共赢的开放战略,不断提升发展的内外联动性,在实现自身发展的同时更多惠及其他国家和人民。

中国发展取得了巨大成就,中国人民生活得到了极大改善,这对中国好,对世界也好。中国的发展成就,是中国人民几十年含辛茹苦、流血流汗干出来的。千百年来,中华民族素以吃苦耐劳闻名于世。中国人民深知,世界上没有免费的午餐,中国是一个有着13亿多人口的大国,想发展就要靠自己苦干实干,不能寄托于别人的恩赐,世界上也没有谁有这样的能力。

观察中国发展,要看中国人民得到了什么收获,更要看中国人民付出了什么辛劳;要看中国取得了什么成就,更要看中国为世界作出了什么贡献。这才是全面的看法。

1950年至2016年,中国在自身长期发展水平和人民生活水平不高的情况下,累计对外提供援款4000多亿元人民币,实施各类援外项目5000多个,其中成套项目近3000个,举办11000多期培训班,为发展中国家在华培训各类人员26万多名。改革开放以来,中国累计吸引外资超过1.7万亿美元,累计对外直接投资超过1.2万亿美元,为世界经济发展作出了巨大贡献。国际金融危机爆发以来,中国经济增长对世界经济增长的贡献率年均在30%以上。这些数字,在世界上都是名列前茅的。

从这些数字可以看出,中国的发展是世界的机遇,中国是经济全球化的受益者,更是贡献者。中国经济快速增长,为全球经济稳定和增长提供了持续强大的推动。中国同一大批国家的联动发展,使全球经济发展更加平衡。中国减贫事业的巨大成就,使全球经济增长更加包容。中国改革开放持续推进,为开放型世界经济发展提供了重要动力。

中国人民深知实现国家繁荣富强的艰辛,对各国人民取得的发展成就都点赞,都为他们祝福,都希望他们的日子越过越好,不会犯"红眼病",不会抱怨他人从中国发展中得到了巨大机遇和丰厚回报。中国人民张开双臂欢迎各国人民搭乘中国发展的"快车"、"便车"。

女士们、先生们、朋友们!

很多人都在关注中国经济发展趋势。中国经济发展进入了新常态,经济增速、经济发展方式、经济结构、经济发展动力都正在发生重大变化。但中国经济长期向好的基本面没有改变。

2016年,在世界经济疲弱的背景下,中国经济预计增长6.7%,依然处于世界前列。现在,中国经济的体量已不能同过去同日而语,集聚的动能是过去两位数的增长都达不到的。中国居民消费和服务业成为经济增长的主要动力,2016年前三季度第三产业增加值占国内生产总值的比重为52.8%,国内消费对经济增长的贡献率达71%。居民收入和就业实现稳定增长,单位国内生产总值能耗持续下降,绿色发展初见成效。

当前,中国经济面临一定的下行压力和不少困难,如产能过剩和需求结构升级矛盾突出,经济增长内生动力不足,金融风险有所积聚,部分地区困难增多。我们认为,这些都是前进中必然出现的阶段性现象,对这些问题和矛盾,我们正在着力加以解决,并不断取得积极成效。我们坚定向前发展的决心不会动摇。中国仍然是世界上最大的发展中国家,中国有13亿多人口,人民生活水平还不高,但这也意味着巨大的发展潜力和空间。我们将在创新、协调、绿色、开放、共享的发展理念指引下,不断适应、把握、引领中国经济发展新常态,统筹抓好稳增长、促改革、调结构、惠民生、防风险工作,推动中国经济保持中高速增长、迈向中高端水平。

——中国将着力提升经济增长质量和效益,围绕供给侧结构性改革这条主线,转变经济发展方式,优化经济结构,积极推进去产能、去库存、去杠杆、降成本、补短板,培育增长新动能,发展先进制造业,实现实体经济升级,深入实施"互联网+"行动计划,扩大有效需求,更好满足人们个性化、多样化的需求,更好保护生态环境。

——中国将不断激发增长动力和市场活力,加大重要领域和关键环节改革力度,让市场在资源配置中起决定性作用,牵住创新这个"牛鼻子",推进创新驱动发展战略,推动战略性新兴产业发展,注重用新技术新业态改造提升传统产业,促进新动能发展壮大、传统动能焕发生机。

——中国将积极营造宽松有序的投资环境,放宽外商投资准入,建设高标准自由贸易试验区,加强产权保护,促进公平竞争,让中国市场更加透明、更加规范。预计未来5年,中国将进口8万亿美元的商品、吸收6000亿美元的外来投资,对外投资总额将达到7500亿美元,出境旅游将达到7亿人次。这将为世界各国提供更广阔市场、更充足资本、更丰富产品、更宝贵合作契机。对各国工商界而言,中国发展仍然是大家的机遇。中国的大门对世界始终是打开的,不会关上。开着门,世界能够进入中国,中国也才能走向世界。我们希望,各国的大门也对中国投资者公平敞开。

——中国将大力建设共同发展的对外开放格局,推进亚太自由贸易区建设和区域全面经济伙伴关系协定谈判,构建面向全球的自由贸易区网络。中国一贯主张建设开放透明、互利共赢的区域自由贸易安排,而不是搞排他性、碎片化的小圈子。中国无意通过人民币贬值提升贸易竞争力,更不会主动打货币战。

3年多前,我提出了"一带一路"倡议。3年多来,已经有100多个国家和国际组织积极响应支持,40多个国家和国际组织同中国签署合作协议,"一带一路"的"朋友圈"正在不断扩大。中国企业对沿线国家投资达到500多亿美元,一系列重大项目落地开花,带动了各国经济发展,创造了大量就业机会。可以说,"一带一路"倡议来自中国,但成效惠及世界。

今年5月,中国将在北京主办"一带一路"国际合作高峰论坛,共商合作大计,共建合作平台,共享合作成果,为解决当前世界和区域经济面临的问题寻找方案,为实现联动式发展注入新能量,让"一带一路"建设更好造福各国人民。

女士们、先生们、朋友们!

世界历史发展告诉我们,人类文明进步历程从来没有平坦的大道可走,人类就是在同困难的斗争中前进的。再大的困难,都不可能阻挡人类前行的步伐。遇到了困难,不要埋怨自己,不要指责他人,不要放弃信心,不要逃避责任,而是要一起来战胜困难。历史是勇敢者创造的。让我们拿出信心、采取行动,携手向着未来前进!

谢谢大家。

你有光明,中国便不再黑暗
——北大才女卢新宁在北大中文系毕业典礼上演讲稿

敬爱的老师和亲爱的同学们:

上午好!

谢谢你们叫我回家,让我有幸再次聆听老师的教诲,分享我亲爱的学弟学妹们的特殊喜悦。一进家门,光阴倒转,刚才那些美好的视频,同学的发言,老师的讲话,都让我觉得所有年轻的故事都不曾走远。可是,站在你们面前,亲爱的同学们,我才发现,自己真的老了。1988年,我本科毕业的时候,你们中的绝大多数人还没有出生。那个时候,你们的朗朗部长还是众女生仰慕的帅师兄,你们的渭毅老师正与我的同屋女孩爱得地老天荒。而现在,他们的孩子都应该考大学了。

就像刚才那首歌唱的,"记忆中最美的春天,难以再回首的昨天"。如果把生活比作一段将理想"变现"的历程,我们只是一叠面额有限的现钞,而你们是即将上市的股票。从一张白纸起步的书写,前程无远弗届,一切皆有可能。面对你们,我甚至缺少一分抒发"过来人"心得的勇气。

但我先生力劝我来,我的朋友也劝我来,他们都是84级的中文系学长。今天,有的仍然是一介文人,清贫淡泊;有的已经主政一方,功成名就;有的发了财做了"富二代"的爹,也有的离了婚,生活并不如意。但在网上交流时,听说有今天这样一个机会,他们都无一例外地让我一定要来,代表他们,代表那一代人,向自己的弟弟妹妹说点儿什么。

是的,跟你们一样,我们曾在中文系就读,甚至读过同一门课程,青涩的背影都曾被燕园的阳光,定格在五院青藤缠满的绿墙上。但那是上个世纪的事了,我们之间横亘着20多年的时光。那个时候我们称为理想的,今天或许你笑称其为空想;那时的我们流行书生论政,今天的你们要面对诫勉谈话;那时的我们熟悉的热词是民主、自由,今天的你们记住的是"拼爹"、"躲猫猫"、"打酱油";那个时候的我们喜欢在三角地游荡,而今天的你们习惯隐形于伟大的互联网。

我们那时的中国虽然贫穷却豪情万丈,而今天这个世界第二大经济体,却在苦苦寻找迷失的幸福,无数和你们一样的青年喜欢用"?"形容自己的处境。

20多年时光,中国到底走了多远?存放我们青春记忆的"三角地"早已荡然无存,见证你们少年心绪的"一塔湖图"正在创造新的历史。你们这一代人,有着远比我们当年更优越的条件,更广博的见识,更成熟的内心,站在更高的起点。

我们想说的是,站在这样高的起点,由北大中文系出发,你们不缺前辈大师的庇荫,更不少历史文化的熏染。《诗经》、《楚辞》的世界,老庄孔孟的思想,李白杜甫的词章,构成了你们生命中最为激荡的青春时光。我不需要提醒你们,未来将如何以具体琐碎消磨这份浪漫与绚烂;也不需要提醒你们,人生将以怎样的平庸世故,消解你们的万丈雄心;更不需要提醒你们,走入社会,要如何变得务实与现实,因为你们终将以一生浸淫其中。

我惟一的害怕,是你们已经不相信了——不相信规则能战胜潜规则,不相信学场有别于官场,不相信学术不等于权术,不相信风骨远胜于媚骨。你们或许不相信了,因为追求级别的越来越多,追求真理的越来越少;讲待遇的越来越多,讲理想的越来越少;大官越来越多,大师越来越少。因此,在你们走向社会之际,我想说的只是,请看护好你曾经的激情和理想。在这个怀疑的时代,我们依然需要信仰。

也许有同学会笑话,大师姐写社论写多了吧,这么高的调子。可如果我告诉各位,这是我的那些中文系同学,那些不管今天处于怎样的职位,遭遇过怎样的人生的同学共同的想法,你们是否会稍微有些重视?是否会多想一下为什么20多年过去,他们依然如此?

我知道,与我们这一代相比,你们这一代人的社会化远在你们踏上社会之前就已经开始了,国家的盛世集中在你们的大学时代,但社会的问题也凸显在你们的青春岁月。你们有我们不曾拥有的机遇,但也有我们不曾经历的挑战。

文学理论无法识别毒奶粉的成分,古典文献挡不住地沟油的泛滥。当利益成为惟一的价值,很多人把信仰、理想、道德都当成交易的筹码,我很担心,"怀疑"会不会成为我们时代否定一切、解构一切的"粉碎机"?我们会不会因为心灰意冷而随波逐流,变成钱理群先生所言"精致利己主义",世故老到,善于表演,懂得配合?而北大会不会像那个日本年轻人所说的:"有的是人才,却并不培养精英"?

我有一位清华毕业的同事,从大学开始,就自称是"北大的跟屁虫",对北大人甚是敬重。谈到"大清王朝北大荒"江湖传言,他特认真地对我说:"这个社会更需要的,不是北大人的适应,而是北大人的坚守。"

这让我想起中文系百年时,陈平原先生的一席话。他提到西南联大时的老照片给自己的感动:一群衣衫褴褛的知识分子,器宇轩昂地屹立于天地间。这应当就是国人眼里北大人的形象。不管将来的你们身处何处,不管将来的你们从事什么职业,是否都能常常自问,作为北大人,我们是否还存有那种浩然之气?那种精神的魅力,充实的人生,"天地之心、生民之命、往圣绝学",是否还能在我们心中激起共鸣?

马克思曾慨叹,法兰西不缺少有智慧的人但缺少有骨气的人。今天的中国,同样不缺少有智慧的人但缺少有信仰的人。也正因此,中文系给我们的教育,才格外珍贵。从母校的教诲出发,20多年社会生活给的我最大启示是:当许多同龄人都陷于时代的车轮下,那些能幸免的人,不仅因为坚强,更因为信仰。不用害怕圆滑的人说你不够成熟,不用在意聪明的人说你不够明智,不要照原样接受别人推荐给你的生活,选择坚守,选择理想,选择倾听内心的呼唤,才能拥有最饱满的人生。

梁漱溟先生写过一本书《这个世界会好吗?》。我很喜欢这个书名,它以朴素的设问提出了人生的大问题。这个世界会好吗?事在人为,未来中国的分量和质量,就在各位的手上。

最后,我想将一位学者的话送给亲爱的学弟学妹——无论中国怎样,请记得:你所站立的地方,就是你的中国;你怎么样,中国便怎么样;你是什么,中国便是什么;你有光明,中国便不再黑暗。

谢谢大家!

 **写作实训**

1. "五四"青年节期间,学校开展"我的中国梦"主题教育活动,包括"青年强则国家强"的主题征文大赛和演讲活动,全校师生积极踊跃参与,以实际行动践行十八大精神、为实现中国梦夯实基础。学校还将把这次主题教育活动的情况和成果制作成特刊和精彩图集,进一步强化宣传教育。请根据材料写一篇演讲稿。

2. 为进一步加强校园文化建设,丰富校园生活,营造浓厚的公寓文化氛围,提高学生的演讲水平,学校开展"吾爱吾家"演讲活动。演讲作品要求:以宿舍生活为题材,内容健康积极,语言精练,文笔流畅,题材不限。

请根据材料写一篇演讲稿。

任务三　广告　海报

广　告

 **任务引入**

读书郎学生平板电脑G9,在屏幕和机身尺寸上比上一代学生平板电脑有大飞跃的升级。外观上采用创新书卷式设计,可以让孩子更有种读书的感觉,而且增加了不少科技感元素;9寸高清电容触摸屏,分辨率提高到1024×600,色彩细腻清晰;内置8G机身存储,可以轻松下载自己喜欢的教学教材,还有一块3000毫安大容量电池,为你的长时间续航提供保证;教学系统方面,采用赛尔号的兴趣教学法,增强孩子读书积极性,教材资源丰富多彩,有来自黄冈中学、北京海淀等名校的老师们共同打造的视频授课,以及9门功课的同步辅导。

请为读书郎平板电脑G9设计一则广告。

 **必备知识**

一、概念

广告是一种传播活动,是组织或个人为了某种特定的需要,依靠付出费用,经过大众传播媒介,公开而广泛地向社会传递信息的一种宣传手段。广告有广义和狭义之分,广义广告包括非商业性广告和商业广告。非商业性广告又称公益广告,是指不以盈利为目的而为社会公众切身利益和社会风尚服务的广告。狭义广告仅指商业广告,2014年9月面向社会公布的《中华人民共和国广告法》(修订草案)第二条规定,"本法所称广告,是指商品经营者或者服务提供者承担费用,通过一定媒介和形式直接或者间接地介绍自己所推销的商品或者所提供的服务的商业广告。"

二、结构和内容

广告的构成包括文字、图像、音响等,在这里着重介绍广告的文字写作。在一则广告中,文字(或声音)是非常重要的组成部分,往往起到关键性的作用。一则没有文字(或声音)的广告几乎不能向消费者传递其中最主要的信息。因此,在一则广告中,广告文字设计的好坏直接影响到广告的成功与否。创作广告文字可以从以下三个思维路径思考和入手:

一是产品层面:突出产品有哪些优点、特点。20世纪50年代美国人罗瑟·里夫斯(Rosser Reeves)提出,要求向消费者说一个"独特的销售主张"(Unique Selling Proposition),简称USP理论。这个理论使得成千上万的广告人获得成功。

二是消费者层面:即广告要指向某一类特别消费群体,而不是所有的消费者,即"向什么人广告"。这源自于定位理论,由美国著名营销专家艾·里斯(Al Ries)与杰克·特劳特(Jack Trout)于20世纪70年代提出。

三是语言文字层面:要有文采,广告语言能反映商品或企业的最核心特点,流畅有韵味,容易记。

广告的文字部分一般由标题、正文、随文三部分组成。

1. 标题

英国广告大师奥格威的标题准则指出:标题比文本多5倍的阅读力。所以,一则优秀广告的标题,应能一下子就抓住读者,诱发其对广告产生兴趣。

广告的标题一般有以下两种写法。

(1) 直接标题。是指标题里包含商品名称,或是出现广告文案主题或点明广告文案的主要内容。人们一看标题,就清楚明白地知晓广告的主要信息是什么。拟写这种标题可采用以下几种方式。

① 商品名称式。如《恒源祥,羊羊羊》。

② 服务项目式。如《情系中国结,联通四海心》。

③ 企业名称式。如《东方为您设计明天的办公室——东方办公设备经营公司》。

直接标题以商标、商品和企业名称作为标题来命名,直入主题,简明扼要,信息容量大。但也简单平直,缺少个性,故吸引力和感染力不强。

(2) 间接标题。一般不直接出现商品名称、服务内容或具体介绍企业,而是用富有暗示性、诱导性、趣味性和哲理性的语言,吸引消费者的注意和兴趣,引导消费者进一步了解广告文案正文中的信息。撰写这种标题可采用以下几种方式。

① 新闻式标题。这种广告标题类似于新闻稿件,以告知公众时效性信息为主要内容。例如:被大卫·奥格威称为他一生中所写的最有效果的广告——波多黎各政府广告的标题:"现在'波多黎各'对新工业提供百分之百的免税"。

② 提问式标题。如一则反斗星广告,其标题是《几天后将出现一颗什么星》。

③ 幽默式标题。通过幽默式的语言与受众的幽默感产生共鸣,激发受众的兴趣。如某打字机的广告标题:"不打不相识"。

④ 抒情式标题。在广告标题选用上,突出情感交流沟通,以对受众产生较大的影响。德国宝马(BMW)汽车的一则广告标题为"这头猛兽的低吼响在多少成年男人的睡梦里"。

具体的广告文案标题种类还很多,如建议式标题、炫耀式标题、标语式标题、号召鼓动式标题以及第一人称式标题等,不管采用哪种标题,只要是能够巧妙引起正文或对广告正文的高度概括,帮助受众理解广告内容,就属于成功的广告标题。

2. 正文

这是广告中的主体语言文字。它的作用是进一步解释、论证广告标题,更充分地表现广告主题。

正文常见的有以下几种写作形式:

(1) 说明体。说明型广告文稿在各种广告的媒体中广泛应用,不论是宣传企业,还是宣传商品、劳务,均可采用说明这一表达方式。它原原本本地介绍所宣传的企业、商品、劳务"是什么",将客观性、科学性、知识性、实用性、指导性、可读性有机地结合在一起,以达到教人以知、导人以用的目的。

(2) 问答体。以两人一问一答或多人问答的形式,表达广告宣传的内容。这类广告针对性强,信息容量大,采用层层深入或设疑解答的方式,有利于吸引消费者的注意力。适用于广播、电视广告,用于解释价值较高、技术性较强的商品和其他内容较丰富,知识性较强的商品。

(3) 新闻体。用类似新闻的形式撰写,发掘广告内容的新闻性。当某种商品与重大新闻事件、新闻人物有联系,或当企业获得荣誉证书和荣誉称号,就可以借题发挥,给人留下深刻印象。

(4) 文艺体。用文艺创作的表现手法,如运用诗歌、散文、相声、小品等来介绍商品。这类广告注重情趣,生动形象,引人入胜,感染力强。

并不是每一则广告都有正文,有些广告,如霓虹灯广告,因受媒体条件的限制而无法使用正文。有些广告所宣传的产品已进入成熟期或衰退期,广告更重要的是强调商品的品牌或企业形象。因此,广告的文字很简洁,往往用图像、音乐等取代正文部分,以加强广告的感情诉求。

3. 随文

也称附文,是对正文的必要补充和说明,是广告中备用的信息,为消费者提供一些必要的线索和资料。随文一般安置在广告文稿正文的后面,但商标、厂标则多置于广告文稿的前面,或广告文稿标题的左前方。随文一般包括企业及其销售点的名称、地址、电话、电挂、传真、邮政编码、开户银行、帐号、联系人等。

三、注意事项

设计商业广告,首先要听取广告主的意见,然后进行市场动态预测、消费者心理研究和商品特点分析,并在此基础上进行广告策划和设计。

1. 主题鲜明、定位合理

主题,就是广告主向消费者介绍、说明商品或服务的意愿。主题的内容要鲜明,使消费者一目了然;主题的定位要合理,适合消费者需求;主题数量要单一,不能面面俱到。

例如宝洁公司依仗它产品的独特性,占领了中国高档洗涤用品的市场且各个品牌都只有一个主题:海飞丝去头皮屑;飘柔洗发、护发二合一,令头发飘逸柔顺;潘婷含维他命元素 B5,令头发健康亮泽。

2. 形式多样,生动活泼

广告要适应丰富多彩的经济活动的需要,就必须具有多种多样、生动活泼的形式。广告不仅可以运用说明体、叙述体、议论体、抗辩体、提要体、摘录体、证书体、问答体、问卷体、对话体、书信体、新闻体、祝贺体等文章类广告形式,而且可以运用诗歌体、散文体、故事体、童话体、寓言体、对联体、格言体等文字类广告形式,更可以用歌曲广告、戏剧广告、说唱广告、相声广告、快板广告、电视广告、广播广告等文艺类广告形式,将广告做得丰富多彩,美不胜收。

3. 图文并茂,协调美观

广告不论文字、图画都要协调美观,给人以一气呵成之感。一则广告,从形式确定、画面选择、装饰陈列,到层次结构、字体大小、色彩浓淡,都要根据商品的特点、消费者的心理等因素加以考虑,精心构思,合理布局,这样才能取得最佳的传播效果。

【例文】

全新宝马5系广告文案1

生活教会了我,成功依靠的是刻苦的工作,别无捷径。

时刻保持透彻的远见,意识到时机就是关键所在。

对自己狠一点,不断进步,相信科技带来的帮助,掌控一切。

而且别忘了,你最大的对手,就是你自己。

全新宝马5系广告文案2

每一天都是全新的,但每一天只能过一次。

意识到时机就是关键所在。

我父亲曾经说:做什么并不重要,只要做到最好。

要有透彻的远见,永不止步。永远不要逃避刻苦的工作。

还有一件事,成功并非天赐,而要靠亲手赢得。

写作实训

1. 根据任务导入部分材料,上网搜索相关信息,为产品撰写一句广告语。

2. 由教育部新闻办、思政司指导,中国大学生在线主办的以"传递正能量、践行中国梦"为主题的全国大学生公益广告大赛,自 2013 年 11 月开展至 2014 年 7 月,共征集作品 1.2 万件,吸引近 10 万大学生参与投票。请上网查阅相关资料,撰写或设计这次活动要求的公益主题广告文案一则。

海 报

任务引入

为了丰富同学的校园生活,提高学生文化素养,××学院将每年5月的第一周定为校园文化周。今年的文化周,学校特别邀请了南京大学中文系教授、文艺评论家×××先生来校作"莫言小说研究"专题讲座,时间为2017年5月5日下午14:00,地点在第二教学楼多功能厅。

请以校学生会文学社的名义拟写一份活动海报。

必备知识

一、概念

海报是机关团体、企事业单位向公众告知,有关影讯、书讯、艺术活动、学术交流、体育活动等信息的招贴性应用文体,海报一般采用直接书写、设计张贴的形式。

海报也被称为招贴性广告,两者不同之处在于广告是以推销商品、扩大销售为目的,多用于经济领域;而海报则是以吸引参与为目的,多用于文化艺术活动。广告的表现形式比海报要丰富。

海报设计的三要素是:文字具有说明作用;图案能产生强烈的视觉效果;色彩具有象征性。这里重点讲解海报的文字部分。

二、结构和内容

海报的形式自由灵活,不拘一格,常见海报的内容包括标题、正文、落款三部分。

1. 标题

海报的标题比较灵活,写法较多,大体有以下一些形式:

(1) 单独由文种名称构成。直接用"海报"二字作为标题,即在第一行中间写上"海报"字样。

(2) 由活动的内容承担题目。如"舞讯"、"影讯"、"球讯"等。

(3) 运用一些描述性的文字,使标题更具吸引力。如"××再显风采"、"××活动激情登场"。

(4) 以宣传内容为标题。如"××社团纳新"。

海报标题要求醒目、直观,有创新。

2. 正文

海报正文的三要素:活动内容、活动时间地点和主办方。除此之外,正文还要把活动的目的、意义,活动的主要项目和参加的方法及需要注意事项交代清楚。海报的语言应简洁明了,重点突出。

正文一般采用叙述的方式,也可采用叙述、议论和抒情相结合的方式。

正文之后还可加入"欢迎参加"、"莫失良机"等惯用语作结。

3. 落款

在正文的右下方署上单位名称和日期。

三、注意事项

根据宣传内容的不同,海报可以分为文艺类海报、学术类海报、体育类海报和展销类海报。不同类型的海报写作也各有其设计特点。

1. 文艺类海报

指电影、戏剧、音乐会、文艺演出、大型公益活动等的信息海报。以电影海报为例,是公布演出电影的名称、时间、地点及内容介绍的一种海报。这类海报有的还会配上简单的宣传画,将电影中的主要人物形象地展现出来,以扩大宣传的力度。

2. 学术活动类海报

指举办各种知识讲座、学术报告等内容的海报。这类海报一定要具体真实地写明活动的地点、时间、主讲人及主要内容。文中可以用些鼓动性的词语,但不可夸大事实。

3. 体育类海报

指介绍体育赛事和活动的海报。海报正文应交代清楚具体的体育项目、参与条件及应注意的安全事项。

4. 展销类海报

告知各类展览活动的海报,如商品展销、科普展览等。

海报是为某项活动作的前期广告和宣传,其目的是让人们参与其中。有的海报加以美术的设计,以吸引更多的人加入活动。海报文字要求简洁明了,篇幅要短小精悍。

【例文】

××大学金字塔读书沙龙活动

四书是中国传统文化的经典代表之一,在快消文化盛行的今日,我们是否还能静下心来,阅读国学经典著作?10月19日,××将举行金字塔读书沙龙。

活动名称:金字塔读书沙龙——《四书章句集注》

活动时间:××××年10月19日周日 19:30—21:30

活动地点:××大学活动中心

活动费用:免费

主讲嘉宾:××大学××学院××老师

阅读文本:考亭先生的《四书章句集注》

××大学××学院
××××年10月10日

球迷佳音

比赛者：机电系篮球队—工商系篮球队
时间：10月12日下午3点
地点：校篮球场

           ××职业技术学院体育部
           ××××年10月6日

 **写作实训**

1. 为丰富校园生活,学校报告厅每周五晚都面向学生免费播放电影。本周五晚6点半将放映影片《迁徙的鸟》,请以学校电影放映室的名义写一份影讯。
2. 圣诞节、元旦即将到来,校团委精心设计准备节目丰富多彩的双旦联欢会,地点在校大礼堂,全校师生均可参加。请设计一份宣传海报。

任务四　解说词

 **任务引入**

以你所在城市的一个博物馆为对象,查找相关资料,写作一篇介绍博物馆的解说词。

 **必备知识**

一、概念

解说词是对人物生平事迹、旅游景观、展览陈列品(包括图片、实物)、影视新闻纪录片的画面等进行解释、说明、介绍的一种应用性文体。

解说词是配合实物或图画的文字说明,用简明的文字把实物介绍给观众,使观众借助简明的文字介绍,对实物或图画获得深刻认识。解说词既要便于讲解,又要便于观众一目了然。

如电影解说词、文物古迹解说词、专题展览解说词等,可帮助观众在观看实物和形象的过程中,让其在发挥视觉作用的同时,也发挥听觉的作用。

二、结构和内容

解说词一般包括标题和正文两个部分。

1. 标题

解说词的标题应做到揭示主题,引起兴趣。常见写法有以下几种:由解说对象和文种构成,如"儒家茶业生态安溪乌龙茶茶园解说词";由解说词的类别、解说对象和文种构成,如"电视专题片《圆明园》解说词";也可用双标题,如"一半在东,一半在西——美国画家李如侠"。

2. 正文

解说词的正文部分要抓住解说对象的本质特征,运用多种表达方式,照实物陈列的顺序或画面推移的顺序编写。陈列的各实物或各画面有相对的独立性,反映在解说词里,应该节段分明,每一件实物或一个画面有一节或一段文字说明。在书面形式上,或用标题标明,或用空行表示。正文全篇结构不苟求严谨,段落之间不苟求紧扣,关键是配合实物或画面进行解说,抓住展示对象的主要特点。

如《话说长江》第一回《源远流长》的升篇解说词是这样写的:"你可能以为,这是大海,这是汪洋吧?不,这是崇明岛之外的长江!俯瞰三峡长江水。你可能会联想的到长长的飘带,洁白的哈达,是啊,多么美丽,这也是长江。"当屏幕上出现沱沱河冰川上珍珠般的水滴,解说词这样说道:"水珠,小小的水滴,一滴、两滴、三滴,无穷滴水珠,源源不断地向着东方跳跃,一路跳跃,一路结伴,越结越多,终于汇成一条汹涌澎湃的世界大河。"

很显然,带给观众心灵震撼和审美满足的是解说和画面的完美结合,在这里如果没有解说,观众也许根本不能确定自己看到的是长江还是别的江河,当然脱离了画面,解说词也就不会有这么强的感染力了。

三、注意事项

解说词是解说客观事物的,而客观事物是复杂的,只有仔细地观察、深刻地研究,才能把它如实地反映出来,介绍给读者。因此,要写好解说词,就要认真观察、研究被解说的事物,准确地把握它们之间的关系。在物与物之间,有并列关系,有先后关系,有总分关系,有主次关系,等等。这些关系,有分有合,分则相对独立,合则相互联系,在一定的范围组成一个有机的统一体。

解说词写作的形式多样,方法灵活,可用平实的语言,也可用文学的语言;可用散文形式,也可用韵文形式。

【例文】

绿茶茶艺表演解说词

各位嘉宾下午好,欢迎光临×××品茗赏艺,一杯春露暂留客,两叶清风几欲仙,茶艺出自茶道,始于唐代。茶艺表演细腻优美的动作,传达的是纯、雅、礼、和的茶道精神,体现了人与人、人与自然、人与社会和谐相处的神妙境界,使人们在品茶过程中得到美的享受。客来奉茶是我们中华民族的传统美德,今天就由我为大家带来东方奉茶礼,并祝愿大家在此度过一段美好的时光,请大家静下心来与我们共同欣赏绿茶茶艺表演。

1. 冰心去凡尘

茶是至清至洁、天涵地育的灵物,泡茶要求所用的器皿也必须至清至洁。用开水再烫洗一遍茶杯,做到冰清玉结,一尘不染。

2. 玉壶养太和

绿茶属芽茶类,茶芽细嫩,若用滚烫的开水直接冲泡,则会破坏茶中的维生素并造成熟汤失味,所以将水温降至80摄氏度左右再进行冲泡,用这样的水泡出的茶才会不温不火、恰到好处,泡出的茶色、香、味俱佳。

3. 清宫迎佳人

苏东坡有诗云:"戏作小诗君勿笑,从来佳茗似佳人。"他把优质的茶比喻成让人一见倾心的绝代佳人。"清宫迎佳人"即用茶匙将茶叶倾置入冰清玉洁的玻璃杯中。

4. 甘露润莲心

好的绿茶外观嫩如莲心,清代乾隆皇帝曾把茶叶称为"润心莲"。"甘露润莲心"即在开泡前向杯中注入少许热水,起到润茶的作用。

5. 凤凰三点头

冲泡绿茶时也讲究高冲水。在冲水时水壶有节奏的三起三落,犹如凤凰向各位嘉宾点头致意。

6. 碧玉沉清江

冲入热水后,绿茶先是浮在水面,而后慢慢沉入杯底,将这一景象称之为"碧玉沉清江"。

7. 观音捧玉瓶

佛教故事中传说观世音菩萨常捧着一个白玉净瓶,净瓶中的甘露可消灾祛病,救苦救难。现将泡好的茶敬奉给各位,意在祝福好人一生平安。

8. 春波展旗枪

杯中的热水如春波荡漾,在热水的浸泡下,茶芽慢慢地舒展开来,千姿百态的茶芽在杯中随波晃动,栩栩如生宛如春兰初绽,又似有生命的绿精灵在舞蹈,十分生动有趣。

9. 慧心悟茶香

品绿茶要一看、二闻、三品味。在欣赏了"春波展旗枪"之后,再闻一闻茶香。绿茶与花茶和乌龙茶有所不同,绿茶的茶香更加清幽淡雅,所以必须要用心灵去感悟,才能闻到绿茶那种春天的气息,以及清纯悠远、难以言传的生命之香。

10. 淡中品至味

绿茶的茶汤清纯甘鲜,淡而有味,它不像红茶那样浓艳醇厚,也不像乌龙茶那样茶韵醉人。只要用心去品,就一定能从这淡淡的绿茶汤中品出天地间至清、至醇、至真、至美的韵味来。

11. 自斟乐无穷

品茶有三乐:一曰"独品得神",一个人面对着青山绿水或置身于一个高雅的茶室,通过品茗,心驰宏宇,神交自然,物我两忘,此为一乐;二曰"对品得趣",即两个知心的朋友相对品茗,无需多言即心有灵犀一点通,或推心置腹倾诉衷肠,此亦一乐也;三曰"众品得慧"众人相聚品茗,相互沟通,相互启迪,可以学到书本中所学不到的知识,这同样是一大乐事。在品了头道茶之后,各位嘉宾可亲自实践。从茶事活动中感受修身养性,品味人生的无穷乐趣!

纪录片《圆明园》解说词(节选)

公元1644年,一支来自北方的游牧民族开始南下,铁骑越过长城,直达北京,象征着皇权的紫禁城落入了满族人之手,中国历史上最后一个帝国——大清开始了。

半个多世纪之后,一个来自罗马的传教士到达了广州——大清帝国南方的港口,他将从这北上前往帝国的都城——北京。

18世纪初期,帝国的统治者严格禁止西方人进入中国冒险,只有上帝的使者传教士例外。耶稣会派往中国的传教士——二十八岁的意大利人郎世宁根本就没有想到,他将从此远离故土,在大清度过整整五十年。

半个世纪的时间,以绝无仅有的机遇见证了一个帝国的辉煌,也目睹了一座旷世园林的诞生。

这些保留至今的传教士书信记录了郎世宁在皇家宫廷的传奇生活。

郎世宁从欧洲到中国的旅行花了整整一年时间,一路风尘,就是为了取得大清皇帝的信任。"天刚刚放亮,一个太监就带我们进了一座花园,花园很大,但太监不许我们四处张望,走路也不能弄出声响,我很奇怪,皇帝没有住在北京城里的皇宫。"

大清的缔造者是满人,他们来自中国北方的白山黑水。紫禁城的新主人很快就发现看上去雄伟壮丽的皇宫并不合适居住,巨大的宫殿由木头建造,很容易着火,高耸的宫墙虽然能够防止火灾的蔓延,也影响了空气的流通。北京的夏天酷热干燥,皇宫更像是一个火炉,习惯于北方寒冷生活的统治者很不舒服,从踏进紫禁城开始,皇帝就开始寻找凉爽宜人的地方。

在北京的西北方向,距离皇宫二十多里,有一片开阔地带,几百年前,这里泉水遍布,被称为海淀。就是在这儿,帝国的第三代统治者康熙终于建成一座离宫。(略)

1. 以你的家乡为对象,收集图片制作演示文稿,写一份相配合的文稿解说词。
2. 结合你所在系部的情况,写一份学校运动会入场式上的解说词。

任务五　导游词

以你所在校园的一日游为内容,通过查阅资料,写作一篇校园导游词。

 必备知识

一、概念

导游词是导游人员引导游客观光游览时对景观、风土人情、文物等进行解说的应用性文字,是导游员同游客交流思想、向游客传播文化知识的工具。

导游人员用流畅的语言清楚地向游客介绍游览景点的大概情况,如成因、特点、历史及现状等,使游客能对景点有个大概的了解。

二、结构和内容

一篇完整的导游词,一般包括开头语、概括介绍、重点讲解、告别语四个部分。

1. 开头语

开头语包括问候语、欢迎语、介绍语、游览注意事项和对游客的希望五个方面,放在导游词的最前面。

开头语在表示问候欢迎之情后,要具体介绍自己和旅行社;介绍司机和车型、车号;介绍旅游时间、地点和行程安排等。

开头语既要简短、亲切,又有引出下文的作用。如:

"大家好!很高兴在这样一个阳光明媚的日子里见到大家,首先我代表我们公司——××旅行社,向大家的到来表示衷心的欢迎!非常高兴能担任各位的导游,我叫××,大家叫我小×就可以了。我身边的这位,是我们这次旅途中最为劳苦功高的一位,我们的司机×师傅,他已有20多年的驾车经验,由他行车大家可以放心。相识是缘分,因为缘分我们坐到了一起,因为缘分我们成为朋友,既然是朋友,如果我有什么做得不合适的地方大家要及时提出来,下面我介绍本次游览的行程安排和注意事项。"

2. 概括介绍

概括介绍是用概述法介绍旅游景点的位置、范围、地位、意义、历史、现状和发展前景等,目的是帮助旅游者对景点先有个总体了解,引起游览兴趣,犹如"未成曲调先有情"。

概括介绍应根据时间和游客情况,可长可短,可详可略。

3. 重点讲解

重点讲解是对旅游线路上的重点景观从景点成因、历史传说、文化背景、审美功能等方面进行详细的讲解,使旅游者对旅游目的地有一个全面、正确的了解。这是导游词最重要的组成部分。

4. 告别语

告别语包括以下几方面内容:总结旅游情况;感谢游客配合;希望提出意见;表示依依惜别等。如:

"眼看机场就要到了,我也要和大家说再见了。常言道'相见时难别亦难','送君千里终有别'。在此,我非常感谢各位朋友对我工作的支持。短短几天时间,大家给我留下了非常深刻的印象,谢谢大家的合作!在几天的游览过程中,若有不尽如人意之处,还请各

位批评指正,您的意见将是我们努力的方向,您的建议将是我们改进的目标。在返程途中,如果有什么不足之处,还请多谅解。希望大家有机会能再来我市,欣赏我们的春季湖水、夏日荷香、秋天红叶和冬季的雪景。一年四季的美景等着您,到时我再来给各位当导游。最后祝愿大家一路平安!合家欢乐!身体健康!"

三、注意事项

导游词的主要特点是口语化,要求营造和蔼、亲切、自然、轻松的气氛,还应知注意识性、文学性、礼节性等。

导游词既有说明性的特点,也有欣赏性的特点。在一篇导游词中,会用到自然科学知识,如地质成因、动植物学知识等;还会用到社会科学知识,如宗教常识、哲学和美学知识、诗词歌赋、中外文学等;另外,建筑、园林、书法、绘画等,都会有所涉猎。一篇优秀的导游词往往综合了各个学科门类,多角度、多层面对景点加以叙述,给旅游者全方位的信息。

【例文】

"鸟的天堂"导游词

旅客朋友们,大家好!欢迎来到鸟的天堂。今天由我做你们的导游,一起来游览鸟的天堂。

这里是全国最大的天然赏鸟乐园。这里是人们心驰神往的旅游胜地。小鸟天堂是侨乡广东新会著名的国际级生态旅游景点,位于距城区10公里的天马村。她以数百年的悠久历史,占地达18亩,远看像一片浮动绿洲的古独榕,堪称南国奇观。而每天栖息在这棵美丽大树上数以万计的各种野生鹭鸟,暮出晨归,嘎嘎而鸣,翩翩起舞,更蔚为壮观。这一自然景象出现在人口稠密区,生生不息,已延续了384年(明万历戊午年,公元1618年始于"雀墩"),形成了人与自然和谐相处、共同发展的典范,实属罕见。

大家知道么?历年来,鸟的天堂吸引了大批中外游客慕名而至。"世界十大文化名人"之一,我国现代著名作家巴金,早在上世纪三十年代初就游览了小鸟天堂,写下了名篇《鸟的天堂》,并于1980年载入全国(包括香港地区)统篇教材,成为经典课文,每年在全国约2300万名学生中广为传诵。一级又一级,一代复一代,这个名闻遐迩的"鸟的天堂",已在全国数亿学生中深入人心。大家回去查看孩子的课本,就能找到这篇文章。

鸟的天堂这一奇特的自然生态景观,这一珍贵的自然遗产,已成为人与自然和谐统一的活的"教科书",并以此作为窥视大自然的窗口,让人们从中了解人与自然和谐相处、建立新型人鸟关系的过程,从而唤起人们热爱大自然、热爱我们人类共同家园的美好情感。

不知道大家发现没有,时下,独具生态文化色彩的"休闲型"旅游,已渐成热点,正引领着旅游新时尚。2002年又恰逢国际生态旅游年。请到全国最大的天然赏鸟乐园来;请到人们心驰神往的绿色家园来!"人间毕竟有天堂,暂别浮华,拥抱自然,聆听百鸟和鸣,感受天籁之声;到人的乐园,远离尘嚣,觅一方净土,让疲倦的心灵得到片刻栖息……

好了,听了我的介绍你一定迫不及待了吧?闲话少说,现在就请您自己参观鸟的天堂。两小时后在这里集合,祝您旅途愉快!

古文化街导游词

朋友们，欢迎大家到天津古文化街观光游览，今天我有幸陪同大家一起参观，在此祝愿各位游客能在这里度过一段美好的时光。

我们今天要游览的景点是古文化街，古文化街是以天后宫为中心，具有天津地方特色的一条街，位于南开区宫南宫北大街，1985年经市政府整理恢复其传统风貌，命名为"古文化街"。这里集中了天津乃至全国四面八方的各种工艺品、文化用品，其中以享誉国内外、具有浓厚天津地方特色的杨柳青年画、泥人张彩塑和风筝魏的风筝最有名气，整条街充满了浓郁的中国味、天津味、古味和文化味。首先映入眼帘的是一座贴金彩绘，高大雄伟，上面的彩画上书"津门故里"四字，走进这条街，街的许多店铺门面檐下、枋间都有一幅幅彩画，大多是人物故事。集珍阁下枋间的彩画，画的是《三国演义》中的8幅画，有"桃园三结义"、"三英战吕布"、"吕布戏貂蝉"、"当阳拒曹"等，对面梨园阁枋间，上面画的是古典戏曲名著《西厢记》，描写的是崔莺莺与张君瑞的恋爱故事。在建筑上还采用了木雕、砖雕等装饰，全街近百块匾额多出自全国书法名家手，风采各异。大家可以边走边看，细细地品味。现在我们已经来到宫前广场。著名的天后宫就坐落在这里了，天后宫山门前有两棵高大旗杆，直插云霄，格外引人注目，这就是幡杆，高26米。据说幡杆初立时，一方面挂灯，为往来三岔河口的漕船导航，另一方面则作为天后宫的陪衬物，后来便为进香及庙会期间专门悬挂天后封号长幡使用。

请大家继续往前走，现在我们看到的就是天后宫的主体建筑了。天津地方民间素称天后为"娘娘"，所以天后宫又被称作娘娘宫。它始建于元代，以后各朝各代均多次重修加固。大家知道我国寺庙大多坐北朝南，可是，天后宫却是坐西朝东的，这是为什么呢？我们知道天后主要是保佑航海安全，庙门朝东、直面海河可以方便一些船民商贾，在没有时间的情况下在船上就可以朝拜天后，顺应了当时繁忙的航运要求，也满足了无法登岸的信徒的民俗崇拜要求。大家随我走进山门，迎面为木结构的两柱一楼式的牌楼，左右两边分别是鼓楼和钟楼。走过牌楼，展现在我们面前的是前殿，殿内中间供奉的是护法神王灵官，两侧为"千里眼"、"顺风耳"和"加恶"、"加善"。

我们现在穿过前殿，来到了正殿，这里是供奉天后娘娘的地方，这座大殿不仅是天津市区最古老的建筑实例，也是我国现存年代最早的妈祖庙之一。坐在正中的就是天后了，我们前面说过天后娘娘可以保佑过往船只的安全，那么天后到底是什么神呢？既然称天后，必是女神无疑了，她不是那些空想编造出来的神位，而是确有其人。

史书上说她叫林默。她生长在海岛，习于水性。常渡海救助海上遇险的渔民，最终不幸被台风夺去了年轻的生命。又相传，在其死后显灵救助难民的事情时有发生，于是海上的富商纷纷捐钱修建妈祖庙，逐渐成为了人们供奉的海神。关于天后的传说起初只流传于浙、闽一带，后逐渐被官府承认，宋朝时先后被封为"灵惠夫人"、"灵惠妃"，元朝时被封为"天妃"，到清朝时候才被封为"天后"。穿过正殿，我们来到了藏经阁，穿过藏经阁，现在我们看到的是启圣祠，也就是后殿，原为祭祀天后的父母的地方，后来作为存放皇会期间天后娘娘出巡的木雕像的地方。在天后宫内两侧的厢房是天津民俗博物馆，里面介绍了天津城、天后宫及皇会的兴起变迁，从侧面见证了"先有天后宫，后有天津城"这一说法。

同时还陈列着明代天津城砖、清代漕运模型人、婚俗展览等。

现在大家可以自由参观，领略天津的民俗风情，今天的讲解到此就要结束了，在津门故里古文化街的这段时光希望能成为您天津之游中的永恒记忆，同时希望把天后的祝福一同带给您的家人和朋友，祝各位旅游愉快。谢谢大家！

写作实训

1. 请以你家乡的美食一条街为内容，写一篇导游词。
2. 请以你所在城市某个旅游景点为内容，进行有选择的重点讲解，写作一篇导游词。

项目六　社交礼仪

任务一　请　柬　邀请函

任务引入

××民族大学建校 60 周年,为了隆重庆祝建校 60 周年,展示办学成果,扩大办学影响,凝聚校友力量,创建高水平大学,学校成立了校庆筹备工作组。校庆时间定于 2012 年 5 月 18 日,地点在学校融和堂。请代校庆筹备工作组拟写请柬或一封邀请函。

必备知识

一、概念

请柬又称请帖,是为邀请宾客参加某一活动时所使用的一种书面形式的通知。

请柬在社会交际中用途广泛,如会议、典礼、宴饮、晚会等活动,用请柬邀请宾客表示举行的隆重以及对宾客的尊重。请柬其实就是简便的邀请书,但它比邀请书更为正式和郑重。

请柬必须对所涉及的时间、地点、内容和要求写清楚,不能出错或遗漏。请柬在装帧、款式设计上讲究艺术性。通常可以用书法、绘画、剪纸等来装饰请柬。请柬的发送时间要讲究,如果过早发送,被邀请者容易遗忘,如果过迟发送,被邀请者会来不及准备。

二、格式与写法

请柬一般由标题、称呼、正文、结尾、落款五部分构成。

1. **标题**

在封面上写"请柬"或"请帖"二字,如果是现成的请柬,只需填写正文。

2. **称呼**

请柬的称呼与一般书信一样,要顶格写明被邀请者(单位或个人)的名称,如"某某单位"、"某某先生"等。称呼后加冒号。

3. **正文**

要写清活动内容,写明时间、地点、方式。如果是请人看戏或其他表演还应将入场券附上。若有其他要求也需注明,如"请准备发言"、"请准备节目"等。

4. 结尾

要写上礼节性问候语或恭候语,如"致以——敬礼"、"顺致——崇高的敬意"、"敬请光临"等。

5. 落款

要署上邀请者(单位或个人)的名称姓名和发出请柬日期。

三、注意事项

1. 用语要准

即要准确通顺,不要堆砌辞藻或套用公式化的语言。

2. 表意要雅

即要讲究文字美,请柬是礼仪交往的媒介,乏味的或浮华的语言会使人很不舒服。

【例文】

请　柬

江丽女士:

　　兹定于12月25日晚7时在锦华歌舞厅举行圣诞庆祝舞会,届时请携带舞伴光临为盼。

李华云
2013 年 12 月 20 日

(附入场券两张)

请　柬

周佳美教授:

　　兹定于2012年12月29日上午9时30分于学院专家楼会议厅举办旅游系2012年文艺晚会。

　　届时敬请光临。

旅游系文艺部
2012 年 12 月 25 日

请　柬

陆大显院长：

　　兹定于 2013 年 10 月 20 日晚 6 时于我院融和堂举行迎新晚会，届时敬请光临。

　　此致

敬礼

××职业技术学院
2013 年 10 月 16 日

多伦多各界华人
深圳市政府代表团联谊晚宴请柬

敬启者：

　　为了给应聘者与招聘者提供深入洽谈的机会，为了给热衷于加中经贸与投资的企业家与深圳企业进行交流与合作的场所，由加拿大中国人协会主办的深圳市政府代表团（53人）联谊晚宴，谨定于 2002 年 8 月 25 日（星期日）举行，敬请光临。

加拿大中国人协会会长
姜明吾　敬约

时间：2002 年 8 月 25 日（星期日）6：30PM
地点：大多伦多世纪皇宫大酒楼　Century Palace Chinese Restaurant
　　　398 Ferrier　Street　Markham，ON. L3R 2Z5

邀请函

一、概念

邀请函，也称邀请信或邀请书，是单位或个人为了增进友谊、发展业务，邀请有关单位或人士参加某一活动时使用的一种信函。有些庄重的礼仪场合需使用请柬。

邀请函使用范围广泛，凡召开会议、举办各种典礼、仪式和活动等，均可使用邀请函。

二、邀请函与请柬的区别

1. 内容量不同

邀请函篇幅长，内容量大。当邀请的事项较复杂时，使用邀请函；当邀请的事项单一时，使用请柬。

2. 写作格式不同

邀请函是一种专用书信，写作时严格按照书信体的格式来写。请柬有两种格式：一种是单面，直接由标题、称谓、正文、落款等构成；一种是双面，即折叠式，一面是封面，写"请柬"二字，一面为封里，写请柬内容。

3. 写作要求不同

邀请函一般用红色 A4 纸打印，或自己设计带有单位标志或富有文化特色的信纸。请柬在纸质、款式和装帧设计上更注意艺术性，要做到美观、大方、精致，体现其艺术性。

4. 使用场合不同

一般会议或活动使用邀请函，隆重的礼仪场合使用请柬。

三、格式与写法

邀请信通常由标题、称谓、正文、结语、落款五部分组成。

1. 标题

邀请函的标题一般有两种形式：

第一行居中用大于正文的字体写"邀请信"或"邀请书"或"邀请函"三个字；也可以在邀请函前面加上会议或活动名称，如"决策科学国际学术交流会议邀请函"。

2. 称谓

另起一行顶格写被邀请单位名称或个人姓名，其后加冒号。个人姓名前可加表示尊敬的称呼语，后加上其职务，如"尊敬的张明经理"、"敬爱的朱小清教授"等。

3. 正文

正文包括前言与事项两部分：前言主要说明邀请的目的、活动主题、时间、地点、方式；事项部分要写明活动的指导思想、具体内容和日程安排、对被邀请者提出的要求和希望，及参加会议或活动的注意事项，如交通路线、来回接送方式、经费及差旅费开销来源、准备材料、节目发言等。

如果附有票、券等物，应该同邀请函一并送给被邀请人。

4. 结尾

写上礼节性的问候语，如"敬请光临"、"敬请莅临"、"恳请光临指导"等。

5. 落款

正文右下方署上发文单位名称或个人姓名，下一行署上发文日期。单位邀请的应该加盖公章，以示慎重。

四、注意事项

1. 信息要交代清楚

邀请函是被邀请人考虑是否接受邀请和进行准备的依据，活动的各项事宜务必在邀请函中交代清楚，这样受邀请人可以有备而来，减少一些不必要的麻烦。

2. 措辞讲究

邀请函要用平等商量的语气，突出"请"意，不能用命令语气，避免使用"务必"、"必须"

之类的强制性语气。

【例文】

南京大学建校 100 周年邀请函

尊敬的海内外校友：

　　您好！

　　2002年5月南京大学将迎来百年华诞。百年沧桑，斗转星移。南京大学肇始于1902年创办的三江师范学堂，后经历两江师范学堂、南京高等师范学校、国立东南大学、国立中央大学等时期，1949年8月，由国立中央大学更名为南京大学，1952年全国院系调整时，南京大学调整出部分院系后与创办于1888年的金陵大学文理学院合并，仍名为南京大学。

　　近百年来，母校虽屡历沉浮变迁，但母校以育才为己任，为社会输送了各类人才17万多人。校友们虽然分布在大江南北、世界各地，但你们的心却和母校息息相通，始终关注和支持母校的发展，并以自己良好的素质和杰出的业绩为母校争光添彩，为民族振兴和社会进步做出了重要贡献。同时，经过几代人的奋斗和拼搏，母校亦已成为享誉海内外的著名高等学府，综合实力在各类机构的中国大学评估中，均名列前茅。特别值得一提的是，1978年，由母校教师率先撰写的《实践是检验真理的唯一标准》的著名论文，引发了对中国历史具有重大影响的真理标准讨论，揭开了改革开放的序幕。1992年至1999年，国际权威的《科学引文索引》（SCI）收录的论文数，母校连续7年位居中国大陆高校之首，被引用论文数连续6年位居中国大陆高校第一。1994年，母校成为首批列入国家"211工程"的重点建设的大学之一。1999年7月，母校又成为教育部与江苏省重点共建的大学，进入国家建设若干所世界一流大学的行列。母校的奋斗目标是经过若干年的努力，把自己建设成为世界高水平大学。

　　亲爱的校友：母校取得的成绩，离不开您的关心和支持，离不开自强不息、开拓创新的南大精神。这一精神凝聚着每一位校友的汗水和智慧，它就像火种一样代代相传、生生不息。为了弘扬南大精神，展示百年南大的辉煌成就，创建世界高水平大学，2002年5月15日至5月30日，母校将举行百年校庆系列活动，5月20日校庆日将隆重举行百年庆典活动。母校盛情邀请您在百年校庆期间回母校参加百年庆典。如您能回母校参加庆典，请将回执寄回您在校时所在院系校庆办公室或学校百年校庆办公室，以便我们做好百年校庆的总体安排。

　　顺致
崇高敬意！

南京大学
2001 年 11 月 18 日

广州番禺职业技术学院2012届毕业生校园招聘会
邀请函

尊敬的用人单位：

　　谢谢一直以来对我院毕业生就业工作的支持！值此致函之际，谨表谢意！

　　为了进一步加强与贵单位的联系与合作，促进双向选择，现定于2011年12月10日（星期六）上午9:00时至下午13:00时在我校西区操场召开2012届毕业生校园招聘会，预计到会学生约3000人，欢迎贵单位前来我校与毕业生面谈。

主办单位：广州番禺职业技术学院就业指导中心
番禺区劳动就业服务管理中心
承办单位：广州番禺职业技术学院工商系
2011年12月

一、到会单位免摊位费，同时我校提供以下服务：

（1）为预定的每个单位提供一张桌子和两张椅子的摊位及一张简易海报（60×90）及所需文具、资料等。

（2）每个摊位配送2人的工作餐和矿泉水。

（3）有需要的企业可自带企业宣传易拉宝一个，我们免费提供位置摆放。

二、招聘单位须知

1. 为便于统一印制海报，请招聘单位须填妥《企业现场招聘信息简介表》，并加盖公章于12月24日前连同单位《营业执照》副本复印件寄回、传真或电邮到我校就业中心。同时务必将电子版《企业现场招聘信息简介表》发送至邮箱gzpypjy@163.com。

2. 招聘单位在场内不得收取求职者任何费用。

3. 如需要教室进行复试，请在邮件主题里注明并提前通知我们。

4. 请贵单位凭加盖公司公章的《企业现场招聘信息简介表》参会。

三、联系方式

广州番禺职业技术学院就业指导中心

电话：020-34874086　020-34878469

传真：020-34878469

联系人：吕老师　黄老师　钟老师

地址：番禺区沙湾镇市良路1342号（即番禺市桥至顺德大良主干道近宝墨园的位置）

学院网址：www.gzpyp.edu.cn

E-mail：gzpypjy@163.com

番禺区劳动就业服务管理中心

电话：84692901　84692900　84692913

传真：84698392　联系人：黎小姐

地址：市桥街平康路48号（交通大厦正对面劳动和社会保障大楼）

E-mail：pyjy84692901@163.com

网址：www.pyld.net

招聘会邀请函下载网址：http://61.144.43.233/xsc/main.asp

任务二　欢迎词　欢送词　答谢词

××民族大学建校60周年，为了隆重庆祝建校60周年华诞，展示办学成果，扩大办学影响，凝聚校友力量，创建高水平大学，学校成立了校庆筹备工作组。校庆时间定于2012年5月18日，地点在学校融和堂。请代校庆筹备工作组拟写欢送词、欢送词和答谢词。

 **必备知识**

欢迎词

一、概念

欢迎词是在迎接宾客的欢迎仪式、宴会或开会伊始时,主人对来宾光临表示欢迎的讲话稿。欢迎词的礼仪形式生于事务性的内容。

二、结构和内容

欢迎词一般由标题、称谓、正文三部分组成。

1. 标题

第一行正中写标题,字体略大,可写"欢迎词"三个字,也可以在"欢迎词"前面加致词人的姓名、职务及欢迎活动或会议名称等词语,如"××学院院长在欢迎××欢迎晚会欢迎词"。

2. 称谓

第二行顶格写称谓。称谓要有敬词并写全称,如"尊敬的×××先生"、"尊敬的×××董事长先生"等。

3. 正文

正文要表达三层意思:

(1) 开头向出席者表示热烈的欢迎、诚挚的问候和致意。

(2) 概括以往取得的成就以及变化和发展,也可回顾双方之间的交往和友谊,赞扬之间的友好合作,并展望未来。

(3) 表示良好的祝愿和希望。这是欢迎词的正文的结尾部分,要再一次对客人表示热烈的欢迎和良好的祝愿,最后也可以"谢谢大家"作结。

三、注意事项

1. 要有真情实感

写欢迎词要表达内心欢迎的真挚情感,态度要恳切,使宾客有宾至如归的感觉。

2. 用词准确,篇幅适宜

欢迎词要表达热情欢喜的情感,也要注意用词的庄重典雅,不可用简称或代称,不讲对方忌讳的话,篇幅长短要适宜。

【例文】

国家主席习近平在G20峰会欢迎宴会上致辞(全文)

尊敬的各位同事、各位来宾、女士们、先生们、朋友们:

大家晚上好!

这是一个让人期待的夜晚,在二十国集团领导人第十一次峰会召开之际,我们相聚西子湖畔。我谨代表中国政府和人民、代表我夫人,并以我个人名义,对各位贵宾的到来表示热烈的欢迎。

杭州素有"人间天堂"美誉,湖光山色、人文美景俯拾皆是,西湖十景或近观、或远眺,引人无限遐思,流连忘返。连通这些美景的是一座座历史悠久、造型优美的桥,本届峰会会标的设计灵感就来源于此。

二十国集团就宛若一座桥,让大家从四面八方走到了一起。这是一座友谊之桥,通过这里我们把友谊的种子播向全球,增进互信、互爱,让彼此的距离不再遥远;这是一座合作之桥,通过这里我们共商大计、加强协调、深化合作、谋求共赢;这是一座未来之桥,通过这里我们同命运、共患难,携手前行,共同迎接更加美好的明天。

杭州,与在座各位的国家有着密切的联系,我在这里举几个例子:

400多年前,1583年,意大利人利玛窦来到中国,他于1599年记述了"上有天堂,下有苏杭"的说法,据说这是首个记录、传播这句话的西方人。

也是400年前,德国的克雷菲尔德市就同杭州开始了丝绸贸易。

140年前,1876年的6月,曾经当过美国驻华大使的司徒雷登先生出生于杭州,在中国生活了50多年,他的骨灰就安放在杭州半山安贤园。

90多年前,1924年4月,印度诗人泰戈尔先生游览了西湖,特别喜欢并写下了不少诗,其中一首写得很好,"山站在那,高入云中,水在他的脚下,随风飘荡,好像请求他似的,但他高傲地不动",他还表示想在西湖边买个小屋,住上几天。

20多年前,1992年10月,南非前总统曼德拉先生来到杭州,游览了西湖后表示,"愿意在这里住上一辈子"。

此时此刻,我们汇聚杭州,承载着各国人民的厚望和期待。我们为了共同的使命而来,当前是世界经济和国际经济合作的重要转折点,二十国集团要勇于担当、敢为人先,构建创新、活力、联动、包容的世界经济,引领新一轮强劲增长。

我们为了更紧密的伙伴关系而来,同舟共济的伙伴关系、伙伴精神是二十国集团最宝贵的财富。我们要秉持共赢理念,着眼促进增长和发展的长远目标,不断增进理解、扩大共识、凝聚合力。

我们为了人类命运共同体的愿景而来。当今世界正在发生前所未有的深刻变革,二十国集团有责任引领世界前进步伐,有责任带动全球发展潮流,有责任为实现人类共同繁荣和进步作出更大贡献。

尊敬的各位同事、女士们、先生们、朋友们,我们知道,二十国集团成员具体国情、发展阶段不同,就像杭州的山山水水,各具其态;世界经济的起落波动,就像西湖的晴晴雨雨,乍起还歇。共同应对复杂局面,绝非易事,但只要我们不畏浮云、极目远望,就能看到山明水秀、无处不美的景色。只要我们彼此包容,守望相助,就能无论晴时好、雨时奇都坚定前行,共抵彼岸。

秋日的杭州,仍可感受到夏季的热情。看到盛开的荷花,中国宋代诗人曾描写西湖荷花是"接天莲叶无穷碧,映日荷花别样红"。今天下午,我们已经开始了富有成效的讨论,明天的交流同样令人期待。钱塘江，我们路过了，最具魅力的是七、八月的潮水。我们二十国集团领导人齐聚钱塘江畔，要做世界经济的弄潮儿，以我们的智慧引领世界发展潮流，为全球经济治理书写新的篇章。

现在我提议，大家共同举杯，为世界经济的美好未来，为二十国集团携手合作，为杭州峰会圆满成功，也为各位嘉宾和家人的健康，干杯！

在乒乓球赛上的欢迎词

尊敬的各位领导、各位来宾、同志们、朋友们：

晚上好！

六月的河东，生机盎然。在这个充满激情的季节里，正值河东全矿上下、众志成城，冲刺六月份、实现双过半，为建党九十周年、焦煤成立十周年献厚礼的大好形势下，我们迎来了集团公司第三届乒乓球大赛的隆重开幕。此次比赛能在我矿举行，我们感到非常荣幸！这是集团公司对我矿极大的信任和鼓舞，也是我矿文体活动中心落成后组织的首次大型活动。在此，请允许我代表河东矿党政及全体职工，向亲临开幕式的各位领导、来宾表示崇高的敬意！向各位运动员、裁判员表示真挚的祝愿，向为本次大赛做出辛勤工作的各位同志致以衷心的感谢！预祝大赛取得圆满成功！

近年来，在集团公司正确领导和社会各界大力支持下，我矿始终坚持123工作思路，全面推进3327工程建设，大力推行"四档驱动，逐级提升，分层管理，全面提高"的安全管理长效机制，深入贯彻"1234"安全工作法、紧摁四个按钮，狠抓安全管理，实现连续安全生产5000余天，矿井产能连续三年实现100万、150万、200万跨越发展，"两区改造"新建33栋住宅楼，实现居者有其屋的目标。先后投资6000多万元，进行大规模的环境治理和矿容矿貌改造，全力为职工家属创造一个环境优美、人居和谐的绿色家园。

今年我们按照集团公司"落实考核年"的具体要求，确定了"素质提升年"的新思路，多措并举、建设"适应、满足、引领"企业快速发展的新型人才队伍，我们将以本次乒乓球大赛的成功举办为契机，通过体育锻炼提高生活质量，通过承办比赛展示企业形象，以更加强健的体魄、更加良好的精神风貌，投入到圆满收官"3327"工程、续写"6637"新辉煌的伟大实践中，为建设"一体双翼"的新河东而努力！为建设"双六千万吨"的新汾西而奋斗！

这是我矿职工文体中心建成以来承办的首次大型比赛，因我们接待能力、服务水平有限，在比赛过程中难免有不尽人意之处，还望各位领导、来宾海涵。我们将竭诚办好此次比赛，同时欢迎各位领导和来宾多提宝贵意见，我们将虚心接受、不断改进，更好地为大家服务。

最后，衷心祝愿全体运动员在本次比赛中取得优异的成绩！预祝本届乒乓球比赛圆满成功！

谢谢大家！

2016年6月22日

欢送词

一、概念

欢送词是在欢送仪式或宴会上对其离去表示友情欢送的致辞。欢送词与欢迎词除应用的时间、场合不同,并无实质性区别。

二、结构和内容

欢送词一般由标题、称谓、正文三部分组成。

1. 标题

第一行正中写标题,字体略大,可直接写"欢送词"三个字,也可以在"欢送词"前面加致词人的姓名、职务及欢迎活动或会议名称等词语,如"××总经理在××考察团仪式上的欢送词"。

2. 称谓

称谓要有敬词并写全称,以示尊重;也可在全称前加修饰语,如"尊敬的×××先生"、"尊敬的×××董事长先生"等。

3. 正文

正文内容要表达三层意思:

(1) 开头向出席者直接表示欢送之意,表达祝福之意。

(2) 概括介绍欢送对象的此次来访的基本情况,对来宾的访问圆满结束表示祝贺与感谢,评价来宾访问与会谈的意义与影响,回顾友好交往取得的成就以及变化和发展,赞扬之间的友好合作,并展望未来。最后,再次表达惜别之情等。

(3) 表示良好的祝愿和希望。这是欢送词的正文的结尾部分,要再一次对客人表示热烈的欢迎和良好的祝愿,最后可以"祝我们的合作更加紧密!友谊更加深入!祝××旅途愉快"等作结。

【例文】

在尼克松总统的答谢宴会上
周恩来总理的欢送词

尼克松总统先生,尼克松夫人,
女士们,先生们,
同志们,朋友们:

首先,愿以所有在座的中国同事们和我本人的名义,感谢尼克松总统和夫人邀请我们参加宴会。

总统先生一行明天就要离开北京,前往中国南方参观访问。在过去几天里,总统先生会见了毛泽东主席,我们双方举行了多次会谈,就中美两国关系正常化和关心的问题交换了意见。我们双方之间有着巨大的原则分歧,经过认真、坦率的讨论,使彼此的立场和主张有了更清楚的了解,这对双方都是有益的。

时代在前进,世界在变化。我们深信,人民的力量是强大的,不管历史的发展会有什么曲折反复,世界的总趋势肯定是走向光明而不是走向黑暗。

增进中美两国人民之间的了解和友谊,促进中美两国关系的正常化,这是中美两国人民的共同愿望。中国政府和中国人民将坚持不渝地为实现这一目标而努力。现在,我提议:

为伟大的美国人民,

为伟大的中国人民,为中美两国人民的友谊,

为尼克松总统和夫人的健康,

为在座的其他美国客人们的健康,

干杯!

答谢词

一、概念

答谢词,是指特定的公共礼仪场合,主人致欢迎辞或欢送词后,客人所发表的对主人的热情接待和关照表示感谢的讲话。

二、结构和内容

答谢词的写作格式与欢送词、欢送词基本相同,只是在正文内容上,首先对对方致以衷心的感谢,然后对对方的成就和双方的友谊表示赞颂,结尾提出自己的希望和良好的祝愿。

欢送词一般由标题、称谓、正文三部分组成。

1. 标题

在第一行居中的位置上写上"答谢辞(词)"。

2. 称谓

另起一行顶格写致辞对方的姓名、头衔,既可以是广泛对象,也可以是具体对象。

3. 正文

正文内容要表达三层意思:

首先对主人的盛情表示感谢,并对对方的优待予以肯定,表达出自己的荣幸与激动。这是答谢词的写作重点。

另外,要对对方的情况做较详细的介绍,以示尊重。

第三,应提出希望与之进一步发展关系的强烈意欲。

结语,再一次用简短的语言表示感谢。

三、注意事项

1. 内容与结构合乎规范

答谢词的内容及结构形式相对稳定,在写作中,不可随心所欲地"独创",要尽可能地

符合写作规范。

  2. **感情真挚，评价适度**

"答谢"，就应该动真情、吐真言；不要虚情假意，言不由衷或矫揉造作。

  3. **篇幅简短，语言精练**

"答谢词"不宜过长，应努力做到"文约旨丰"，言简意赅。

【例文】

答谢词

尊敬的各位领导、各位嘉宾：

　　大家下午好！

　　感恩知福，饮水思源。首先感谢广电一局创造这个机会，将大家聚集一堂进行沟通与交流。借此机会，我谨代表"神龙保温"，真诚地感激广电一局。正是你们十余年如一日的支持、关爱和鼓励，才使得我们神龙保温不断成长、发展壮大。在此请允许我代表我公司的全体员工和我个人向广东省电力第一工程局表示最深的感谢和最崇高的敬意，感谢大家！

　　一局拥有一支由电力专家组成的庞大队伍，技术力量相当雄厚，在电厂建设市场中一枝独秀。我司有幸与一局建立友好的合作关系，为我们的发展提供了新契机，推动我司迈上一个一个的新台阶。

　　回想起我们神龙保温的发展，至今历历在目。1984年，赤壁岩棉厂成立；1998年，岩棉厂改制组建为"神龙保温"公司，当时注册资金不过50万元、人员不到50人。在各位及各级领导的大力支持和帮助下，本着诚信为本、用户至上的宗旨，时至今日，神龙保温施工资质上升为防腐保温专业承包贰级，注册资本变成了2000万元，多次被省工商行政管理局评为"重合同守信用企业"，被国家电力行业、国家石油和化学工业局定为"保温材料推荐供应厂"，同时获取了一大批忠实的、长期的战略合作伙伴。正是由于你们不离不弃的信赖与支持，才使得我们神龙保温得以成长、壮大，谢谢你们！

　　成绩只属于过去，2012年，是我们神龙人承前启后，向新的目标迈进之年。下一步，我公司预备升级为防腐保温专业承包壹级资质，将神龙升级为中国神龙，然后预备上市。

　　我们神龙人将继续本着：诚信为本、用户至上的美好愿景；以诚信为人、踏实做事、广交朋友、共创双赢为信仰，把湖北神龙保温材料有限公司带上新的台阶，决不辜负各位领导、嘉宾的关怀和厚望！

　　最后，我代表神龙保温再次向广电一局表示感谢，并祝大家都迅猛发展，再创辉煌。谢谢大家！

2012年1月

×经理在答谢午宴上的答谢词

尊敬的朱主席、各位领导、各位嘉宾、朋友们：

非常感谢各位在百忙之中抽出时间专程前来参加海门商业步行街的奠基仪式，使整个庆典活动倍显珍贵、隆重而热烈；使我上海新航星集团，倍感荣幸、备受鼓舞；也使我们深感肩负的责任重大；领导们的讲话和教诲，我已铭记在心，朋友们的希望和期待，我已映入脑海；我愿竭尽全力，在海门市委、市政府的坚强领导下，在董事会的指导下，项目开发指挥部的全体同仁，一定更努力、更坚定、更创新、更出色地去工作、去学习，不辱使命，不负众望。

各位领导、各位嘉宾，近几年来，步行商业街区的理论和实践，无论在内涵还是外延上，都有很大的充实和拓展。海门商业步行街应是城市功能和城市概念的高度集中，应是开放式与围合式和功能岛相结合的步行街坊，并有系统完整和高效的车流、人流，动线和静线的合理组织，且有着强大的招商系统和物业管理能力。但要真正做到尽善尽美，尚有很多工作要做，有很多困难和瓶颈需要突破。

正因为如此，我们还有更多的内容需要获得咨询的建议、顾问的意见；有更多的事务需要得到领导的支持、朋友的帮助；有更多未知的理论和规律需要去探究……

各位领导、各位嘉宾，今天的答谢是远远不足以表达我们从你们那里已经获得的支持、力量和真诚的帮助，更不足以表达我们即将和今后要获得的进一步的力量、支持和帮助。这就是说，我们对大家的感谢是长期和永恒的。

最后，祝大家身体健康、新年快乐、万事如意。

再一次谢谢大家。

2003 年 12 月 18 日

任务三　祝　词

××大学建校 60 周年。××大学是广东省第一家综合性、股份制私立大学，也是全国唯一冠以"私立"之名的民办大学。创立六十年来，在社会各界的积极支持下，××大学的开创者白手起家，艰苦办学，历尽坎坷，走过了一段不平凡的兴学办校之路。请你以该大学的合作伙伴的名义写一篇 60 周年庆会上宣读的祝词。

 必备知识

一、概念

祝词也叫祝辞,是对有关重大节日、重要会议、重大工程开工典礼、重大活动等表示祝愿的专用书信。祝词可以起到鼓舞人心、凝聚力量、催人奋进的作用。

根据不同的祝颂对象,祝词大体上分为以下三种:

1. 事业祝词

这是常用的一种祝词,多用于祝贺会议开幕、工程开工、新年伊始,以及某社团、机构、报刊创办或节日、纪念日等。

2. 生活祝词

有寿诞祝词、婚庆祝词、生日祝词、行程祝词等。

3. 祝酒词

在宴会、酒会上,主人向宾客所致的祝词,称为祝酒词。酒,并不是祝的对象,而是一种媒介。严格地说,这个分类不是很科学,与前面两种有交叉,但因其在特殊场合应用广泛,仍将其作为一类。

二、结构和内容

祝词一般由标题、称谓、正文、落款组成。

1. 标题

通常有两种写法:一种是直接写上"祝辞"或"在×××上的祝词";另一种是由正副两个标题组成,正标题彰显主旨,副标题写明事由和文种,如"开创职业教育的新局面——在××代表大会上的祝词"。

2. 称谓

顶格写被祝贺人或单位的称呼,如"×××高等级公路建设指挥部"、"×××科研项目的全体成员"等。

3. 正文

正文内容要表达三层意思:

首先,简述致贺的事由,比如对方取得成就的社会背景、会议召开的历史条件等,然后用"向你们表示热烈的祝贺"过渡。

其次,概括说明对方所取得的成绩及其重要意义,然后说"我(代表××)向……表示热烈祝贺"引出正文。

再次写祝贺的话语,如"此致敬礼"、"祝大会圆满成功"、"祝《中国青年报》越办越好"等。

4. 落款

另起一行,在右下方写明祝贺者的名称和时间。

【例文】

习近平2017年新年贺词

新年前夕,国家主席习近平通过中国国际广播电台、中央人民广播电台、中央电视台、中国国际电视台(中国环球电视网)和互联网,发表了二〇一七年新年贺词。全文如下:

2016年即将过去,新年的钟声即将敲响。在这辞旧迎新的美好时刻,我向全国各族人民,向香港特别行政区同胞、澳门特别行政区同胞,向台湾同胞和海外侨胞,向世界各国各地区的朋友们,致以新年的祝福!

2016年,对中国人民来说,是非凡的一年,也是难忘的一年,"十三五"实现了开门红。我们积极践行新发展理念,加快全面建成小康社会进程,推动我国经济增长继续走在世界前列。我们积极推进全面深化改革,供给侧结构性改革迈出重要步伐,国防和军队改革取得重大突破,各领域具有四梁八柱性质的改革主体框架已经基本确立。我们积极推进全面依法治国,深化司法体制改革,全力促进司法公正、维护社会公平正义。我们积极推进全面从严治党,坚定不移"打虎拍蝇",继续纯净政治生态,党风、政风、社会风气继续好转。

2016年,"中国天眼"落成启用,"悟空"号已在轨运行一年,"墨子号"飞向太空,神舟十一号和天宫二号遨游星汉,中国奥运健儿勇创佳绩,中国女排时隔12年再次登上奥运会最高领奖台……还有,通过改革,农村转移人口市民化更便利了,许多贫困地区孩子们上学条件改善了,老百姓异地办理身份证不用来回奔波了,一些长期无户口的人可以登记户口了,很多群众有了自己的家庭医生,每条河流要有"河长"了……这一切,让我们感到欣慰。

2016年,在美丽的西子湖畔,我们举办了二十国集团领导人第十一次峰会,向世界贡献了中国智慧、中国方案,也向世界展示了美轮美奂的中国印象、中国风采。"一带一路"建设快速推进,亚洲基础设施投资银行正式开张。我们坚持和平发展,坚决捍卫领土主权和海洋权益。谁要在这个问题上做文章,中国人民决不答应!

这一年,多地发生的自然灾害和安全事故,给人民生命财产和生产生活造成严重损失,我们深感痛惜。中国维和部队的几名同志壮烈牺牲,为世界和平献出了宝贵生命,我们怀念他们,要把他们的亲人照顾好。

2016年,我们隆重庆祝了中国共产党成立95周年、纪念了中国工农红军长征胜利80周年,我们要牢记为中国人民和中华民族作出贡献的前辈们,不忘初心、继续前进。

"新故相推,日生不滞。"即将到来的2017年,中国共产党将召开第十九次全国代表大会,全面建成小康社会、全面深化改革、全面依法治国、全面从严治党要继续发力。天上不会掉馅饼,努力奋斗才能梦想成真。

小康路上一个都不能掉队!一年来,又有1000多万贫困人口实现了脱贫,奋战在脱贫攻坚一线的同志们辛苦了,我向同志们致敬。新年之际,我最牵挂的还是困难群众,他们吃得怎么样、住得怎么样,能不能过好新年、过好春节。我也了解,部分群众在就业、子女教育、就医、住房等方面还面临一些困难,不断解决好这些问题是党和政府义不容辞的责任。全党全社会要继续关心和帮助贫困人口和有困难的群众,让改革发展成果惠及更多群众,让人民生活更加幸福美满。

上下同欲者胜。只要我们13亿多人民和衷共济,只要我们党永远同人民站在一起,大家撸起袖子加油干,我们就一定能够走好我们这一代人的长征路。

中国人历来主张"世界大同,天下一家"。中国人民不仅希望自己过得好,也希望各国人民过得好。当前,战乱和贫困依然困扰着部分国家和地区,疾病和灾害也时时侵袭着众多的人们。我真诚希望,国际社会携起手来,秉持人类命运共同体的理念,把我们这个星球建设得更加和平、更加繁荣。

让我们满怀信心和期待,一起迎接新年的钟声!

谢谢大家!

任务四　感谢信　慰问信

任务引入

对于自己心仪的公司,不仅要在面试的时候积极表现,在面试之后,写一封感谢信也是必要的,那么如何写好一封感谢信呢?

必备知识

一、概念

感谢信是单位或个人向帮助、关心、支持过自己的单位或个人表达感谢之情的信函。感谢信既有感谢之意,又有表扬的作用。感谢信可寄送报社、电台、电视台刊登、广播;也可直接寄送往单位、个人或在其单位公开张贴,以表达真诚的谢意。

二、结构和内容

感谢信一般由标题、称谓、正文、落款组成。

1. 标题

可只写"感谢信"三字;也可加上感谢对象,如"致张子鸣同学的感谢信"、"致平安物业公司的感谢信";还可再加上感谢者,如"赵明康全家致××社区居委会的感谢信"。

2. 称谓

写感谢对象的单位名称或个人姓名,如"××交警大队"、"刘自立同志"。

顶格书写感谢对象的名称,或单位名称,或个人姓名,个人姓名后应加上"同志"、"先生"或职务等。称谓后加冒号。

3. 正文

感谢信的正文主要写以下几个方面的内容:

(1) 感谢的原因。简述事迹,说明效果。在交代清楚人物、事件、时间、地点、原因和结果后,应扼要叙述在关键时刻由于对方的帮助所产生的客观影响和社会效果。

(2) 颂扬品德,表示决心。在表达感激之情时,要赞扬对方所表现出的品德、精神。今后如何利用实际行动向对方学习。

(3) 结尾用敬祝语写一些表示感谢的话,一般写"此致——敬礼",有时也写"致以——最诚挚的谢意"。

4. 落款

署名及日期在右下方,如信函格式。

三、注意事项

1. 感情真挚

感谢信要饱含真诚谢意。叙述要感情充沛,讲究文辞,避免平铺直叙。

2. 格式规范

感谢信的格式是书信的格式,要符合一般书信的要求。

【例文】

尊敬的王先生:

您好!

我是来自苏州大学的严小华,是今天参加面试的第三个学生。非常感谢贵公司能够给予我这次宝贵的面试机会,能够和您交谈我感到非常的荣幸和开心。

通过此次面试,我从您那里学到了很多有用的知识,收获了不少有益的建议……

我非常期望自己能够得到进一步面试的机会,因为我确信 JP Morgan 是我梦寐以求的公司,同时销售一职也是我梦想中的岗位。我相信我已经为下次面试做好了充分的准备。再次感谢您在此次面试中颇具价值的经验分享。

期待能够早日与您再次相见。

严小华
2014 年 5 月 6 日

感谢信

尊敬的各友好单位:

×年 11 月 10 日,广西水利电力职业技术学院迎来了建校五十华诞。贵单位领导亲自参加了我院的庆典活动,带来了对我院的美好祝愿和深厚情意,为我院的庆典活动增添了光彩。贵单位慷慨解囊,捐资助校,给予我们最大的关怀与支持,庆典活动因此取得了圆满成功。对此,我们向贵单位致以崇高的敬意和衷心的感谢!

五十年风雨兼程,自强不息;五十年求实创新,悉育桃李。我们始终高扬发展大旗,顽强拼搏,以实力成就荣耀,用创新收获硕果。学院×年跨入高等学校行列,×年顺利通过教育部高职高专人才培养水平评估,并荣获优秀等级。学院还先后获得全国大学生社会实践活动先进单位、"十五期间广西高校教学工作先进单位"、"全区职业教育先进单位"等二十项荣誉称号。建校以来为国家输送了35000多名中、高级技术人才,他们中的大多数已成为广西水利、电力及相关行业的中坚力量,为广西经济建设和社会发展作出了重大贡献。

广西水利电力职业技术学院五十年来的辉煌与成就,凝聚着几代广西水电人的智慧和汗水,记载着无数创业者的艰辛历程,更饱含着贵单位的关心和支持。

五十年校庆是一场庆典,是一次总结,是学院发展史上的里程碑,更是一个满怀豪情的新起点。为此,我们将竭尽全力,继续发扬"团结拼搏、奋勇争先,不达目的誓不罢休"的精神,努力实践"三个代表"重要思想,贯彻落实科学发展观,与时俱进,开拓创新,在新的征程中取得更加辉煌的成就,为广西经济建设和社会发展作出更大贡献。

我们恳请贵单位今后一如既往地支持我院的工作,给我们提宝贵意见和建议,以便我们取得更大进步!由于参加校庆活动的来宾和校友很多,我们在接待和服务工作过程中的不足和疏漏之处,敬请谅解!最后,再次感谢贵单位对我院的关心与支持!祝贵单位事业飞黄腾达!

广西水利电力职业技术学院全体师生
××年××月××日

慰问信

一、概念

慰问信是单位或个人表示关怀、慰问的一种专用信函,是各个单位或个人广泛运用的应用文体。

慰问信广为人们所用,但主要有以下三种类别:

1. 表彰慰问

主要针对那些承担艰巨任务、做出了巨大贡献甚至牺牲生命的先进集体或个人。如慰问在抗洪救灾中保卫人民财产安全的人民解放军、公安干警,表彰其英勇行为和先进事迹。

2. 受灾慰问

慰问由于某种原因或突发事件(自然灾害、事故伤亡)而遭受重大损失的人民群众,对其表示同情和安抚,并鼓励他们战胜困难,重建家园。

3. 节日慰问

这是组织公关文书最常用的。春节向有功之臣,如老红军、离休老干部给予节日慰问;教师节向教育工作者表示节日问候和祝贺。

二、结构和内容

感谢信一般由标题、称谓、正文、落款组成。

1. 标题

慰问信的标题，书写在正文的上方第一行居中位置。常见的标题形式有：一是只写"慰问信"；二是写出慰问的对象，如"致中国国际救援队的慰问信"；三是写出慰问者、慰问对象，如"×××致×××的慰问信"。

2. 称谓

顶格写慰问对象的单位或个人名称。根据具体情况可在前面加敬语，如"尊敬的"。

3. 正文

另起一行空两格写慰问的主要内容。

(1) 写明慰问的背景和原因，以提起下文。

(2) 主体内容。慰问什么，为什么慰问。

(3) 结语。表示祝愿、慰问、希望、鼓励等。

(4) 结语。写祝颂语，如感谢信。

4. 落款

署名及日期在右下方，如信函格式。

三、注意事项

1. 对象要明确

根据不同的对象确定慰问内容和重点。

2. 感情要真挚

单位、组织应以高度的热情，赞颂或慰勉对方，使其受到鼓舞。

3. 语言要亲切

慰问信的主旨是向对方表示慰问，语言要简练、朴实、亲切、诚恳。可适当运用抒情的表达方式，要忌公式化、概念化的词语，也不宜套用刻板的公文语言。

【例文】

中共中央宣传部向地震灾区致慰问信

青海省委宣传部：

　　青海省玉树藏族自治州玉树县发生7.1级强烈地震，给当地人民群众生命财产造成严重损失，对此我们深感悲痛。请转达中宣传部全体干部职工对地震中遇难的同胞的深切哀悼，对地震灾区干部群众的诚挚慰问。

　　面对这场突如其来的灾难，你们带领全省宣传思想战线的同志按照党中央、国务院的统一部署，立即启动新闻报道应急机制，组织新闻媒体赶赴灾区，及时发布有关震情、灾情信息，及时报道党中央、国务院的救援措施，及时反映省委省政府带领广大党员干部群众迎难而上、顽强拼搏，全力投入抗灾自救的行动，充分发挥宣传思想工作团结动员、凝聚力量的作用，为抗震救灾提供强有力的思想保证和舆论支持。谨向青海省宣传思想战线的全体同志表示崇高敬意！

　　地震灾区人民的安危冷暖，全国宣传思想文化战线的同志们感同身受。中宣部紧急拨款300万元,用于支援你们的抗震救灾宣传工作。

我们坚信,有党中央、国务院的坚强领导,有人民解放军、武警官兵、公安干警和各地各部门的共同努力,有全国各族人民的大力援助,经过青海省各级党委政府带领各族人民的顽强拼搏,玉树地震灾区的人民一定会战胜这次地震带来的困难,重建美好家园!

中共中央宣传部
2010年4月16日

致全县大学生村官的慰问信

全县大学生村官朋友们:

春回大地,万象更新。值此岁序更迭、新春来临之际,中共苍溪县委组织部、县人力资源和社会保障局谨向辛勤工作、无私奉献在基层一线的你们致以诚挚的问候!并向支持你们到村任职的家人表示衷心的祝愿和节日的祝福!

回首2012年,你们齐心协力,锐意进取,把自己的青春和梦想、积极和热情挥洒在苍溪这片广阔的田野,成就着新农村的每一滴改变,推动着农业的每一步发展,帮助农民收获着每一份喜悦,这是你们成绩显著的一年。在县、乡、村三级党组织的关心和支持下,你们努力发挥大学生思维活跃、视野开阔、渠道广阔、富有创造的特点,克服重重困难,深入农村,联系群众,开展调研,扎实工作,用自己所学的知识服务农村,由当初的"学生娃"变成了地道的"农村干部",成为农民的"贴心人",赢得了当地干部群众的信任,彰显了当代大学生志存高远、服务农民、奉献社会的精神风貌,殷实了你们的人生"日记"。

新的一年孕育着新的希望,2013年对你们充满了机遇和挑战。我县农民生活还算不上富裕,农村面貌还需进一步改善,农业新科技、新知识还有待大力推广和实践。希望你们在乡镇党委和政府的领导下,与时俱进、再接再厉、勤奋工作、刻苦磨炼,继续发挥吃苦奉献的精神,以扎根基层、服务农村为目标,积极拓展农村经济、不断创新农户增收的新思路和新举措,尽自己所能为苍溪新农村建设做出新的贡献。

水激石则鸣,人激志则宏。我们有理由相信,在各级党组织的关怀和支持下,你们一定能够凭借自己年轻的热情和豪迈克服前进道路上的各种困难,在苍溪这片热土上播撒希望,在大学生"村官"这个舞台上展翅飞翔,在新农村建设中高歌猛进、大有作为!

最后,衷心祝愿各位新春快乐,工作进步,阖家幸福!

中共苍溪县委组织部
苍溪县人力资源和社会保障局
2013年1月8日

写作实训

1. 请拟写一封感谢信,感谢你的老师。

2. 请你给环卫工人写一封慰问信。

3. 请四位同学一组,以元旦晚会为内容,制作不同形式的请柬并撰写具体内容,然后评比,看看哪一组制作、撰写得好。

项目七 会务管理

任务一 会议通知

 **任务引入**

一年一度的教师节即将来临,经学校研究,定于2016年9月10日(周三)15:00,在图书馆报告厅召开"××大学2016年教师节表彰大会",隆重庆祝教师节、表彰获奖教师。出席会议的人员有:全体校领导、获奖教师代表,学院(系)、机关与直属单位主要负责人,师生代表及退休人员代表。

请以校党委办公室、校长办公室的名义向全校发出会议通知。

 **必备知识**

一、概念

会议通知是上级对下级、组织对成员或平行单位之间召开会议时使用的应用文,是企事业单位、社会团体、群众团体在日常会议管理中常用的文体。

会议通知是通知的一种,与行政公文中格式严格规范的其他类型通知相比,日常会议通知的格式可根据实际情况加以简化。日常会务管理中使用的会议通知,其制发作者不是党政机关,且通知对象是需要周知会议内容的相关企事业单位、社会团体、群众团体,或是单位、公司的内部人员,因此,可视情况省略公文通知中版头和版记部分。

二、结构与内容

会议通知一般由四个部分构成:标题、主送机关、正文、落款。

1. 标题

会议通知的标题写法与公文标题的写法一样,可以有三种形式:

(1)三要素俱全

与公文文种标题的格式相同,由发文单位名称、事由和文种三部分组成。如"××职业技术学院关于召开教师节表彰大会的通知"

(2)由事由和文种构成

通知对象为单位、公司内部人员时,常常省略发文单位名称,如"关于召开年度总结大会的通知",或只写"会议通知"。

（3）只写文种

当与会人员相对集中，会议内容比较简短的时候，也可以只写"通知"。

一般情况下，会议通知的事由部分都应准确写出会议的全称。会议内容如果十分重要或非常紧急，可在文种前加上"重要"、"紧急"等词语。

2. 主送机关

会议通知应写明主送单位名称，以指定参与会议的执行和应当知晓的受文单位。

3. 正文

正文一般由会议的缘由和目的、会议事项、执行要求三部分构成。

会议通知的缘由和目的是通知正文的导语，要交代清楚为什么制发该通知，一般写得简洁明了。过渡语往往用"现通知如下"、"现将有关事项通知如下"等。

会议事项部分要交代清楚：开会日期及时间、开会地点、会议类别、会议议题、会议议程、与会人员、与会者应备资料、召集部门、食宿安排、会务费金额、联系人、联系电话等信息。

通知的结尾可用习惯用语"特此通知"。如前言和主体间使用了过渡语"现通知如下"等，收尾处一般不再用习惯用语，可以自然收尾，事项写完就结束，也可用简要的文字如"请结合本单位实际情况认真贯彻执行"等，再次明确主题或作必要的说明，以引起受文单位的重视。

4. 落款

在正文右下方写明发文单位名称，如标题中已标明发文单位，落款时可以省略，直接写成文日期。

【例文】

关于举办 2016 世界机器人大会的通知

各有关单位：

为打造全球机器人技术产业交流合作平台，在成功举办 2015 世界机器人大会的基础上，2016 世界机器人大会（以下简称"大会"）将于 2016 年 10 月在××市亦创国际会展中心举办。为了做好大会筹备和举办工作，现将有关事项通知如下：

一、大会概况

（一）名称："2016 世界机器人大会"（World Robot Conference 2016；英文简写 WRC2016）

（二）时间：2016 年 10 月 21—25 日

（三）地点：××市亦创国际会展中心（××市经济技术开发区××街××号）

（四）主办单位：××市人民政府、××部、××技术协会

（五）承办单位：××市学会、××市委员会、××市经济技术开发区管委会

二、活动安排

大会由 2016 世界机器人论坛、2016 世界机器人博览会、2016 世界机器人大赛三大板

块组成。

（一）2016世界机器人论坛（World Robot Forum 2016，简称"论坛"）

论坛于2016年10月21—23日在××市亦创国际会展中心举行，由开幕式、主论坛、半天闭幕式、多个专题论坛组成。开幕式安排在21日上午举行，将邀请全球机器人领域著名专家和企业家、国际组织领导、国内有关部委领导等出席，规模1200人。开幕式后举行主旨报告会，拟邀请中、德、美、韩、日等国家知名专家、企业家围绕机器人产业战略与趋势、动态与前沿、技术与发展、产业与应用方面作主旨报告。23日将按不同主题组织专题论坛活动，专题论坛将委托有关全国学会、机器人相关企业承办。25日举行大会闭幕式。

（二）2016世界机器人大会博览会（World Robot Exhibition 2016，简称"博览会"）

博览会于2016年10月21—25日在××市亦创国际会展中心举行，总展览面积40000平方米。博览会拟邀请德国、美国、韩国、日本、法国、加拿大、以色列等国家的200余家全球机器人领域著名科研机构、高校、企业，集中展示世界机器人领域的最新科研成果、应用产品与解决方案，并安排相关博览会主题活动。本次博览会面向社会公众开放。

（三）2016世界机器人大赛（World Robot Contest 2016，简称"大赛"）

大赛于2016年10月21—24日在××市亦创国际会展中心举行，包括无人驾驶挑战赛、机器人明星挑战赛、国际水中机器人大赛和RoboCup挑战赛等，拟邀请来自全球10余个国家和地区的150支代表队参赛，总规模约1500人。

三、参会要求

请各全国学会、协会、研究会和各省、自治区、直辖市、副省级城市科协，新疆生产建设兵团科协等采取多种形式，向有关高校、科研院所、企业发放大会通知，组织机器人领域科技工作者及科研院所、企业报名参会参展。

大会采取申报和邀请相结合的方式确定参会人员和单位。可通过大会官方网站了解大会信息，报名参会参展。

四、联系方式

（一）大会网址：http://www.××.com
　　　　　　　　http://www.世界机器人大会.com

（二）各有关联系人

联系人：×××　　　　联系电话：××××　　　　QQ号：×××

××办公厅
2016年×月××日

关于召开××公司2014年夏季经销商动员会议的通知

各位经销商朋友：

大家好！

接总公司通知，现定于2014年3月16日在南京召开2014年度××公司江苏区域夏季经销商动员大会，具体通知如下：

一、会议时间:2014年3月16日。

二、参会对象:江苏地区各分公司所属××、××、××羽绒服经销商。

三、会议地点:南京市中山东路××号××大酒店。

四、具体会议议程:

1. 16日上午11:00之前:会议签到(地点:××大酒店一楼大厅)
2. 11:30—12:30,工作餐(地点:××大酒店西二楼中餐厅)
3. 13:00—15:30,动员大会(地点:××四楼会议室)
4. 15:30—15:45,中场休息
5. 15:45—18:00,培训(地点:××四楼会议室)
6. 18:30—20:30,晚宴(地点:××四楼会议室)

五、注意事项:

1. 此次大会是2014年度夏季销售动员大会,总公司领导将莅临现场,会议中将涉及夏季销售的一些具体政策通知,非常重要,所以务必请通知到的经销商全部准时参加大会,不得缺席和迟到。

2. 由于此次会议为全省会议,参会人数比较多,所以原则上每户经销商只有一个参会名额,具体参会人的姓名请在回执中确认,多余的人员公司将不安排就餐及会议座位。

3. 会议期间的住宿由客户自理,餐饮由分公司统一安排,如有客户需直接入住酒店而需分公司代为订房的,请在下面的回执中予以确认,房费折扣价268元/标间由客户自费。

4. 会议及就餐时请各位经销商严格按照席卡所标示姓名对号入座,并请按照上述的议程时间提前到场。

5. 会议期间务必请每位经销商积极配合公司的各项安排,做到行动井然有序,不迟到不早退,并认真听取会议报道,做好会议记录。

以上通知请务必在2014年3月11日下午18:00以前签字回执。

××有限公司
2014年2月10日

参会人签字_____是否需预订酒店住宿。

写作实训

1. ××市写作协会决定于2016年11月18日至21日在市友谊宾馆召开一年一度的年会,10月20日发出会议通知。会议的内容是:(1) 研究和决定协会明年的工作安排问题;(2) 交流论文。会期为4天,报到和开会地点为××市友谊宾馆。要求:每位会员于会前一个月交来相关学术论文一篇,会务费自理。请根据以上内容,撰写会议通知。

2. ××大学围绕"青春九十年,报国永争先"的主题,沿着"向实践学习、向人民群众学习"的路径,通过社会观察和实践体验,广泛开展了党史宣讲、政策宣讲、国情考察、教育帮扶、科技支农、文化惠民、医疗卫生服务等暑期社会实践活动,取得了较好的成效。为充分总结经验、宣传典型、表彰先进,学校决定召开2016年大学生暑期社会实践总结评比会议。会议时间定于10月26日(周五)下午1:30,地点:本部报告厅。参会对象:校暑期社会实践领导小组成员,各学院(部)党委副书记,团委负责人、学生代表。要求:各学院(部)团委负责人结合PPT展示进行汇报,内容主要包括组织情况、实践内容、活动成效、媒体报道、活动特色等,每个学院(部)不超过8分钟。

请根据材料撰写一篇会议通知。

任务二　开幕词

××市第一建筑集团有限公司,始建于1952年,系房屋建筑施工总承包特级及建筑设计甲级资质企业。2003年经过改制,目前已成为一家有限责任公司,公司注册资本达30280万元,主要从事各类房屋建筑和市政工程、机电安装工程总承包施工,公司拥有土建、市政、设备安装、消防、设备租赁等10多个专业分公司,控股房地产企业及装饰、建筑设计、钢构、建筑技术检测等多家子公司,参股创业投资基金,两项创业板块上市计划通过国家证监委受理,形成了开发、设计、科研、施工、安装、装潢、租赁、材供和物业管理等技术和装备齐全的集团型企业。拥有高中级人才200多人,高级工程师近50人,其中研究员级高工3人。

该公司于2014年2月10日召开第十届职工代表大会第一次会议,动员广大干部职工群策群力,商讨新一年全公司各项工作。××公司职工代表大会由公司工会副主席致开幕词。

请同学们搜集职工代表大会的有关资料,拟写该公司职工代表大会开幕词。

一、概念

开幕词是党政机关、社会团体、企事业单位的重要领导人或会议主持人,在会议开幕时的致辞,旨在阐明会议的指导思想、交代会议议程、阐述会议宗旨和重要意义,向与会者提出会议的中心任务和要求。

开幕词要简洁明了、短小精悍,最忌长篇累牍、言不及义,多使用祈使句,表示祝贺和希望;开幕词的语言应通俗、明快、上口。

二、结构和内容

开幕词通常由标题、时间称谓及正文三部分组成。

1. 标题

通常有三种写法：

(1) 会议名称和文种构成。其形式是《××会议开幕词》，也有的只写文种《开幕词》。

(2) 由致词人姓名、会议名称和文种构成。其形式是《×××同志在××××会议上的开幕词》。

(3) 复式标题。主标题揭示会议的宗旨、中心内容，副标题与前两种标题的构成形式相同，如《我们的文学应该站在世界的前列——中国作家协会第四次会员代表大会开幕词》

2. 时间、称谓

标题之下，居中用括号注明会议开幕的年、月、日。

称谓一般写在标题下行顶格，根据会议的性质及与会者的身份确定称谓，通常用"同志们"、"朋友们"、"各位代表"、"各位来宾"、"女士们、先生们"等。

3. 正文

一般包括开头、主体和结尾三个部分。

(1) 开头

一般开门见山地宣布会议开幕。也可以对会议的规模及会议的筹备和出席会议人员情况等作简要介绍，并对会议的召开表示祝贺，对与会人员表示感谢。如："××座谈会，经过两个多月时间的积极筹备，现在正式开幕了"。

(2) 主体部分

一般包括以下内容：会议召开的背景和意义，会议的性质、目的及主要任务，会议的主要议程及要求，会议的奋斗目标，等等。

写作中一定要把握会议的性质，郑重阐述会议的特点、意义、要求和希望，对于会议本身的情况如议程等，要概括说明，点到为止。行文则要明快、流畅，评议要坚定有力，充满热情，富有感染力。

(3) 结尾

开幕词的结束语要简短、有力，要有号召性和鼓动性。写法上常以呼告语表述，并用"预祝大会圆满成功"等语作结。

三、注意事项

撰写好开幕词对于开好会议有着重要的指导作用，开幕词的撰写应注意以下几点：

1. 掌握大会的主导精神和各种情况

开幕词写作的好坏，关键在于作者对大会的主导精神和各种情况理解得如何。写作开幕词，必须认真学习与大会有关的文件材料，听取会议主持人的意见、指示，通晓大会的安排与打算。

2. 针对性要强

召开会议的目的、任务、开会的背景以及开会的方法都应有较强的针对性，写出本次会议的特点。

3. 文字简练，篇幅不长

开幕词只需对会议的有关内容进行提示，不必说得太细，不要旁征博引长篇发挥，特别是不要大段大段地重复与摘录"工作报告"的内容，使得开幕词的内容过于冗长。

4. 语言庄重热情

开幕词的语言应既体现庄重性，又富于热情和感情色彩，使与会者由此产生严肃认真、热情满怀的感受。

结合教学案例，在学生搜集职工代表大会有关资料的基础上，师生共同探讨开幕词的写作思路。

开幕词的标题写明会议名称和文种，即"××公司职工代表大会开幕词"。

标题之下，居中用括号注明会议开幕的时间："2014年2月10日"。

本次会议是职工代表大会，称谓另起一行顶格写"各位代表："。

正文开头首先宣布："在新年伊始之际，××公司第十届职工代表大会第一次会议隆重开幕"，接着代表大会主席团向出席大会的上级领导表示热烈的欢迎和衷心的感谢，向参加会议的全体代表及全公司各条战线广大职工群众致以亲切的问候！

正文部分先写会议召开的背景：回顾本公司在第九届职工代表大会以来获得的经济效益和社会效益，分析公司面临的形势和任务。接着明确本次职代会的重要任务，提出会议的主要议题和奋斗目标。

结尾一般用呼告语领起一段，并对与会代表提出希望，鼓舞士气。如"各位代表、同志们，希望与会的各位代表不负重托，以高度的政治责任感，充分行使民主权利，积极建言献策。我们相信在×党委的正确领导下，经过我们全体代表的共同努力，会议确定的目标一定能够实现，也一定能够把这次会议开成一个民主团结、求真务实、开拓奋进的大会。预祝大会圆满成功！"

【例文】 　　　　中国经济年度论坛暨××××年会开幕词
　　　　　　　　　　　　（××××年×月×日）
　　　　　　　　　　　　××××论坛主席××

尊敬的各位来宾，女士们，先生们：

晚上好！

今天晚上，我们在这个宁静而温馨的度假村举行这个盛大宴会，标志着2006'中国经济年度论坛暨××××年会开幕了！我代表主办单位，向来自美国、日本、韩国、法国、德国、泰国、新加坡、加拿大、印度、比利时、荷兰、澳大利亚、西班牙、摩洛哥，以及中国台湾、香港、澳门和中国大陆的300多位企业领袖、政府官员、专家学者及新闻记者表示亲切的问候！

5个月前，我以考察者的身份来到××，来到×××度假村。

记得那天傍晚下着大雨，在度假村高高的茶楼上，我与××市领导一起品茶，透过雨幕，远望群山，我想象着有一天来自世界各地的企业家齐聚在中国粤东地区这个略显偏僻的度假村，探讨中国与亚洲、中国与世界共同关注的话题，是一件非常惬意的事情。5个多月过去了，我当时想象的那番情景，今晚终于变成了现实。我的内心无比激动。我想，这是中国经济快速发展的魅力之所在,这是××这个××历史文化发祥地的魅力之所在。

如果说亚洲资本论坛在其中起了一定作用的话,那么首先应当归功于数百位企业家、专家学者和新闻记者的积极参与,归功于中共××市委、××市人民政府的大力支持。我要向远道而来的各位嘉宾,向中共××市委、××市人民政府,向××市××投资集团有限公司,向××度假村,以及向所有的协办单位表示衷心的感谢!

本届论坛与年会的主题是"中国与亚洲:知识致富与知识产权致富"。这是一个极富挑战性的话题。我相信,通过明天一天紧张的交流与探讨,一定会获得突破性的认识。这将是本届论坛与年会对中国经济与亚洲经济的共同发展作出的一个贡献。与此同时,明天我们还将聆听到权威专家的有关中国投资、中国环境与中国房地产的三个年度报告。这也是本届论坛与年会献给每位嘉宾的一场智慧与思想的盛宴。××的历史、××的历史乃至中国的历史,将会铭记这次盛会。

最后,我预祝本次论坛与年会圆满成功!

祝各位嘉宾在揭阳、在××、在××度假村过得愉快!

谢谢大家!

学生代表大会开幕词

各位领导,各位来宾,各位代表:

××大学第十六次学生代表大会,今天隆重开幕了!

这次大会从筹备到召开,始终是在校党委和市领导的正确领导和亲切关怀下,在校团委的悉心帮助和指导下进行的。今天莅临大会的有校党政领导,有关兄弟院校的来宾及各院系,校各职能部门的领导,让我们以热烈的掌声向各位领导、各位来宾表示热烈的欢迎和衷心的感谢!

这次大会是在十八大的胜利召开,为全国人民指明前进的方向的新形势下,同时也是在我校各项事业突飞猛进的喜人形势下召开的,是新世纪新形势下我校青年学生振奋精神、开拓进取的一次盛会。

它的召开对于进一步贯彻落实十八大精神,加强学生会的自身建设,提高各级学生组织的凝聚力和战斗力,充分发挥学生会在我校各项事业中的生力军作用,激发广大青年学生刻苦学习、奋发进取,都具有重大而深远的意义。参加这次学代会的代表有287人,他们都是根据学生代表大会的有关规定,民主选举产生的。我们希望各位代表珍惜自己的权利,以饱满的政治热情和严肃认真的态度开好这次大会。

这次大会是一次承前启后、继往开来的大会,大会的主题是"高举旗帜,继往开来,努力建设有××大学特色的校园文化。锐意进取,与时俱进,真正维护广大同学的最根本利益"。会议肩负着总结过去一年来我校学生会工作的经验,确定未来几年我校学生会工作的主要任务,选举产生新一届学生会主席团的重要使命。

回首过去的工作,学生会积极响应党的号召,尝试学生会组织开展思想政治工作的有效途径和方式,围绕广大同学成长过程中的需求,自觉开展素质教育工作,自觉开展丰富高雅的文化艺术活动,自觉服务和服从学校工作大局,充分发挥学生会的多项职能,为学校的发展和建设付出了辛勤的汗水,也取得了令人瞩目的成绩。

面对日新月异的世界,中华民族已经站在了新的起点,以崭新的面貌迎接历史的机遇与挑战。我们的学生会也面对着充满希望和挑战的未来。

各位代表,第十六次学代会的召开,是我校青年学生政治生活中的一件大事,是齐心协力开创我校学生工作新局面的一次动员会。我们坚信,在校党委的正确领导和亲切关怀下,在校团委的悉心帮助和指导下,在有关部门的大力支持下,经过全体与会代表的共同努力,我们一定能完成大会的各项任务,把这次大会开成一次民主、团结、振奋、进取的大会,开成一次团结带领全校青年学生满怀信心在新世纪里奋勇前进的大会!

最后,祝大会圆满成功!

谢谢大家。

学生会主席:×××
××××年×月×日

1. ××市孙子兵法国际研讨会于 2014 年 9 月 15 开幕,会议为期两天。来自韩国、伊朗、泰国、新加坡、马来西亚、澳大利亚和中国香港、台湾、澳门以及北京、上海、山东、浙江、深圳、江苏等地的专家学者 130 多人出席此次活动。中国孙子兵法研究会高级顾问××将军、××将军、××大学孙子兵法研究中心主任××将军等出席会议,孙武子研究会会长××、××区人民政府副区长××到会祝贺并致辞。此次研讨会的主题是"孙子兵法与文化软实力"。与会的海内外专家学者围绕主题,就进一步弘扬中华优秀文化,挖掘孙子文化的时代内涵,提升文化软实力,进一步促进当地经济发展、促进××区发展孙子文化产业的思路与对策,畅所欲言,各抒己见。请查阅相关资料,以孙武子研究会会长的身份撰写一份开幕词。

2. 以本校一次学生代表大会为背景,了解学代会有关情况,写作学代会开幕词。

任务三　会议记录

××××电力科技工程有限公司是一家专门从事电力工程调试、运行和机组性能试验的股份制公司。公司技术力量雄厚,仪器设备先进,拥有多名多年从事调试和运行工作的资深专家。公司发展前景可观,现已和几家与东南亚签订了"EPC"合同的公司及国内电厂签订了 50 MW～600 MW 机组计 30 余台的调试及机组移交商业运行前的运行合同。

该公司拥有团结的领导核心、朝气蓬勃的管理团队、科学的管理机制。2013年11月7日下午,公司在三楼小会议室召开部门经理工作例会。生产技术部、商务部、财务部、行政部、人力资源部等各部门的负责人对十月份的工作进行了总结,并分别阐述了十一月份的工作计划和具体安排。

请同学们以学习小组为单位,查询电力科技工程公司的有关工作信息,分角色模拟电力科技工程有限公司部门经理工作例会,并做好会议记录工作。

必备知识

一、概念

会议记录是在会议过程中,由专门的记录人员把会议的组织情况和具体内容如实地记录下来而形成的文字材料。比较重要和正式的会议都需要做会议记录。

会议记录的"记",有详记与略记之别。详记要求记录的项目必须完备,记录的言论必须完整。略记是记会议大要、会议的重要或主要言论。会议记录可以有笔录、音录和影像录几种形式,不管是哪种记录手段,最终还是要将记录的内容还原成文字。

二、格式与写法

一般单位都使用有单位标记的具有一定格式的记录纸。会议记录主要分为两部分:一部分是会议组织情况,另一部分是会议内容。

1. 会议组织情况

(1) 标题。由会议名称(含届、次)加上"记录"构成。

(2) 会议的名称(含次数)。

(3) 召集部门。写清召集会议的单位或机构的名称。

(4) 开会日期和地点。开会时间要写清年、月、日,会议开始的具体时间。会议地点要写清召开会议的场所的名称。

(5) 出席、列席、缺席人员

出席人指按照规定必须参加的人。人数不多的会议,要把出席人的姓名全部写上,有些重要的人员要写上职务。

列席人指不属于本次会议的成员,但与会议有关的各方面人员,要写清单位名称和姓名。

缺席人。人少的会议要写清缺席人的姓名,人多的会议要记明人数。

(6) 主持人、记录人

主持人要写出姓名和职务。

写上记录者的姓名,以示对所作记录的内容负有责任。

上述这些内容,要在会议主持人宣布开会前写好。

2. 会议内容

会议上的报告、发言及决议事项都是会议记录的内容。记录时应写上发言人的姓名和发言内容。

会议记录内容应该突出的重点包括以下几方面：

(1) 会议中心议题以及围绕中心议题展开的有关活动；
(2) 会议讨论、争论的焦点及其各方的主要见解；
(3) 权威人士或代表人物的言论；
(4) 会议开始时的定调性言论和结束前的总结性言论；
(5) 会议已议决的或议而未决的事项；
(6) 对会议产生较大影响的其他言论或活动。

最后一般单独一行写"散会"，使记录有头有尾，结构完整。

现场记录下来的文字需要进行整理，之后应送发言人和会议主持人审阅。

三、注意事项

1. 真实准确

会议记录要真实准确地反映会议的全过程，从会议名称记起（要写全称），直至"散会"，主持人、记录人签名等，要项项落实。忠实记录会议上的发言和有关动态，不能有差错。特别是工作会议的决议，是开展和检查工作的依据，更需记录得准确、到位。

2. 翔实具体

凡是需要记录下来的会议内容、过程、有关的人和事、问题等，都要记全，如实反映。详细记下会议主持人、出席会议应到和实到人数，缺席、迟到或早退人数及其姓名、职务，记录者姓名。如果是群众性大会，只要记参加的对象和总人数，以及出席会议的较重要的领导成员即可。如果某些重要的会议，出席对象来自不同单位，应设置签名簿，请出席者签署姓名、单位、职务等。

3. 突出重点

会议记录要根据会议的具体内容，工作安排，突出重点地进行记录。

【例文】

××装备有限公司8月工作会议记录

会议时间：2012年8月×日 15:00
会议地点：××装备有限公司会议室
会议主题：8月份报表存在的问题总结
会议主持人：××总经理
会议出席人：公司各部门经理
会议主持人：公司副总经理××
会议记录人：技术部副主任××
主要内容：8月份生产报表存在的问题汇总
一、报产数量问题（责任部门生产部）
1. 精密钣金铝单板折弯件实际生产和收条目均为55件，在首次报表中完工数量为

234件（此数量为精密钣金应委数量），后与生产核实，实际生产数量为55件，但报表未进行更正，我部门通知生产对加改数量下发补充通知，报表二次更改后为57件，仍与实际数量不符，在我部门按照收条与生产再次核对后，生产将报表数量更正为55件。

2. 达视椅子底座收条为12件，报产数量为18件。

3. 人行红绿灯样板，通知号为120532和120532补2，第一次少报2个，第二次重报时多报一个。

4. 振邦车钩座实际完工数量和报表数量不一致。

5. 上海路加工件报产1600件，实际完成1555件。冠信座椅实际完成1列，报产报了19列车的数。

6. 上个月在制数量未完全报在次月期初完工数目上。

二、计量单位问题（责任部门技术部）

上海路门业收条与报表数量单位不符，收条数量为19件，报产数量为1套。

三、部门沟通问题（责任部门生产部与技术部）

1. 生产在对报表进行多次更改后，删除项目未及时通知经营，并且经营提出的报表错误，生产在给经营最终报表时未改正。例如：人行红绿灯样板。

2. 由于部分项目未写列数，因此我部门在填写价格时不知道应填合同价格还是估算价格。

四、图号及通知号错误问题（责任部门生产部与技术部）

1. 部分打砂件图号写成钢号，经多次改动，此问题仍存在。

2. 通知号和内容不符。

3. 内饰件380公里打砂件图号有的为焊接号，有的为组成号。

4. 初始报表香港地铁图号写成长客文档号。

主持人：　　　　（签名）

记录人：　　　　（签名）

××××电力科技工程有限公司
4月份月度工作例会记录

会议名称：4月份月度工作例会

时间：2014年4月×日下午2点

地点：公司第二会议室

出席人：公司各部门经理

缺席人：市场质保部×××经理（公出）

主持人：公司副总经理×××

记录人：财务部副经理×××

主持人发言：今天我们的工作例会主要是请各部门的负责人对四月份的工作进行总

结,并分别阐述五月份的工作计划和具体安排。公司总经理对各部门工作提出要求。

生产技术部×××经理:我们部门四月份工作重点是完成尼日利亚二期一项性能试验报告。五月份我们将配合商务部完成投标工作;配合缅甸六部EEE文件包编制;牵头组织FGUH以色列项目相关事务;参加三标一体外审工作整改项的完善;牵头组织相关培训工作;提供坦桑尼亚代理需要的支持性材料。

商务部×××经理:我们工程技术部四月份的工作主要是,南非扎瓦尔性能试验协议基本完成。五月份我们重点商谈缅甸四部索赔计划;送变电级丙级资质申请;阿联酋项目索赔资料整理;协助质保部完成调试资质的复审;以及新疆3×50MW燃煤机组投标事宜。

财务部×××经理发言:我部门四月份的主要工作是,上月报表编制、纳税申报,本月资金计划、薪酬发放等月度常规工作。

行政部×××经理发言:我部门四月份的主要工作是,继续完善公司对外网站(中英文)建设;项目部秋冬装定制;员工食宿、体检、工装领用等常规工作。

人力资源部×××经理发言:我部门四月份的主要工作是,调试、运维人员招聘、补充,拟招聘10—15人;开展校园招聘,招聘储备10—15人;进行现场调研,并将意见及时收集汇总;现场人员调配计划汇总、执行;五月份薪酬绩效制单、审核。

质保部×××经理发言:四月份我部门继续跟踪闭环外审提出的问题,督查相关部门进行关闭;开展2013年度管理评审;配合商务部做好调试资质复审工作,做好AA级信用评价资质交接工作,建立公司资质管理台账;做好安全制度的补充完善,牵头落实三级安全教育工作,确保员工的岗位安全培训到位。

总经理×××发言:四月份在各部门的努力下,我们公司取得了较好的业绩。在座的各位工作都非常辛苦。目前我公司有多个海外项目正在积极拓展中,我们要抓住这个契机,不断开拓创新、自我超越,并努力把公司发展成为具有国内一流水平的现代化电子科技工程企业。

主持人发言:今天的工作例会就到此结束。

散会。

主持人: (签名)
记录人: (签名)

写作实训

1. ××市开发区管委会于2014年3月12日上午9:00,在管委会会议室召开例行工作会议。主持人为管委会主任××,出席者有管委会副主任××、市建设委员会主任××、市工商局副局长××、市建委城建科科长××以及工商局有关工作人员,管委会全体干部列席会议,记录人为管委会办公室秘书××。会议主要讨论的议题是:(1) 如何整顿××开发区市场秩序;(2) 如何制止违章建筑,维护市容市貌。围绕议题,与会者都发表了自己的意见和看法,会议取得了预期的成效。请上网查阅相关资料,拟写一份会议记录。

2. 某公司4月份员工工资发放出现了漏发、错发情况,公司召集薪资部、税务部、报销系统财务部举行工作会议,查找错误原因。经核对发现是报销系统数据传输出错,导致员工工资计税金额出错。会上,报销系统部门表示将进行系统更新,避免人为错误,薪资部门负责员工沟通,税务部门对员工个税做合理调整。请根据材料查找相关材料,为此次部门会议撰写会议记录。

3. 召开一次班会,撰写一份班会课的会议记录。

任务四　会议纪要

任务引入

××学校党支部于2014年2月18日下午14:00,在行政楼会议室召开党建工作会议。会议主题:部署我办党支部下一步党建工作,参加人员有基建办所有党员。会议主要内容如下:

一是要高度重视机关党建工作。机关党建工作是党的基层组织建设的有机组成部分,抓好机关党建工作,发挥基层党组织战斗堡垒作用和共产党员先锋模范作用,对于全面提升安全施工监管水平、最大限度地保护国家财产和人民群众生命财产安全有着极其重要意义。支部成员要切实负起责任,认真研究筹划,大胆地开展工作,充分发挥支部的战斗堡垒作用。同时要起好模范带头作用,用自己的实际行动影响带动广大党员干部,激发他们爱岗敬业、忠于职守、依法行政的积极性和主动性,推动我办再上一个新台阶。

二是要抓好党员学习。组织党员干部认真学习党的基础知识和基本理论,学习《党章》、党的方针政策和法律法规;学习业务知识,要组织党员干部全面系统地学习十八大精神,学习党的最新理论成果,做好相应的学习笔记和心得。在抓好理论和业务学习的同时,还要发扬理论联系实际的良好学风,组织党员干部深入实际,深入基层、调查研究,了解企业和群众需求,把学习成果和工作时间紧密结合起来,不断提高大家分析处理问题的能力,提高党员干部队伍的整体素质。

三是要加强反腐倡廉教育。组织大家认真学习《中国共产党纪律处分条例》、《中国共产党党员权利保障条例》使全局党员干部真正做到清正廉洁、秉公执法、一尘不染。

四是要抓好业务工作。要把做好工程建设工作作为保障人民群众生命财产安全的重要政治任务,不断加强监管力度,深入进行安全隐患排查治理,以更加严密的管理、更加科学的方法、更加有力的措施,切实抓紧抓好,最大限度地减少安全生产事故的发生。

五是要充实完善规章制度。要在现有基础上不断充实完善机关党建、党风廉政建设的各项规章制度,经常与党员干部谈心谈话、交流思想,准确把握他们的思想脉搏、及时提醒和帮助他们解决思想和工作中存在的问题,真正做到用制度管人、管事,用制度约束规范党员干部行为,真正做到廉洁从政、服务人民。

请根据会议内容写作一份会议纪要。

必备知识

一、概念

会议纪要是一种记载、传达会议情况、议定事项的纪实性文体。它适用于党政机关、社会团体、企事业单位召开的工作会议、座谈会、研讨会等重要会议。

会议纪要通过记载会议基本情况、会议成果、会议议定事项,综合概括地反映会议精神,以便与会者统一认识,是会后全面如实地传达落实、开展工作的重要依据。同时,会议纪要可以多向行文,具有上报、下达以及与同级机关进行交流的作用。

二、结构与内容

会议纪要的结构一般包括首部、正文、尾部几部分。会议纪要不写主送机关,而是需要抄送给参加会议的机关和需要知道会议情况的机关。

1. 首部

这部分的主要项目是标题。有的会议纪要的首部还有成文时间等项目内容。

完整式的标题包括发文单位、会议名称、文种三个要素,一般可以省略介词"关于"二字,如《××公司经理办公会会议纪要》。

有的标题省略发文单位,由会议名称加文种构成,如《关于改革××局管理体制的会议纪要》。

成文时间即会议通过的时间或领导人签发的时间。一般在标题下居中位置用括号注明年、月、日,也有把成文时间写在尾部的署名下面。

2. 正文

会议纪要的正文包括前言、主体和结语三部分内容。

(1) 前言。前言部分概括介绍会议的基本情况,如会议的名称,会议召开的背景、依据和目的,会议召开的时间、地点,会议参加人员和规模,会议的主持人、出席人,会议的主要议程,研讨的主要问题和会议成果等等。

介绍会议情况要简明扼要,让阅读者对会议有个总体了解。用"现将会议情况纪要如下"、"现将会议主要精神纪要如下"或"现将会议议定事项纪要如下"等习惯用语领起下文。

(2) 主体。是会议纪要的核心内容,主要记载会议情况和会议成果。写作时要注意紧紧围绕中心议题,把会议的基本精神、特别是会议形成的决议、决定,准确、如实地表达清楚。对于会议上有争议的问题和不同意见,必须如实反映。

另外,在具体写法上,不同类型的会议纪要,写法也不一样:

决议式纪要,主要根据中心议题,着重把会议形成的决定、决议的具体内容一一表述清楚。

综合式纪要,围绕会议的中心议题,对会议内容进行综合分析,整理归纳出几个部分进行阐述，以准确反映会议的主要精神。

摘要式纪要，按照会议进行的程序，根据会议发言的顺序，将每个发言人的讲话要点分别予以综合、归纳，依次摘要写出其发言内容。

（3）结语。结尾一般写对与会者提出要求和希望，或发出号召，也可以自然结尾。

3. 尾部

写明发文单位和成文日期即可。若标题中已有发文单位，落款处可省略。成文日期有时也可以写在标题下一行居中。

三、注意事项

1. 纪实性

纪要必须如实反映会议基本情况和会议精神，注重客观准确，不能把没有经过会议讨论的内容写进会议纪要。

2. 提要性

纪要必须紧密结合会议主题，对会议内容和研究决定事项进行概括和提炼，反映会议的主要精神和重要结论。会议纪要不同于会议记录，会议记录是与会议同步进行，如实记录会议原貌，作为机关单位内部资料保存。会议纪要是会后整理，归纳出主要事项，体现会议的主题，在一定范围内公布传达。

3. 指导性

纪要一经成文下发，就起到沟通情况、统一认识和指导工作的作用，要求有关单位和人员遵照执行会议精神，具有指导意义和约束作用。

四、会议记录与会议纪要的区别

1. 性质不同

会议记录是讨论发言的实录，属日常事务文书；会议纪要只记要点，是法定行政公文。

2. 内容不同

会议记录是会议内容的原始记录，基本上要如实反映会议原貌；会议纪要以会议记录等会议资料为依据，是经过整理加工的会议内容的要点。

3. 写作要求不同

会议记录没有统一的格式，各单位一般都有固定的会议记录用纸，开头分项写出会议的基本情况，再按照会议的议程和发言人的顺序，记录会议的全部内容。

会议纪要应按照公务文书的规范格式，结构安排条理清楚，语言表达简洁明快。

4. 称谓用语不同

会议记录中，发言者怎么说的就怎么记，会议怎么定的就怎么写。

会议纪要通常采用第三人称的写法，以介绍和叙述情况为主。

5. 适用对象不同

作为历史资料的会议记录，不允许公开发布，只是有条件地供需要查阅者查阅利用。

作为公文的会议纪要，具有传达告知功能，因而有明确的读者对象和适用范围。

【例文】

会议纪要

〔2013〕第××号

2013年×月××日下午,园区工委副书记、管委会主任×××主持召开会议,讨论研究园区企业违章建筑处置事宜。会议纪要如下:

会议指出,随着园区发展进入新阶段,加强对全区各行业、各领域违章建筑的查处力度,建立健全高效处置违章建筑的日常工作机制,是持续提升园区城市环境面貌、营造良好安全生产环境的必然要求和重要举措。有关单位要高度重视、加强配合,根据新形势新要求,积极创新工作思路与方式,建立健全对违章建筑的日常巡查、及时发现、及早处置等长效机制,努力形成处置违章建筑的良好工作格局。

会议经过讨论,原则同意规划建设局提出的关于工业项目违法建设及违法使用的四种情况分类,并就有关工作提出如下意见:一要在消防部门出具消防处理意见的基础上,依法尽快出具规划、城管部门对违章建筑的告知书,增强工作合力;二要强化对企业的沟通和说服工作,按要求加快推进有关企业违章建筑整改,其中中新区企业由经发局、服务业发展局负责沟通,街道企业由各街道负责沟通,如需启动强拆,依法由规划建设局、城管局负责实施;三要认真做好处置违章建筑中可能出现的抗法维稳工作,请政法委牵头,确保处置工作顺利进行;四是各局及执法部门要高度重视并做好违章建筑处置过程中文档的备案、存档等工作,切实防止在今后相关法律纠纷中陷于被动,请办公室(法制办)具体指导;五要在整改当前一批违章宿舍楼的基础上,抓紧研究和解决各街道普遍存在的工业厂房改建员工宿舍楼问题;六要加强与土地储备中心的日常联络,争取符合"退二进三"地块尽快释放资源,纳入园区土地储备库。

会议建议由××、××牵头,把处置违章建筑作为一项长期性工作,定期召集城管、规划、安监、消防等部门举行例会,并形成制度。

附件:违章建筑处置意见一览表

参加本次会议的有工委××、××、××,经发局××、服务业发展局××、规划建设局××、××、城管局××、国土房产局××、环保局××、安监局××、科教创新区管委会××,园区消防大队××,一站式服务中心××,娄葑街道××、斜塘街道××、唯亭街道××、胜浦街道××等。

××工业园区工委、管委会办公室 整理
2013年8月××日

报:工委、管委会领导

发:各局办、各公司、各派驻机构、各直属单位、各街道

共印20份

写作实训

一、参考任务引入内容,上网查阅相关党支部会议材料,写作一篇会议纪要。

二、根据下面的会议记录,写一篇会议纪要。

××公司项目会议记录

会议时间:2014年9月×日

会议地点:公司会议室

会议出席人:公司各部门主任

会议主持人:××(公司副总经理)

会议记录人:××(办公室主任)

会议内容:

一、主持人讲话:今天主要讨论一下《××办公室》软件是否投入开发以及如何开展前期工作的问题。

二、发言:

技术部××主任:类似的办公软件已经有不少,如微软公司的WORD、金山公司的WPS系列,以及众多的财务、税务、管理方面的软件。我认为首要的问题是确定选题方向,如果没有特点,千万不能动手。

资料部××主任:应该看到的是,办公软件虽然很多,但从专业角度而言,大都不很规范。我指的是编辑方面的问题。如WORD中对于行政公文这一块就干脆忽略掉,而书信这一部分也大多是英文习惯,中国人使用起来很不方便。WPS是中国人开发的软件,在技术上很有特点,但中国应用文方面的编辑十分简陋,离专业水准很远。我认为我们定位在这一方面是很有市场的。

市场部××主任:这是在众多航空母舰中间寻求突破,我认为有成功的希望,关键的问题就是必须小巧,并且速度极快。因为我们建造的不是航空母舰,这就必须考虑到兼容问题。

三、各部门都同意立项,初步的技术方案将在十天内完成,资料部预计需要三个月完成资料编辑工作,系统集成约需要二十天,该软件预定于元旦投放市场。

散会。

主持人:(签名)
记录人:(签名)

任务五　闭幕词

××公司第十届职工代表大会第一次会议经过全体代表的共同努力,历时一天,圆满地完成了大会预定的各项任务。提交大会审议的报告有:党委副书记×××同志向大会报告 2013 年集体合同执行情况;行政部经理××同志向大会报告 2013 年企业业务招待费支出情况;财务部经理×××同志报告 2013 年×××资金使用情况;纪委书记×××同志报告厂务公开执行情况;党委组织部部长×××同志宣读民主评议领导干部方案。

大会认真审议提交本次会议的报告、方案,并表决通过了有关报告和方案。

大会还听取了企业副处级以上领导干部的述职报告,并进行民主评议。

会议始终充满了民主、团结的浓厚气氛,收到了预期的效果,取得了圆满的成功。

××公司第十届职工代表大会第一次会议由工会副主席×××致闭幕词。请同学们搜集有关材料,写作闭幕词。

一、概念

闭幕词是党政机关、社会团体、企事业单位的领导人在大型会议或活动闭幕时所作的总结性的讲话。闭幕词是大会的尾声,意味着会议即将结束。闭幕词应对会议进展情况、完成的议题、取得的成果、提出的会议精神及会议意义等进行高度的概括。闭幕词要激励与会人员的干劲,增强他们贯彻会议精神的信心。闭幕词的篇幅一般都短小精悍,语言简洁明快。

闭幕词与开幕词一样,应注意内容的简明性和语言的口语化两个共同特点。

二、结构和内容

闭幕词由标题、时间及称谓、正文等部分组成。

1. 标题

与开幕词的标题构成形式基本相同。一般有以下几种写法:

(1) 由会议名称和文种构成,有的只写文种,以"闭幕词"作为标题;

(2) 由致词人、会议名称和文种构成,如《×××在××大会上的闭幕词》;

(3) 采用复式标题结构形式,由主标题和副标题组成。

2. 时间及称谓

时间写于标题之下居中,用括号注明会议闭幕的年、月、日。

称谓一般和开幕词的称谓一致,根据会议性质及与会者的身份来确定称谓,如"同志们"、"各位代表"等。

3．正文

包括开头、主体和结尾三部分。

（1）开头

首先说明会议已经完成预定任务,然后概述会议的进行情况,恰当地评价会议的收获、意义及影响。有的开头用简洁的文字说明会议在何种情况下圆满闭幕。

（2）主体

这是闭幕词的核心部分内容,写明会议通过的主要事项和基本精神；肯定会议的成果,对大会作出客观评价；指出会议的重要性和深远意义；向与会人员提出贯彻会议精神的基本要求。

一般说来,这几方面内容都不能少,而且顺序是基本不变的。写作时要掌握会议情况,有针对性地对会议内容予以阐述和肯定；同时可以对会议未能展开但已认识到的重要问题作出适当强调或补充；行文要热情洋溢,语言要简洁有力。

（3）结束语

结束语一般先对保证大会顺利进行的有关单位及服务人员表示感谢；以坚定语气发出号召、提出希望、表示祝愿等；最后用"现在,我宣布,××××大会闭幕"宣布会议结束。

结尾部分行文要热情洋溢,简洁有力,起到激发斗志、增强信念的作用。

三、注意事项

闭幕词对总结和概括会议精神具有重要作用,闭幕词的撰写应注意以下几点：

（1）从会议的实际出发。闭幕词要针对会议的实际情况去写,不能离开会议主观地另搞一套；要针对会议上的主要问题予以阐述和肯定；要与会议的开幕词、日程、议题相照应,并要反映出会议的气氛。

（2）补充会议的内容。对会议虽未涉及但在会议期间已认识到,而且又确应加以强调和阐述的问题,应在闭幕词中予以提出、强调和阐述。

（3）高度的综合概括。应准确地把会议的成绩、收获及精神归纳整理出来,使与会人员获得清楚的认识。

（4）富有号召力。要用鼓舞性的语言发出号召,以调动各方面的积极性,激发与会者的斗志,增强他们的信念与信心,使会议达到高潮而圆满结束,给人留下深刻、美好的印象。

（5）在同一次会议中,如果有会议总结,可省略会议闭幕词。

四、开幕词与闭幕词的关系

开幕词与闭幕词既各有侧重又遥相呼应,联成一个有机的整体。

开幕词和闭幕词都是会议的重要组成部分：

（1）开幕词重在给予会议的指导,重点阐述会议的宗旨与开法。它有如戏剧的前奏、序曲,它拉开会议的帷幕,动员与会人员带着明确的任务与饱满的热情投入会议中去。

闭幕词重在对会议进行总结,主要归纳会议的精神与成果。它有如戏剧的高潮与结尾,它落下会议的大幕,鼓舞与会人员肩负会议的使命与百倍的信心奔赴各自的工作岗位。

（2）开幕词与闭幕词分别是会议进程中不可缺少的部分,会议的基本精神始终是在它们中"一以贯之"的,所不同的是从开幕词到闭幕词会议的基本精神经过会议得到了深化。

（3）开幕词与闭幕词的写作都重在概括。开幕词在于概括会议的任务、意义,而闭幕词则是概括会议的精神、成果。

（4）开幕词与闭幕词都以鼓动性为特点。开幕词以鼓励与会人员投入会议为目的,而闭幕词则以鼓动与会人员为实现会议的任务而努力。

（5）开幕词与闭幕词都不是会议的主体,篇幅宜短小。

【例文】

第三次学生代表大会闭幕词

尊敬的各位领导、各位嘉宾、各位代表：

大家下午好！

我院第三届学生代表大会本着公平、公正、公开的原则,审议并通过了学生会第三届委员会所作的工作报告,在充分酝酿和民主选举的基础上产生了新一届学生会主席团,并收集同学意见提出提案,体现了同学们的心声,起到沟通学院、学校各职能部门和同学们之间的桥梁作用。

过去一年中,我院学生会积极开拓、勇于创新,围绕学院中心工作,以学风建设为核心、以服务同学为宗旨,开展了多项具有本院特色的校园文化活动,并起到了良好的效果。

展望未来,新一届的学生会一定能在党的十八大精神指引下求真务实、开拓创新、甘于奉献,使我院学生工作更上一层楼,将环境学院的学生会建设成为一个和谐稳定的团队,让这个团队更加能被广大同学认可。

青年兴则国家兴,青年强则国家强,时代召唤青年,青年创造未来！在充满竞争、挑战和机遇的当今时代,青年更是肩负着复兴中华民族的神圣职责与使命,是整个社会中最有时代气息和创造性的力量。希望所有同学要认真学习科学文化知识,掌握较高的专业技能,成为学业上的强者；同时还要积极参加校内外的各种社会实践活动,培养自己各方面的能力,成为生活中的强者。

最后,我谨以大会的名义宣布：××××学院第三次学生代表大会顺胜利闭幕！

谢谢大家！

学生会主席：×××
××××年×月×日

中国经济年度论坛暨××××领袖年会闭幕词
（××××年×月×日）
××市市长××

尊敬的省政协××副主席，

尊敬的××主席，

尊敬的各位领导、各位嘉宾，

女士们，先生们：

今天，2006'中国经济年度论坛暨××××领袖年会即将成功闭幕。

在此，我谨代表中共××市委、××市人民政府和全市600万人民，对本届年会的成功举办表示热烈的祝贺！向专程莅临××指导的各位领导、各位嘉宾和各界朋友表示衷心的感谢！

本届年会的主题鲜明，内容丰富，形式新颖，开得十分成功，达到了预期的目的。几天来，大家围绕"中国与亚洲：知识致富与知识产权致富"的主题，坦诚交流，深入研讨，取得了丰硕的成果。本届年会的成功举办，为××这座古老而又年轻的城市注入了更多的活力和生机，带给我们更多有益的启迪和全新的思维，成为展示××对外良好形象的重要窗口。借此机会，我再次代表中共××市委、××市人民政府和全市600万人民，向长期以来关心、支持××建设与发展的各位领导、各界朋友，表示衷心的感谢并致以崇高的敬意！

各位领导，各位嘉宾，各位朋友，历史将永远铭记本次盛会，我们将铭记各位的深情厚谊。让我们齐心协力，共谋发展，携手同创美好明天。

现在我提议，为本届论坛的成功举办，为各位嘉宾的健康与幸福，为我们共同的美好未来，干杯！

写作实训

1. 2014年10月20日至10月24日，在某职业技术学院举行了全国"应用文写作课程改革研讨会"，会议主要研讨了当前高等学校应用文写作教学中课程体系改革和教学方法改革等问题，提出了解决问题的对策。与会代表分别来自北京、黑龙江、云南、广东、四川、山东、浙江、安徽、广西、河北、湖南等十一个省市的高等学校，经过全体代表的共同努力，圆满地完成了会议各项议程，请你代写一份会议闭幕词。

2. 2014第三届苏州茶叶博览会于2014年10月23日至26日在苏州国际博览中心举行。

本次展会的主办单位是中国商业协会、香港国际贸易促进会，承办单位是苏州环球行展览有限公司、深圳市环球展览有限公司。

本届茶博会总体规划展示面积10000平方米，设置标准展位500个，共设品牌展区、各地名茶区、紫砂茶具工艺品三大区域，囊括6大茶系的茶品，以及紫砂、陶瓷、红木等茶具工艺品；届时将有来自全国各地的300余家知名茶企以及众多专业茶叶采购商、爱茶人士共襄盛举,共同见证这场茶文化盛事。

请同学们查询展会的有关信息,撰写2014第三届苏州茶叶博览会闭幕词。

任务六 会 议 简 报

波司登集团是以羽绒服为主的多品牌综合服装经营集团,是全国最大、生产设备最为先进的品牌羽绒服生产商,主要从事自有羽绒服品牌的开发和管理,包括产品的研究、设计、开发、原材料采购、外包生产及市场营销和销售。在做强羽绒服主业的基础上,集团公司进一步优化产品组合、提升盈利能力,以逐步实现四季化的发展战略。

波司登在完成了品牌至尊成为"中国防寒服之王"后,响亮地提出了创世界名牌的宏伟目标,成为进军国际市场的急先锋,并开始了品牌的延伸与裂变,向系列化发展扩张。波司登中科纳米抗菌羽绒服成为点燃羽绒服市场最耀眼的火炬,引发中国羽绒服业再一次革命!

公司在年底召开年会,对过去一年进行总结,表彰先进,并对新的一年进行展望。请上网收集相关资料,为波司登编写一份年会简报。

一、概念

会议简报是简报的一种,是机关、团体和企事业单位以书面形式反映某次会议情况的内部文件。会议简报根据会议内容,可以只登一篇文章,也可登几篇文章。这些文章,是会议上形成的报告、专题经验总结、讲话稿或消息等。

会议简报简明扼要地概况了会议的主要精神,在日常工作中起到传递信息、上情下达、下情上达的作用,便于下级向上级反映会议活动,也便于上级了解下情,及时指导下级开展工作;还便于平级之间沟通情况,交流经验,推动工作。

从信息来源看,会议简报是第一手材料,信息更快、更可靠。从传播途径看,会议简报自由灵活,传播速度快。

二、结构和内容

会议简报的结构由报头、报核、报尾三部分组成。

1. 报头

首页间隔横线以上称为报头,约占首页三分之一版面,由简报名称、期数、编者、日期、保密提示等项目组成。

会议简报的报头多有一套专门设计的固定版式,上面正中用醒目大字标明简报名称,报名下面标明编印机关、印发日期、编号。

（1）简报名称

简报名称可由会议全称和文种（简报）组成，也有的只标"会议简报"字样。

（2）编号

编号常用括号标在标题正下方靠近标题的地方。

（3）编者

编发机关一般是"××办公室"、"××行政部"或"××秘书处"，位于期数下面、间隔横线上方左侧。

（4）日期

编印日期位于编发机关右侧。

（5）保密提示

如果需要保密，在首页报头左上角标明密级或"内部刊物"字样。确有必要，还可在首页报头右上角印上份号。

间隔横线一般为红色。

2. 报核

报头以下、报尾以上的部分都是报核。包括按语、目录和简报文章三项内容：

（1）按语

按语，由编印单位指定有关人员编写，不是会议简报必备的结构要素。按语就是用一句话或一段话概况会议的主要精神、规模议程、与会人员情况等，给读者一个总的印象。

（2）目录

如会议简报编发多篇文章，可编写目录，标注在"按语"下方，文章上方，居中排印。如会议规模不大，只有一篇文章，则不必标注目录。

（3）简报文章

简报文章包括标题、正文、供稿者三项内容：

① 标题。标题要概括正文部分的核心内容，简明醒目，标题的写法类似于新闻标题，可用单行标题、双行标题或三行标题。

单行标题如"××公司召开行政办公会议"。

双行有两种形式：一种是在引题下再写正标题，先由引题交代背景，再写正标题概括简报中心内容。如：

干部下基层，管理要跟上（引题）

××局干部不说空话，多办实事（正题）

另一种是在正标题下再加副标题，正标题概括简报中心内容，副标题加以补充说明。如：

团结鼓劲　共商繁荣文艺大计（正题）

——广西第五次文代会开幕（副题）

也可用三行标题，即由引题、正题和副题组成。

② 正文。正文写法较为灵活，一般由开头（导语）、主体、结语组成。

正文是会议简报的主体。通常的写法有三种：

综述法：即由编者采集各方面的言论、意见加以概括而成，相当于会议的综合报道，将会议的进程、出席情况、会议的发言和议程一一加以反映。

重点报道法：重点反映会议的某个重要报告的内容、小组讨论情况或一个与几个人的发言等。

摘要法：摘录代表发言的概要，供与会者参阅。

3. 报尾

报尾写在简报最后一页的下方，报尾与报核之间用横线隔开。报尾应注明主送单位或个人姓名、抄送单位、增发单位和印发份数。

三、注意事项

会议简报的编写，要求及时、简明，要抓住有指导意义、能引导会议健康发展的内容加以报送。涉及各级机密事项的内容不应报道。

【例文】

××××年年会简报
第×期（总第×期）
××××专业委员会　　××××年×月××日

———————————————————————————

××博物馆协会××博物馆专业委员会
××××年年会在××成功召开

××××年7月9日—13日，××博物馆协会××博物馆专业委员会××××年年会在××成功召开。会议由××博物馆协会××博物馆专业委员会、××××主办，××省××博物馆、××文化宫博物馆承办。

会议包括"专委会主任委员预备会议"、"专委会主任年度工作报告"、"增补和调整专委会领导成员"、"馆长论坛"、"博物馆工作经验交流会和专题学术研讨会"以及"××博物馆建设成就考察"等六项内容。

来自全国民族与民族地区55家博物馆的馆长、相关部门负责人和专家学者，及相关机构领导110余名人员参加了大会。××省文化厅厅长××、××博物馆协会副秘书长××出席会议并讲话。

大会认真审议并通过了专委会主任××同志所做"凝心聚力，积极开拓，为民族文博事业繁荣发展而努力——××博物馆专业委员会××××年度工作报告"。报告中提到，专委会在近两年着力加强了专委会自身建设，不断提升了专委会的影响力和辐射力；努力发挥了专委会桥梁作用，搭建全国民族与民族地区博物馆合作平台；民族和民族地区博物馆进一步发挥社会职能，服务民族工作和民族团结进步事业，在保护民族文化遗产、展示优秀民族文化、促进区域文化发展方面的功能更加显著。报告对专委会下一阶段工作做出规划和部署，要求大家以善于担当为使命，凝心聚力，铆足干劲，为我国民族文化繁荣和民族博物馆事业发展做出更大的贡献。

大会一致通过，增补××展览馆馆长、××展览中心主任××等8位同志为专委会副主任委员，××自治区博物馆××副馆长等15位同志为专委会常委，并根据工作需要，调整博物馆馆长××同志为专委会秘书长。

××厅长介绍了××社会经济文化概况、文博事业发展以及民族文化遗产保护情况。

××同志在讲话中高度评价了××博物馆专委会的工作以及民族和民族地区博物馆在民族文化遗产保护工作中发挥的重要作用，并期望专委会所有同仁要携手同心，相互合作，促进民族文博事业的繁荣发展。

在随后的"馆长论坛"中，××省××博物馆馆长××、××博物馆副馆长××、××省博物馆馆长××、××自治区博物馆副馆长××、××自治区博物馆副馆长××、××省博物馆副馆长××等7位馆长就大家关切的博物馆建设、各馆创新经验、文化遗产保护成就、展览成果以及博物馆管理存在问题和对策等作了发言。

在"博物馆工作经验交流会和专题学术研讨会"分组讨论中，三个小组分别围绕"加强文化遗产资源调查研究，促进文化遗产保护利用工作"、"提升展陈水平，打造精品陈列"以及"立足区域优势，加强合作交流"三个主题展开了热烈讨论，20多位专家学者作了主题发言，与会代表展开了热烈的讨论，进行广泛的经验交流和深入的学术探讨。××民族博物馆馆长××、××民族大学博物馆馆长××、××民族文化宫主任××分别主持了研讨会，并对各小组研讨情况作了精彩的总结汇报。

根据大会议程，与会代表参观考察了××省民族博物馆、××省博物馆、××历史博物馆等。××深厚的文化底蕴，南北交融、中西合璧的文化特点，以及××博物馆同仁所展现的创新能力，给代表们留下了深刻的印象和美好的记忆。

此次会议在规模上有新的突破，在研讨和交流上取得很好的效果。参会单位基本涵盖了全国民族博物馆和民族地区省（区）、地（州）、县（旗）级综合馆以及民族院校博物馆、等。其中，增加了内蒙古自治区呼伦贝尔市民族博物院等8家新的会员单位，并增补了专委会领导成员。专委会遵循量的扩张与质的提升并举的思路，积极有序地发展会员单位，使专委会组织根基更加扎实，影响力和辐射力不断提升。大会采取了主题报告、经验交流、学术研讨等多种形式，参会代表普遍表示，这对各馆建设和发展互有启示，也为下一步的学术合作与展览合作奠定广泛基础。

7月13日，大会顺利闭幕。××博物馆协会民族博物馆专业委员成立7年来，已举办5次学术年会，民族文博品牌效应正在显现，现已成为扩大民族文博社会影响和相互合作的重要平台，将对推动民族和民族地区博物馆改革创新，促进民族地区文化繁荣发展，推进民族团结进步事业发挥更加重要的作用。

写作实训

结合"任务引入"内容，请同学们上网搜集波司登集团近期工作新动态，师生共同探讨简报的编写方法。

项目八　学术科研

任务一　开题报告

 **任务引入**

在收集资料、确定题目之后,撰写论文之前,同学们要先撰写开题报告。开题报告大多都是有固定条款的,撰写开题报告的目的是帮助指导教师了解学生的论文研究的内容、思路等,便于老师进行评议,确定是否批准这一选题。同时,开题报告也是毕业论文答辩委员会对学生答辩资格审查的依据材料之一,因此开题报告的撰写也是十分重要的。那么,开题报告撰写有什么要求呢?

 **必备知识**

一、概念

开题报告是开题者将初步选定的论文题目的内容、研究思路、研究的方法及意义等向指导教师进行简要汇报的一种文字说明材料。

开题报告一般为表格式。学生毕业论文的开题报告一般由学校统一发放给学生。学生按开题报告上的具体内容撰写即可。

开题报告是论文的总构想,因而篇幅不必过大,但要把计划研究的课题、如何研究、理论适用等主要问题写清楚。

二、结构和内容

1. 开题报告封面
包含论文题目、系别、专业、年级、姓名、导师等要素。
2. 论文的背景、目的和意义
(1) 论文的研究背景;
(2) 论文研究的理论意义;
(3) 论文研究的现实意义。
这部分要简明介绍基本概念和背景,目的要明确,充分阐明该课题的重要性。

3. 国内外研究概况

(1) 理论的渊源及演进过程;

(2) 国内有关研究的情况;

(3) 国外有关研究的情况。

这部分要结合论文题目,简单评述与论文拟研究解决的问题密切相关的前沿文献。

4. 论文的理论依据、研究方法、研究内容

这部分应明确所要研究的内容及研究方法,要思路清晰,方法正确。

5. 研究条件和可能存在的问题

6. 预期的结果

7. 论文拟撰写的主要内容

这部分要提出整个论文的写作大纲或内容结构。可采用整句式或整段式提纲形式。

8. 论文工作进度安排

这部分要合理制定论文完成的进度,一般按时间顺序,但至少有 5 个时间段,任务要具体,要充分,反映研究过程。

9. 参考文献

开题报告中应包括相关参考文献的目录。

【例文】

×××学院
毕业论文开题报告

论文题目:论三网融合对我国电视产业发展的影响

学　　院:＿＿＿＿＿＿＿＿＿＿＿＿＿＿＿＿

专　　业:＿＿＿＿＿＿＿＿＿＿＿＿＿＿＿＿

年级(班):＿＿＿＿＿＿＿＿＿＿＿＿＿＿＿＿

学　　号:＿＿＿＿＿＿＿＿＿＿＿＿＿＿＿＿

姓　　名:＿＿＿＿＿＿＿＿＿＿＿＿＿＿＿＿

指导教师:＿＿＿＿＿＿＿＿＿＿＿＿＿＿＿＿

2011 年 5 月 19 日

1. 选题的目的和意义：

"三网融合"彻底打破了电视的垄断局面，电视业务及其发展模式将面临较大的冲击。多年的积累使电视产业拥有了丰富的内容资源、相对低廉的服务资源、一大批专业的制作团队，以及相关牌照的发放权。在融合发展的环境下，电视媒体要想有所作为，就要抓住机遇，迎接挑战，扬长避短，积极制定一系列应对政策，提升自己的核心竞争力。综上所述，研究电视产业面临的生存现状，探究其寻求发展的路径，有着重要的现实意义。

2. 国内外研究现状（文献综述）：

由于"三网融合"对我国电视产业有重大影响，因此相关的研究比较多，综合起来主要是对"三网融合"背景下我国电视产业所面临的机遇与挑战以及应对策略进行了论述。

一、对"三网融合"背景下电视产业所面临挑战的研究

在"三网融合"环境下，掌握业务优势和渠道优势的电信运营商逐步向综合信息服务提供商转型，向媒体行业渗透，这必将打破现有的媒体竞争格局，将给电视媒体带来巨大的挑战，因此把此项内容作为研究对象的人也比较多。

舒芳的《机遇与挑战——论三网融合对电视发展的影响》一文中指出：由于电信的业务能力大大增强，电视用户资源将受到较大冲击，同时电视业的广告市场会受到很大挑战，传统传输渠道的价值和地位降低，传统电视业务必将受到影响。

张海军在《谈三网融合给电视带来的影响》一文中说：各部门之间的竞争不仅有体制上的竞争，还有巨大的商业利益上的竞争，原本在传统媒体格局中处于较为有利地位的电视媒体不得不思考如何在激烈的新媒体竞争中站稳脚跟，赢得新的增长点。

崔杰在《解读三网融合下电视业运行体制》中指出："三网融合"直接威胁广电企业的核心电视业务，使其在三网融合的竞争中处于不利地位。其次，电视传媒缺少相应的市场化运作经验，绝大多数企业仍处于转型过程中。此外，电视网络的整合程度较低，这增添了电视在三网融合后市场化运营体制改革的障碍。

二、对"三网融合"背景下电视产业所面临机遇及对策研究

"三网融合"具有重要的战略意义，电视业需抓住机遇，迎接挑战，扬长避短，积极制定一系列应对政策，来提升自己的核心竞争力，且以此作为研究对象的人也很多。

梁小兵在《三网融合系列举措推出将引发电视系统变动》中认为，电视业可借势完成全网整合，在巨大的存量用户的基础上，各地的电视运营商将有可能在统一的平台上运营数字电视增值业务，乃至开展基础电信业务。其次，电视行业投资力度加大，对产业链上下游带来机会。再次，电视将有机会在电信业务上大展手脚。值三网融合之际，电视系统企业除可以继续做互联网接入外，还有可能提供IDC业务、网元出租业务以及VoIP业务，电视业有机会在电信业务上大展手脚。

黄升民在《三网融合下电视产业的发展》中说：我国电视产业发展的关键在于加快自身网络整合，并转变运营模式，高度重视媒体内容集成和运营，建立完善电视媒体内容集成、分发和运营平台，努力打造数字媒体内容基地，建立内容合作运营机制，逐步从网络管理向媒体内容业务管理过渡，向综合内容提供商的方向发展。

吴铮悦在《三网融合下电视产业的生存之道》中指出：目前电视的一项紧迫任务是大力发展新媒体，积极与新媒体融合发展，大力加强媒体性质的功能和业务建设，采取不同于传统媒体的发展思路和政策措施，促进新媒体又好又快地发展。

吴升高在《三网融合下电视传媒体制创新走势》中指出了电视产业今后的发展方向，即事业企业并轨，逐步实行企业体制；打破地域界限，建立全国性的网络体制；加快重组并购，形成多元化的产权结构；超越分业管理，确立全覆盖的监管体制和手段。

从以上研究材料可以看出，大力发展"三网融合"提高我国信息产业整体实力这一重大举措对电视业的影响，成了传媒、业界和各方面专家研究的热点。"三网融合"是大势所趋，这是由多种原因所决定的，但是，电视业在以此为契机面对挑战的具体实践过程中的诸多困难很少有人提及，本文将试图着力对此加以探究，为之前研究的不足做必要的补充。

(续表)

3. 选题研究的内容：
该论题研究的内容主要是以下几个方面：
一、对"三网融合"背景下广电产业所面临挑战的研究
（一）广电产业运营模式的转变
（二）员工配置和技术能力的提高
（三）广电网络业务能力的提升
二、对"三网融合"背景下广电产业所面临机遇及对策研究
（一）机遇
1. 拓展电视传播的新渠道
2. 增强电视传播的互动性
3. 扩大电视传播受众群体
（二）对策
1. 加快广电网络的改造
2. 开办内容新颖的节目
3. 充分发挥自身的优势

4. 选题研究的技术路线、研究方法和要解决的主要问题：
研究技术路线：首先，了解本论题的研究状况，形成文献综述和开题报告。其次，进一步搜集阅读资料并研读文本，做好相关的记录，形成论题提纲。第三，深入研究，写成初稿。最后，反复修改，完成定稿。
研究方法：运用文献分析法、文本细读法、比较法、综合分析法等进行研究。
要解决的关键问题：对策研究

5. 研究与写作计划：
2010年3月8日—4月15日　确定选题、收集相关资料
2010年4月16日—4月30日　撰写开题报告与开题
2010年5月1日—6月30日　收集资料，开展研究，形成写作提纲
2010年7月1日—9月30日　深入研究，形成论文初稿
2010年10月1日—10月30日　论文修改、定稿、打印、答辩

6. 参考文献：
[1] 王城伟. 浅析广电实现三网融合的发展思路[J]. 广播电视信息，2011(1):66-69
[2] 候宏. 三网融合背景下广电运营战略思考[J]. 中国新通信，2011(1):78-80
[3] 韦乐平. 三网融合与3+1行业架构的设想[J]. 广播电视信息，2011(2):99-100
[4] 王峰. 浅谈三网融合[J]. 中国传媒科技，2010(6):56-58
[5] 张德华. 国内三网融合业务发展现状分析[J]. 中国传媒科技，2010(8):33-34
[6] 刘成付. 中国广电传媒体制创新[M]. 南方日报出版社，2011
[7] 贾凯. 关于电视文化的随想[M]. 中国广播电视出版社，2008
[8] 肖弦奕. 中国传媒产业结构升级研究. 中国人民大学出版社，2010
[9] 傅玉辉. 从媒介融合到产业融合. 中国广播电视出版社，2010
[10] 陆地. 中国电视产业的危机与转机. 中国人民大学出版社，2011
[11] 王菲. 媒介大融合——数字新媒体时代下的媒介融合论. 南方日报出版社，2010
[12] 雷建军. 视频互动媒介[M]. 清华大学出版社，2011
[13] 索传军. 迅速发展中的中国有线电视产业和技术[J]. 广播电视信息，2011(2):99-100

任务二　毕业论文　毕业设计

任务引入

毕业论文是高等院校应届毕业生要完成的一个总结性的作业,是同学们运用在校学习的基本知识和基础理论,去分析、解决一两个实际问题的实践锻炼过程,也是同学们在校学习期间学习成果的综合性总结,是整个教学活动中不可缺少的重要环节。撰写毕业论文对于培养同学们初步的科学研究能力,提高其综合运用所学知识分析问题、解决问题能力有着重要意义。

必备知识

一、概念

毕业论文就是高等院校应届毕业生在指导老师的指导下独立完成的一篇总结性的学术论文。

二、写作准备

1. 选题阶段

(1) 选题的原则

选题要遵循三个原则:学术价值原则、量力而行原则、以小见大原则。

从客观上讲,选题要选科研中空白或者有争议的课题,甚至别人尚未深入、系统研究的课题。从主观上讲,要根据自己的个人兴趣、专业特长、科研能力来选择题目。选择的论文题目应该选择有一定研究价值、能充分发挥自己长处、在规定时间内能够完成的、大小适中的课题。

(2) 选题的方法

现实操作中,毕业论文的选择一般有三种选题方法:

① 从老师给的选题范围中选;

② 从自己所学的专业问题中选;

③ 在老师指导下选。

2. 搜集、整理资料阶段

搜集材料是写毕业论文的重要环节。资料的准备既是研究的基础,也是论文写作的依据,必须严肃认真,细致周密。

(1) 广泛地搜集论文资料

在明确题目方向的基础上,充分查找、掌握前人对这一问题所发表的观点、意见,尽力掌握这一问题全部资料,为写好论文打下坚实的基础。

(2) 要尽可能搜集第一手资料即原始资料
(3) 搜集材料的方法
① 经典著作和常用工具书；
② 利用检索工具、计算机和网络查找资料；
③ 查找新近出版的书和近期的报纸、杂志；
④ 调查研究；
⑤ 科学实验。
3. 构思阶段
(1) 提炼论点选取材料
(2) 拟定提纲
4. 撰写开题报告
开题报告是作者将初步选定的题目内容、思路等以书面形式向指导老师和毕业论文答辩委员会做出的简要汇报和说明。

三、格式与写法

1. 封面
包括文头、论文标题、作者、专业、年级、学号、指导教师。
2. 中文内容提要及关键词
内容提要是对论文的概括性描述，字数在300—500字。
关键词是从论文标题、内容提要或正文中提取的、能表达论文主题的、具有实质意义的词语，一般3—5个。
3. 英文内容提要及关键词
由中文翻译而成。
4. 目录
包括论文的一级标题、二级标题、三级标题的名称以及对应的页码，附录、参考文献的对应页码。
5. 正文
由绪论、本论、结论三部分组成。
6. 注释
包括对论文中名词术语的解释，对引文出处的说明。采用脚注形式。
7. 附录
是对正文起补充说明作用的信息材料，可以采用文字、图形、表格等形式。
8. 参考文献
是作者在写作过程中引用过的文章、著作等名录。
9. 致谢
是作者对在论文写作过程中给予指导帮助的人员表示感谢。

四、结构和内容

1. 引言

又称为前言、绪论。简要说明研究工作的目的、范围、相关领域的前人工作和知识空白,理论基础和分析,研究设想、研究方法以及实验设计,预期结果和意义等。要求:

(1) 言简意赅。
(2) 不必引用教科书中的一般性知识。
(3) 能发挥引导作用,使人感兴趣。

2. 主体

主体是论点、论证展开的部分。要求:

(1) 必须实事求是,客观真切。
(2) 准确完备,合乎逻辑。
(3) 层次分明,简洁可读。

3. 结论

指经过论证提炼、概括出的中心论点及其重要性与作用,并由此形成总的思想观念。

五、注意事项

(1) 必须是自己的研究或实验、观测,有独特的见解、创新或发现。
(2) 应充分尊重和借鉴已有的学术成果。
(3) 要写好摘要、引言、结论三个关键部分。

【例文】

浅谈提高秘书技能大赛成绩的方法

中文摘要 对于任何一个职业来说,专业技能是最重要的,秘书也不例外,而且秘书作为一个复合型人才,更应注重专业技能的培养,这不仅需要我们有扎实的理论知识,更需要我们有足够的实践经验。那么,我们应该如何将自己在学校所学的理论知识运用到实践中去呢?秘书的专业技能又有哪些呢?最重要的是:提高这些专业技能又有什么独到的方法呢?我从学生的角度来谈秘书在技能大赛中是如何掌握更好的方法,去完成大赛中各项任务来提高自身的专业技能、增强自身的就业竞争力、提升自身的综合素质,同时发现并改正自身不足之处的。

关键词 秘书 技能大赛 综合素质 方法

前 言

在当今社会,人们对秘书的评价褒贬不一。有的认为:秘书这个职业是吃青春饭的职业,只是一个"花瓶";有的认为:秘书是市场上急需的具有较高职业素养以及较强综合素质的复合型人才。而对于我来说,秘书这个职业是一个了不起的职业,他们是学识渊博的文化人,更是职业技能较强的专业人。

当然,作为即将走上这个岗位的我来说,需要学习的地方还有很多。因此,为了提高自身的专业技能、提升自身的综合素质、增强自身的就业竞争力,同时也为了发现自身不足点,我参加了2013年全国中高职院校秘书技能大赛。

大赛考核分为两个部分:秘书职业基础知识及秘书工作技能。第一部分占总分的30%,小组成员每人完成一份,时间为30分钟。第二部分占总分的70%,比赛内容有改正错别字及修改病句(占总分的5%)、文字输入速度(占总分的5%)、秘书实务综合技能(占总分的40%)、口语表达(占总分的20%)。秘书实务综合技能部分需要根据材料拟写三份文书,即,一份大型活动的策划方案、两份行政公文。在口语表达部分包含了自我介绍(不超过一分钟),抽题即兴演讲不超过四分钟。秘书实务综合技能部分需要团队合作,所得相同成绩计入每组成员的个人总成绩中,其余都是自己完成且成绩计入个人总成绩中。

这次参加大赛的经历,加深了我对秘书工作的理解,也让我重新审视了我的未来职业规划发展。那么接下来就让我以一个学生的角度,来谈谈本次大赛带给我的成长以及我在大赛中所获得的宝贵经验吧!

1 秘书职业基础知识的记忆方法

1.1 收集资料,浏览资料

做好一件事的开始,就是要对事情本身有一个大概的了解,就像医生给病人看病,要经过望、闻、问、切来观察你的病状,然后对症下药,这样你的身体才能在最短的时间里恢复健康。

信息的收集是秘书在信息处理方面的一项最基本的工作技能,因此对于比赛中对秘书基础知识的考察,我们要"对症下药",做好信息收集工作。首先,我们要收集关于秘书基础知识的书籍以及试题。在收集这些书籍与试题时,要注意书籍的印刷及修订时间、试题出版时间都要和现在时间比较接近,这样收集出来的书籍和试题的参考性会比较强,针对性也比较强。其次,我们要整理这些资料并及时将其保存好。最后,我们就要对我们整理好的资料进行一个大概的浏览。

我参加的秘书技能大赛,在秘书基础知识部分,它考的内容主要参照国家秘书三级以及四级知识点,那么我需要做的就是,收集书籍以及试题,先对书和试题做一个大概的了解,然后书起码得看上三遍,第一遍是做个眼熟,第二遍是了解这些知识点,第三遍就是加深印象,而做试题是在你看完三遍书后才做的事。

1.2 注重时效,反复做题

在看完了三遍书之后,接下来就是做试题。

秘书基础知识部分的时间规定为半小时,试题类型是单选题和多选题。那么在平时,我就要求自己在半小时内做好单选和多选,还要留5分钟的检查时间。虽然在时间上我们占了优势,但比赛成绩是考核我们每一道题的准确度,最后将所有做对的题目的分数算进我们每个人的个人总成绩中去,这就要求我们反复做题,做若干套试题。这样,当你达到一定程度的时候,有时候你看到选项就有可能已经做出了正确选择,这样你就在时间以及准确率上取得了双重优势,同时在你做题的时候也是一种看书、背书的过程、加深印象的过程。做过的试题,可以重新打印再继续做,当然这不是要求你再把做过的试题打印后就立刻做,这是不对的,因为此时你的脑子里全是正确答案,所以做出来的准确率具有虚假性,一定要过几天再做。总之,就是反复做题、看题,同时注意掌握时间,提高准确率。

当然，这只是针对比赛而言，而秘书的知识构成，还是需要我们在生活、学习、实践中多多积累的。

1.3 筛选信息，标注重点

筛选信息，分清难易点，更是秘书在"办文"工作中的重要环节。它不仅体现了一个秘书信息处理能力，也体现了一个秘书整理信息的逻辑思维能力。

在做过若干套试题后，你会发现有些东西，根本不用看甚至不考。那么，接下来，我们要做的事情就是把做过的试题中的题目类型做一个筛选，把考不到的内容在书上做个标记，看书的时候可以不用看。在这次大赛中，秘书的职业道德部分知识点，我就没有看，因为只要你是一个有思想、能独立思考的人，就一定能做对所有关于这方面的题目。用我们指导老师的话来说，只要你有较高的思想觉悟，选项中表述较为完美，表述符合实际，那么那个选项就是正确答案。大赛中改正错别字、修改病句部分，也是不用看的，指导老师告诉我们，这个可以在去比赛的路上做最后的"突击"。

1.4 做错题集，背知识点

在我们做过那么多题目之后，肯定会有做错的题目，而且有可能你在每套试题中都会在同一道题目上做错，那么这时就需要我们及时做错题集了。就像秘书在结束一项工作后要做好工作总结，时刻告诉自己，提醒自己这天、这周、这月、这年，自己有什么地方做得到位，有什么地方还存在不足，吸取其中的经验与教训。

在赛前秘书基础知识训练中，我经常会做错相同的题目，例如："社会主义思想道德的建设核心是什么？"那么为了我不再做错，我就把它写进了我的错题集中。

当然，对于比赛前的训练来说，整理错题是一件非常费时的事情，所以我们可以在一张空白的纸上，写下你在哪套试题上错的题目序号，这样可以方便你下次看题并强化记忆。最后，就是看你自己用功与否了，错题整理出来后，还要找出每题所考的知识点，然后掌握这些知识点。在比赛前，大概浏览一下你的错题集，加深印象。

2 大型活动方案设计的提高方法

2.1 认真审题，合理分配

文案策划是秘书在"办文"和"办事"中的重头戏，它是秘书组织协调能力的体现，所以一定要弄清楚活动的细节问题，同时还要注意策划当中所出现各种不可预知的突发状况，这样我们才能交出一份令人满意的策划方案。

在此次比赛中要求每一小组根据所给材料，团队合作，讨论设计一份策划方案，时间为100分钟，其中包含两个公文的拟写。因此，我们要做的第一件事就是：认真阅读材料，标注出哪些信息对于我们的写作是有价值的重点信息，而后小组成员一起讨论活动的题目是什么、主题是什么、背景是什么。因为比赛是有一定时间限制的，那我们该如何合理分配时间呢？

我们小组是这样分配的：10分钟的材料阅读，20分钟的公文拟写，10分钟的最终检查，60分钟的文案策划。不过在比赛中，由于大赛出现一点小插曲，网络发生问题，无法上传，所以真正的时间没有100分钟。我们采取了另外一种策略：在阅读材料的同时，就将每个成员的WORD格式设置统一好，随后将封面设计好，材料中有些问题我们在方案写作的过程中解决。

2.2 列出条目,分工明确

做好一份策划方案的开头,中间部分是最关键的。接下来我们要做的事就是列出条目,也就是策划方案的"十三"项:活动背景、活动目的、活动主题、活动举办方、活动时间、活动地点、活动人员、活动规模、活动流程、活动宣传、人员安排、经费预算、注意事项。而在写作过程中,并不是让一个人去写十三项的内容。在此,我们要做的就是:合理分工,让每个小组成员都发挥自己能力,都有事做。

比赛中,由于我是负责公文拟写且加上最后的文书合成工作,所以指导老师分配给我最后两项:活动的经费预算以及注意事项。另外两个成员,一个写第一项到第八项,一个写第九项到第十一项。因为第一项到第八项比较简单,基本上是几句话或者几句短语就能完成的,不过是要花时间思考,如活动目的、活动主题、活动人员等。而第九项到第十一项是策划方案能否实施的关键环节,这个比较难。而且这三项,每一项都需要做一个大表格,所以得让一个极为稳重的、记忆力较好的同学来写,因为表格中的有些内容是有固定形式的,可以照搬练习过程中的材料。

2.3 团队合作,检查审阅

俗话说:"三个臭皮匠,赛过一个诸葛亮",团队的力量在我们日常工作中显得尤为重要。它不仅能让我们高效完成任务,也有可能让我们超额完成任务,就像一家公司,它本身就是一种团队形式的集合,如果没有公司里的每一个成员的努力,这个公司何来的业绩,我相信迟早有一天它会倒闭甚至破产。

在此次比赛中,策划方案的最后整合操作部分由我来负责。我把所有人写的文稿复制粘贴到一个 WORD 文档中,然后小组成员们一起讨论并检查所有的文书,看哪里还要修改,然后纵观全局,做最后的审阅,随后粘贴到指定的文件夹中,提交文件。在这过程中因为组员之间的积极配合及努力,我们获得了团体一等奖的好成绩。试想如果没有每一个成员的积极配合,何来的团体奖?我们有可能就不能完成任务。

2.4 创新思维,以奇制胜

一份好的策划方案不仅仅是因它编排仔细,便于实施,还因它设计出和别人不一样的东西,这就是我们所说的"创新"、"奇"。那么在比赛中,我们又应如何做出"创新",最终以"奇"制胜呢?

策划方案的创新之一在于:活动的主题。一种方法就是将公司名称与主题相结合,如:通达天下,你我畅行。"通达"是公司的名称,"畅行"说明了这家公司是一种物流或者货运公司,阐明了公司的主营业务,"你我"说明了这次研讨会的中心思想,即:大家共同合作、交流、发展,共同去开启一个美好的未来。在策划案中我们可以将这些解释附在上面,这就是"新奇"。另外一种方法就是采用文艺或诗意的主题,给人一种回味无穷之感,如一家网络科技有限公司的交流会主题:醉看风雪,笑意人生,相望江湖。

策划方案的创新之二在于:活动的宣传。我们在写作网络宣传部分时,不仅要在公司内部网站上做宣传,还要在公司外部做宣传,如新浪微博、腾讯微博等,同时采取互动有精美礼物赠送的方式。

策划方案的创新之三在于:表格。在比赛中,能在有效的时间里做好所有的安排,是有点难度的。所以我们采用表格的形式,这样不仅清晰方便而且设计得新颖优美,同时给考官一种更加直观的感觉。

"创新"在我们的学习、工作以及生活中,都有着至关重要的作用。它是我们得到别人肯定的重要砝码,更是让我们作品与众不同,让人耳目一新的关键因素,同时也是我们取得成功的条件之一。

3 文书拟写的提高技巧

文书拟写部分包含一份大型活动策划方案以及两份公文,而在此次大赛中,它要求:根据所给材料,团队合作写一份会议策划方案以及修改并重新拟写两份公文,按照要求放入指定的文件中。这次,我的工作就是:策划方案的后两项即"经费预算"、"注意事项",两份公文的拟写以及所有文书的整合工作。在平时练习中老师教了我们一些提高写作水平的技巧。

3.1 反复练习,快速设置

公文拟写是秘书的一个基本功。如今在有些机构中文书格式是不需要设置的,因为他们有专门的排版软件,我们只需拟写正文部分,但比赛不一样,所有的格式必须要人工设置,而且它扣分的重点就在于你的格式是否规范,那么我们应如何在有限的时间去完成公文的拟写呢?

我们首先要熟悉新版公文格式,然后花时间多次、反复练习。不写正文部分,就做一件事:设置公文格式,每天都要练习,不能松懈下来。所谓"拳不离手,曲不离口",只有熟悉了它的格式排版,我们才能将速度提上去,才能在质量上取得优势。

在比赛中,我迅速打开一个空白 WORD 文档,将文档的页面设置好,然后立即在第一个文档中做好策划方案的封面以及后两项,完成后先将其命名为"封面"保存在桌面上,随后迅速打开两个空白文档并将其设置成公文的格式,要注意公文与策划方案在页边距上是不一样的。然后把材料中有用的信息分别复制粘贴到这两个文档中,操作过程中千万要注意不能将请示中的内容粘贴到通报的文档中,做好后就直接按照大赛要求的命名方式将文档保存在桌面上,以便集体检查。

3.2 套用格式,注重质量

公文都有其固定格式,在旧版规定中行文方向的不同决定了文种格式的不同,然而2012年《党政机关公文格式》规定,无论是上行文、下行文还是平行文,都直接用一种格式,即:在"页面设置"中的"上页边距"都设置成72毫米,而上行文的发文字号和签发人项目只要左右各空一字排版即可。例如:通知,它是下行文,拟写的第一步就是设置上、下、左、右的页边距分别为72毫米、35毫米、28毫米、26毫米,然后选中"版式"中的"奇偶页不同";第二步是将策划方案中的某些项目套用进去,如会议的时间、地点、主题、要求等,会议内容可以简要概括一下,还要加一个"联系方式"项目,因为这样方便参会人员随时联系会议的相关负责人,弄清楚一些情况;第三步就是插入页码,最后是检查。在检查中我们发现第二页的上页边距跟第一页一样,这时我只要将光标放入第二页的开头,将上页边距设置为37毫米,在"预览"选择应用于"插入点之后"即可。

4 口语表达的提高方法

4.1 制造环境,有效模拟

对于秘书而言,她是负责公司中各种信息的上传下达以及联系内外等工作的枢纽。因此,秘书的沟通工作至关重要,而这些都取决于秘书的语言表达能力。一个具有较强语言表达能力的秘书在促进人与人、人与组织间的信息传达过程中发挥着巨大的作用。那么我们该怎么做才能提高自己的语言表达能力,在赛场上展现自我呢?

一位运动家曾说过:"人生就像一场直播赛,只要把平时当作赛场,那么赛场就如平时。"无论是在平时的环境还是在比赛环境中,紧张感都是自己给自己的,要想克服紧张和不适感,首先要制造环境,制造出那种氛围。就像在平时的培训过程中,我们的指导老师按照比赛程序,让我们一个一个上台演讲,而老师们在全过程中都要表现出一种极其冷漠和严肃的态度,让我们明白这是一个正式的比赛场景。其次是有效模拟,不能听之任之,听过就没事了,要进行评价。就像在我们演讲完之后,老师们从我们的表情、神态、肢体、语言组织、逻辑思维来给我们做全方位的评价并给予改正的方法。

谁都不是天生的演说家,哪怕是在历史上因演说才能而被人们津津乐道的美国总统奥巴马以及黑人领袖马丁·路德·金,只要我们平时努力,成功定会眷顾我们的。

4.2 个人录音,勤于练习

作为学秘书的我们来说,要让别人听到你的第一句话甚至第一个字的时候,就觉得你是一个值得信任的人,有种愿意与你交流下去的欲望,那么,这些就要从我们的发声开始。

在比赛培训中,指导老师拿笔在我们的自我介绍稿上把每一处该停顿的地方画出来,然后在该重读的地方加上着重号,语气上扬或下降的地方也标注清楚,随后让我们自己站在实训室里面大声地诵读;让我们小组成员互相检查,进行录音;让我们自己去听自己的声音,自己发现问题并去改正问题;同时也让队友互相检查,并告诉对方在什么地方还没注意到。

4.3 进行摄影,改小动作

秘书是一个企业的形象,是领导的面子。俗话说:"站有站姿,坐有坐姿,走有走姿"。一个说话时总有小动作的秘书,会让倾听者有一种很不愉快的感觉,不能达到有效沟通。那么,在口语表达比赛中,我们应该如何克服呢?

老师让我们自己给自己摄影,看看自己都有哪些小动作。看完视频,我们发现小组成员的每一个人都有小动作。其中一位成员,特别喜欢眨眼睛,只要让她上台进行即兴演讲,她就会不停地眨眼睛,给人一种紧张感,好像在苦想:接下来,我要说什么。她自己看后都觉得不可思议,平时还没注意到。后来老师想了一个主意,让她始终盯着一个指导老师看或盯着前方某一个物体看。经过一周的训练,她终于改掉了这个小动作。最重要的是:她比之前演讲时,显得更有精神、更有自信。我自认为自己是没有任何小动作的人,可是当我看到我的视频时,却发现我的一个肩高一个肩低,走起路来,给人一种很无所谓的感觉,而且很没有激情。老师让我在平时站立、走路的时候,就时刻提醒自己应该将哪个肩膀提高点、哪个肩膀稍微降低点。另外一名队友,她的眼神给人一种飘渺的感觉,解决方案就是像第一名队友一样,集中精力看一个物体。由于比赛规定指导老师不可以进入赛场,所以老师让我们在比赛前互相提醒。也因为老师们的努力和我们自己的努力,我拿下了个人全能一等奖的好成绩。

总之,对于自己的一切行为举止不要想当然,每一个人都有属于自己的小动作,只是你不曾注意。想要做到有效的表达与沟通,我们就需进行拍摄,及时改正。

结　论

进入21世纪之后,人才市场对秘书的素质和能力结构提出了更高的要求。秘书不单单是打字员、传递文件和提供信息的办事员,而是一专多能的应用型、外向型、复合型的"通才",是一个具备较高的思想品德和文化素养、有较强的综合能力的高素质人才。秘书不仅要熟知且熟练"三办",即"办文"、"办会"、"办事",更要了解其他行业的各种资讯,不一定特别深入,但一定要有所了解。因此,对于平时的实训以及各种类型的比赛,我们都要认真对待,把它看成是一种专业技能的竞争、是一场综合素质的比拼、是一个交流与发展的平台。赛后要做好总结工作,以便随时提醒自己,身上还欠缺什么,需要做些什么来弥补自身的不足。在日后的学习、生活以及工作中,我们更要严格要求自己,无论是在专业技能还是文化知识素养方面,都要虚心求教,认真学习,做一个全方位发展的优秀的秘书,让自己在市场经济的大潮中取得一定竞争优势,为自己的职业生涯奠定厚实的基础。

参考文献

[1] 王建平.从秘书大考看秘书技能[J].创业者,1999,3.

[2] 刘易知.秘书的夏宴——广东省首届职业精英秘书大赛的启示录[J].人力资源,2006,17.

[3] 赵欣.浅谈修辞在秘书口语表达中的运用[J].湖北广播电视大学学报,2009,12.

[4] 孙杰军.浅谈秘书工作艺术[J].淮北职业技术学院学报,2003,4.

[5] 梁立江.试述增强秘书口语表达魅力的途径与方法[J].企业家天地,2008,7.

[6] 胡淑芳,张琼.谈增强秘书说话的艺术魅力[J].成人教育,2005,9.

[7] 曾国全.秘书口语表达的艺术技巧[J].西昌学院学报(人文社会科学版),2005,4.

[8] 严运桂.文案策划的含义及其思考[J].长江大学学报(社会科学版),2012,1.

[9] 马美琴.新形势下文秘专业建设和教学改革的模式探索——由参加全国高校秘书技能大赛引发的思考[J].潍坊学院学报,2008,10.

【简析】 这篇论文标题工整,思路清晰,根据大赛的比赛项目,结合自己的亲身体验,阐述方法。如果能在理论层面进行挖掘会让论文更有深度。

毕业设计

一、概念

毕业设计是高等院校技术科学专业及其他需培养设计能力的专业或学科应届毕业生的总结性独立作业,是学生运用在校学习的基本知识和基础理论,去分析、解决一两个实际问题的实践锻炼过程,也是学生在校学习期间学习成果的综合性总结。毕业设计是高等学校教学过程的重要环节之一,相当于一般高等学校的毕业论文。

二、设计与写作步骤

毕业设计与写作过程一般分为四个阶段:项目分析阶段、项目设计阶段、项目实施与调试阶段、撰写毕业设计报告阶段。

1. 项目分析阶段

(1) 熟悉选题;

(2) 搜集材料；

(3) 可行性分析。

2. 项目设计阶段

(1) 概要设计；

(2) 详细设计。

3. 项目实施与调试阶段

(1) 编码调试；

(2) 系统调试；

(3) 结果验证。

4. 撰写论文阶段

(1) 资料整理；

(2) 撰写论文。

三、格式与写法

1. 统一封面

包括文头、论文标题、作者、专业、年级、学号、指导教师。

2. 目录

目录按三级标题编写，要求层次清晰，且要与正文标题一致，主要包括摘要、正文主要层次标题、致谢、参考文献等。

3. 毕业设计（论文）中英文摘要、关键词

中文摘要150—300字左右，英文摘要150—300字左右，关键词(3—5个)

4. 设计报告正文部分

(1) 引言

引言应是综合评述前人工作，说明论文工作的选题目的和意义、国内外文献综述以及论文所要研究的内容。

(2) 概述

概述应是对所研究的课题作一下总体的介绍，并说明设计方案、思路，研究方向和技术关键，主要技术指标等。

(3) 论文主体

设计报告的主体是毕业设计报告的主要部分，要求文字简练、通顺、层次清楚，重点突出。

(4) 结论

结论（或结束语）作为单独一章排列，但标题前面不加序号。结论是整个论文的总结，应以简练的文字说明论文所做的工作，一般不超过两页。

5. 致谢

6. 参考文献

7. 附录

【例文】

公交站台设计研究及分析

周 磊

1 绪 论

公交站台从深层面上说是展示城市形象的窗口和平台,公交站台在满足人们的功能需求的审美要求等设计要素的同时,也体现了城市文明进程。公交站台应该充分体现以人为本的设计理念。它的设计应包含乘客的候车平台、顶棚、站牌、区域地图、候车座位、商业或公益广告、照明系统以及站台前公交专用道路。乘客使用的是公交的整个系统,包含站台、标识、垃圾筒、广告、道路等。因此在设计公交站台时,应该尽量考虑到多方面,满足更多人的需求。

2 公交站台设计研究及分析

2.1 公交站台设计因素分析

在实用功能方面,我们通常要考虑以下因素:

候车功能:公交站台最基本的功能,需要合理的空间设置,根据具体环境设置站台的大小,保证车站能够容纳适当的人数和车辆,使得车站能够发挥最大的作用,方便人们出行。

站牌:站牌是公交站台的必备功能之一,合理的公交站牌设计能够使人们更容易、更快捷地找到自己需要乘坐的车辆。在设计公交站牌时,通常要考虑到站牌上字体的颜色以及大小、站牌上拥有的车次数量、车次方向、站牌的夜间照明等。

遮挡:在多雨或者过于炎热的城市,公交站台拥有遮挡顶棚是必要的。在设计顶棚时我们通常要考虑到顶棚的高度以及覆盖面积、所能容纳的人数、遮挡所采用的方式(封闭式或开放式)、遮挡所用材质的透明度等问题。

休息场所:公交站台的休息场所一般是指座椅休息区,合理地安排座椅的数量以及摆放位置,能够使人们更加充分地利用这些资源,同时我们也可以寻找座椅的替代品,使得这站能够变得更加有趣味性和美观性。

照明系统:合理的灯光布置能够使人们清楚地了解路况以及车次信息,保证人们的夜间活动,同时好的灯光设计能够将城市装扮得更加美观,美化城市形象。

安全疏导:安全问题是公交站台设计的重中之重,合理疏导人流,保证乘客安全,设计师在设计时要考虑到突发情况以及应对办法。

方便排队:合理地设置上下车的位置,可以采用护栏、标牌、符号等方式提醒大家排队上下车,不要拥挤。

垃圾箱设置:将垃圾箱与公交站台设置到一起可以使人们更方便地找到垃圾箱。公交车站台作为一个等候场所,人流量也会比较大,产生的垃圾同样会比较多,设置垃圾箱可以保证城市卫生。

在美观功能方面,我们通常要考虑以下因素:

结构:在设计公交站台的结构时,我们需要保证一眼望去人们能够明白这是一个公交车站,同时公交站台的造型需要与当地文化相结合,具有独特的风格。合理的结构要保证公交站台的功能一应俱全,最重要的是必须保证安全。

风格:公交站台的设计应该尽可能独特,最好能够具有与众不同之处,可以采用不同的材料进行搭配,适当地加入艺术元素。

颜色:公交站台的颜色尽量不要过于刺眼,但要做到足够醒目,可以采用比较中性化的色彩,能够被更多的人所接受。提示信息的颜色必须与建筑颜色分开,使人能够更加容易注意到。

材料:选择材料的最基本原则是首先必须保证安全,其次是成本。只有尽量地降低成本,才能保证方案能够顺利实施。在设计公交站台时最好应用不同的材料进行搭配,突出不同的质感和视觉享受。

文化背景:公交站台的设计要体现出当地科技园区文化,融入当地的科技园区的一些文化元素,与当地建筑风格相统一。

车站大小:公交站台的大小应该与当地的交通状况密切相关,根据每个站台的车流量决定站台的大小,尽量避免资源浪费。

灯光:灯光除了基本的照明作用外,还应该具有相应的装饰功能,与站台建筑本身的结构与风格相搭配。

广告:广告的位置与大小也是公交站台设计的一部分。

通过对公交站台设计实用以及美观功能的分析,我们可以将需要考虑的方面归纳为以下几点,方便我们进行问卷调查:

(1) 当地的地理环境、气候(是否多雨或者炎热)、人文因素、经济状况、交通状况等。这些因素都影响到公交站台设计的材料选择、结构设计、大小设计、空间布局、色彩设计等。

(2) 当地的用户使用因素。用户类型(上班族、学生、老人、残疾人等),用户使用时间(上下班、早上购物、晚间休闲等)。

(3) 公交站台的必备设施(候车室、站牌、顶棚、照明座椅等)。

(4) 当地的其他交通方式状况。

(5) 当地的政策以及管理方式。

2.2 调查问卷

题目:关于"亦庄开发区鑫茂科技园公交车站台整体设计"的问卷调查

调查时间:2014年1月20日—2014年2月1日

调查目的:了解广大市民对公交站台设计的意见以及看法

2.3 调研结果分析

通过问卷调查我们发现,绝大部分人更加偏向于注重人性化设计的公交站台设计,公交站台的空间布置不应该太过于复杂,最重要的是使用起来比较方便。此外,公交站台设计应该充分考虑到所用人,特别是对残疾人的照顾。

在造型方面,大部分人认为公交站台应该与当地建筑相适应,应该融入当地的文化元素,起到美化城市形象和宣传文化的作用。

在颜色方面,大部分人选择简单朴实的颜色,这样能够更容易融入到城市其他建筑风格中,也更容易被大家所接受。

3 公交站台方案设计
3.1 创意构思设计

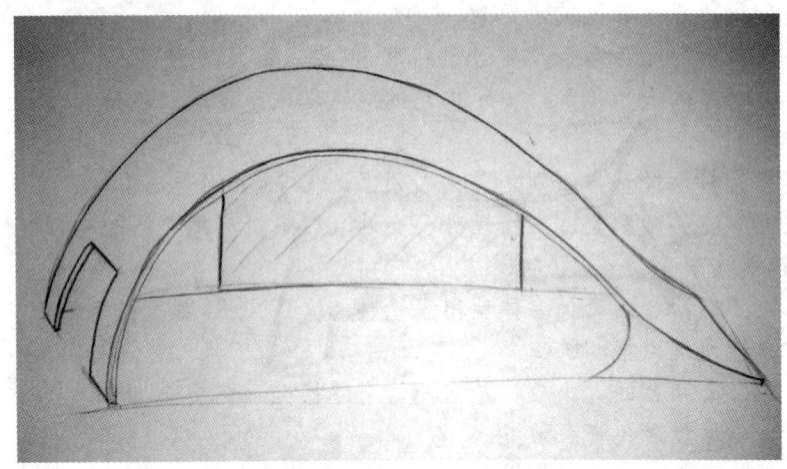

方案1. 整体结构采用拱形。在实用性上,不方便乘客候车,但是有很好的遮挡功能。

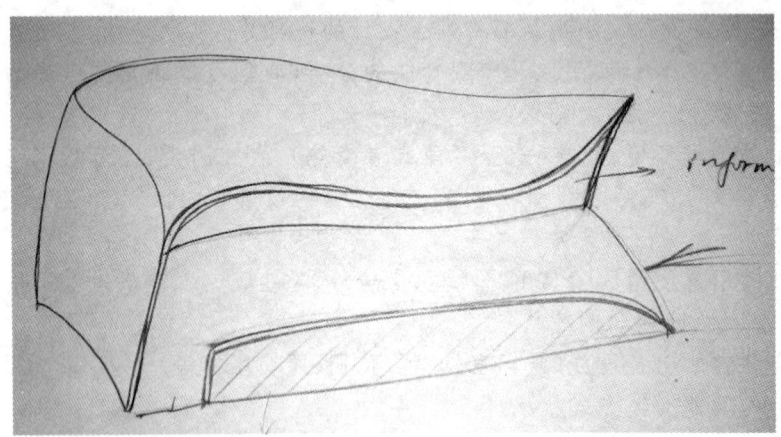

方案2. 此方案设计采用三面封闭的造型,乘客从右边进入站台,从站台的左前方出站台乘车;整体造型缺乏美感。

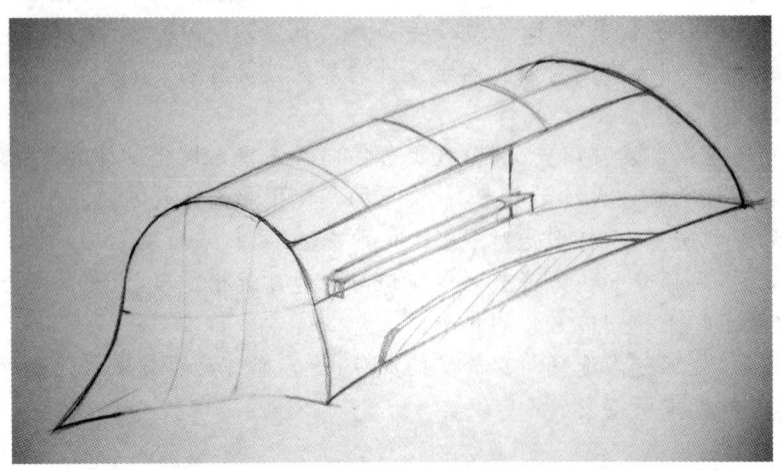

方案 3. 整体造型采用变形的圆柱体结构，乘客从右前方进入站台，可以在站台内的长凳上坐下候车，从左前方出站台上车；在前方设置护栏保护乘客的安全。

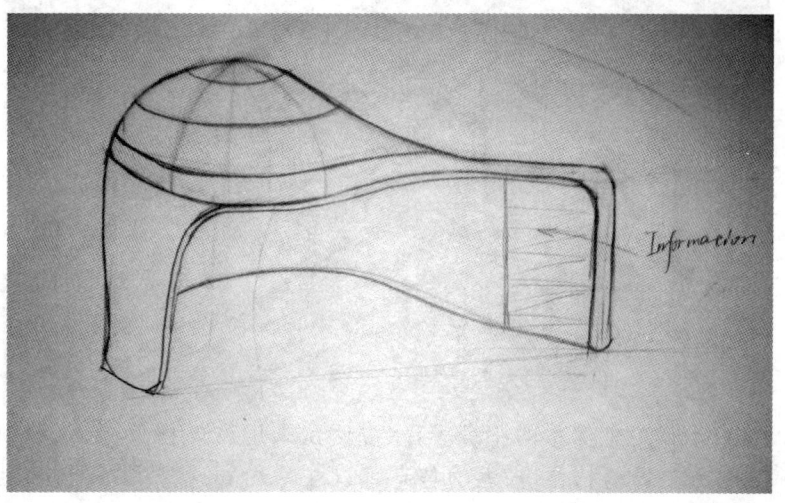

方案 4. 此站台整体造型像一顶温暖的帽子给乘客提供庇护，特点鲜明富有个性；在站台的右侧有车次信息的标识，便于乘客阅读站次信息。

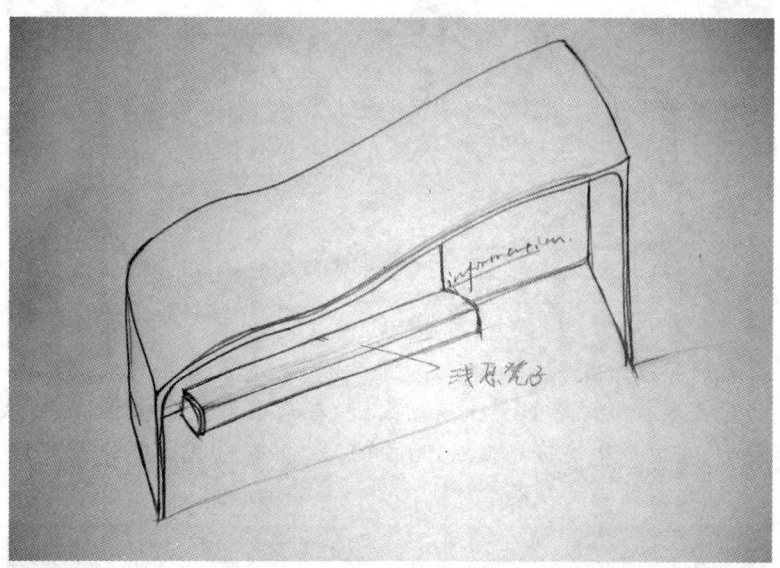

方案 5. 曲线形的侧面，造型个性生动；一面开放有很好的遮挡效果；站内摆置了长凳，可以提供给需要休息的乘客；站次等信息在站台内，并在长凳的后面墙壁上有广告屏，可以提供乘客阅读，打发候车时间。

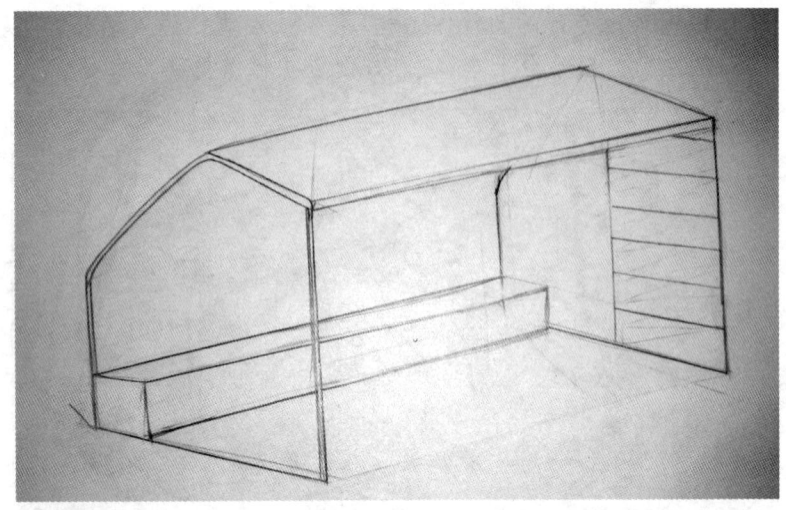

方案6. 站台形似一个简单的小房子,左右两侧采用玻璃挡板,后侧和顶面连接在一起,可以为乘客起到很好遮挡作用;站次信息可以在站内和站外同时阅读,站内为乘客提供休息的长凳;整体造型简约,实用性好;此方案与常规站台区别不大。

方案7. 方案在常规的站台设计上有所改进,在前面设置了护栏,维持乘客的乘车秩序,以及乘车安全;左面是车次信息板块,后面的广告板块上增加了电子提示屏,现在还暂时不能实现对车辆运行的自动提醒。

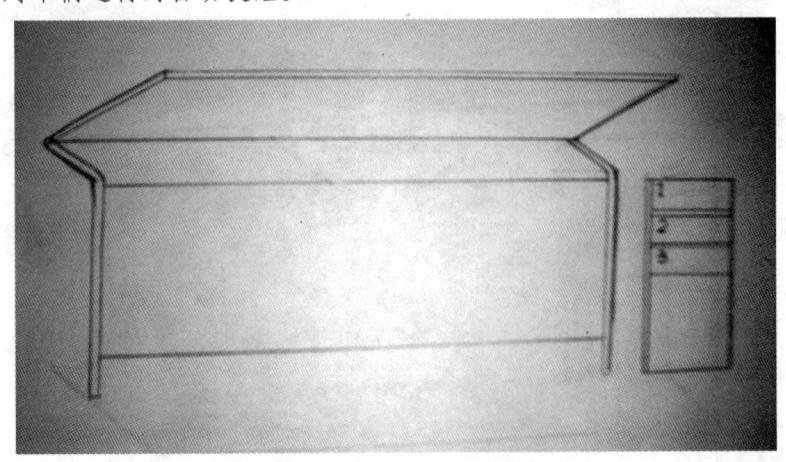

方案8. 站台整体较简洁,站台只有顶上的遮挡板和后面的广告板块,车次信息在旁边,可以让乘客很清晰地意识这是个公交站台,能够很好完成它的基本功能;在造型也很有特色,并且在空间上没有多大的限制。

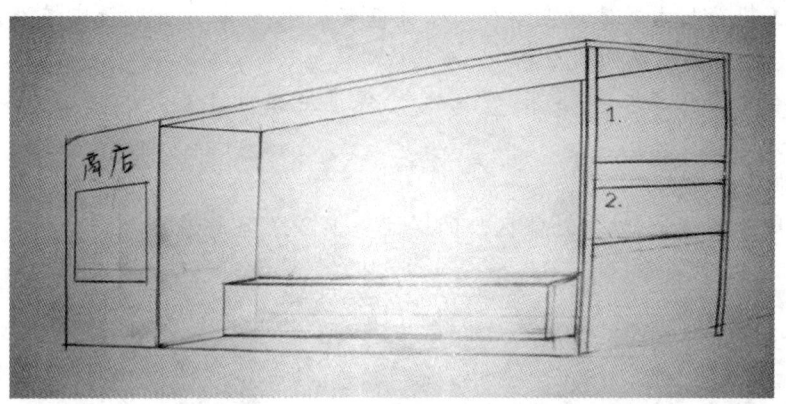

方案9. 此站台很好地把便利店和公交站台结合起来,可以为乘客提供兑换零钱、报刊、简单的食品等服务;乘客还可以坐下来阅读每天的报纸候车,以便于打发候车时间;站次信息也很清晰地在站台的右侧显示,不起身走动就可以获取车次信息。

3.2 最终方案设计

设计说明:

本次公交站台的设计灵感来源于我们生活当中常见的"回形针"。此次设计亮点在于顶面用了新型防辐射材质,以保证人们在等待公交车时候避免阳光直射,尤其是在没有绿植的马路上。公交站牌的设计也极富人性化,可以自动检测到明暗变化,自动调节公交站牌的亮度。其后也巧妙地设计了休息区,以方便等待时间过长的行人。它也可以给盲人一个导向的作用。此次设计的公交站台较为简约、实用、造价低。

3.3 最终方案功能分析

通过上面的调查,我们发现人们对公交站台的功能要求并不是太多。过多的功能反而造成人们不方便操作,特别是对一些老人而言,一些技术性太强的功能老人根本不会操作。而且太多的功能也会占用很大的空间,使得站台变得拥挤,一些不必要的功能还会造成极大的资源浪费。

人们希望站台的功能能够尽量简单化、人性化,而不是将众多功能聚集到一起,因此站台功能除了最基本的候车功能、车站牌外,还应该有适合的休息场所,能够为人们提供避雨和遮阳的空间。站台的夜间照明应该做到足够明亮,保证人们在夜间能够看到自己想要的信息,但是灯光颜色应该最好选择普通的白色日光灯,过于绚烂的颜色反而会造成人的视力受损。

在美观功能方面,站台的结构比较简单,空旷的空间让人们的视觉不会受到太大的限制。站台的颜色选择比较简单的白色,但是局部选用比较显眼和中国传统认为比较喜庆的颜色——红色,使得站台建筑既能够比较容易地融入城市的其他建筑中,也比较容易被人们所注意到。

3.4 最终方案人机分析

站台的人机分析主要体现在站台的总体框架尺寸、站牌设计以及座椅设计等。

(1)站台的总体框架人机分析

公交站台总长9.8米,高3米,宽3.2米,保证足够的站台空间,不会让人觉得过于压抑,方便人们穿行。

(2)站牌人机分析

公交站牌总高2米,站牌功能区高的区间为1.2米至1.85米。

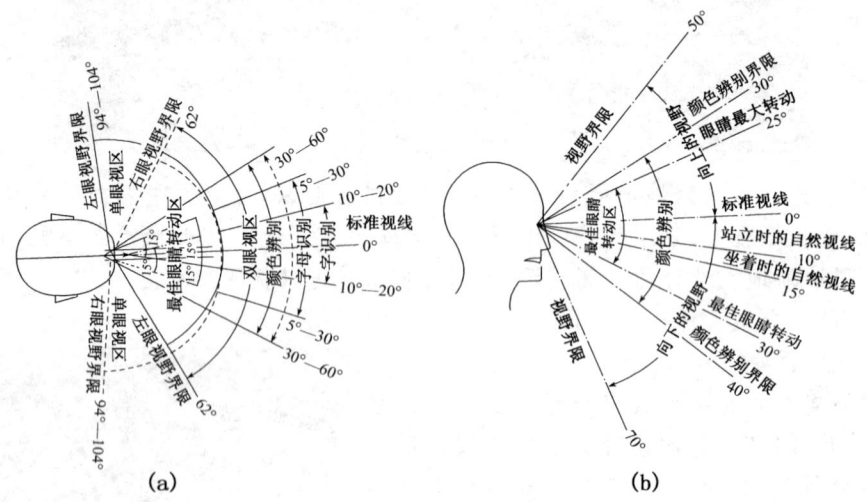

人的眼睛向上最大转动为25°,向下眼睛最佳转动为30°,所以处于区间为1.2米至1.85米空间的信息较容易识别。

(3)座椅设计人机分析

座椅设计参考数据如下:

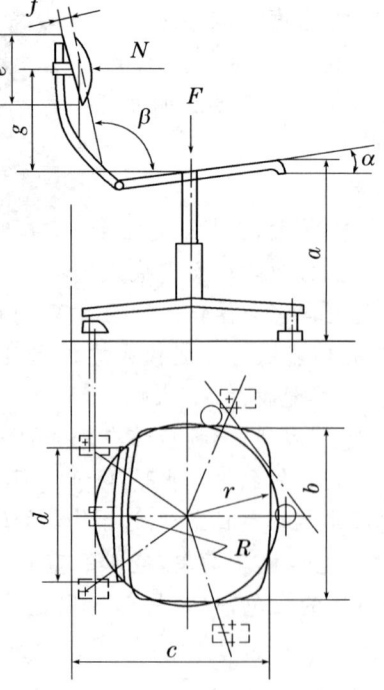

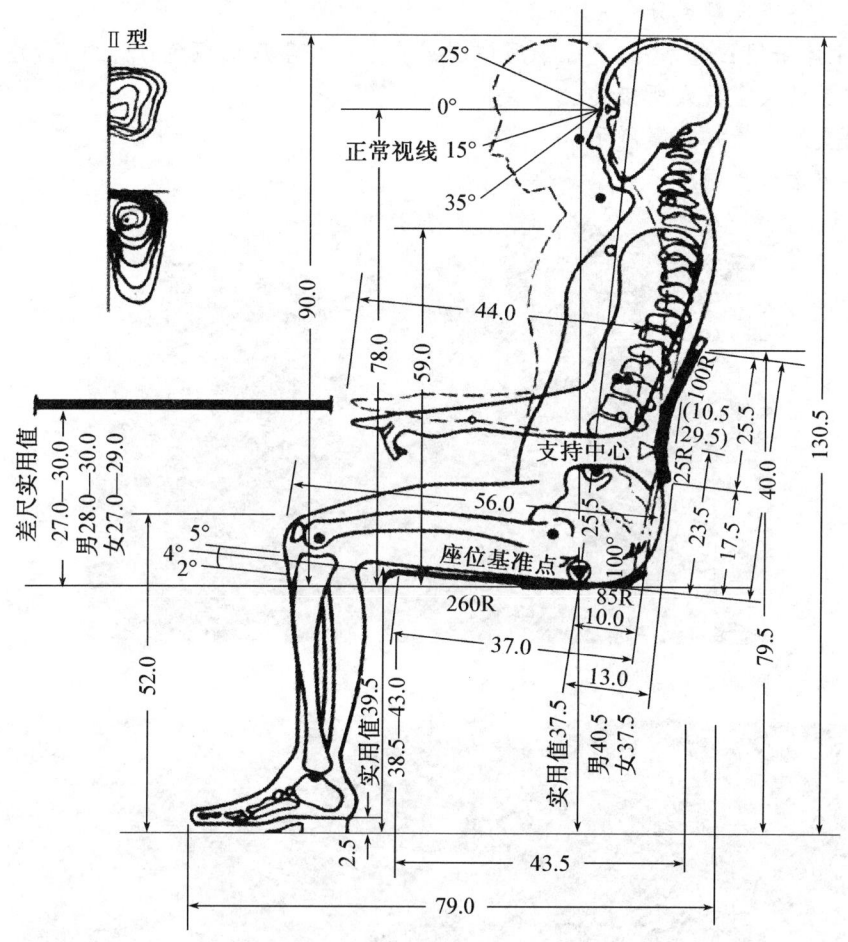

中国成年人人体尺寸确定具体数值（节选）：

参数	数值
座高	360—480
座宽	370—420 推荐值400
座深	360—390 推荐值380
腰靠高	165—210

所以设置公交站台座椅座高0.44米，座宽0.4米。

3.5 最终方案材质分析

公交站台主体框架结构采用钢结构，具有建造组装方便、坚固耐用的特点，表面喷漆处理。
站台主体采用塑料板材，比较容易成型，质量比较轻，不容易掉色。
站台座椅主体采用木质材料，两边用金属材料包裹，使人坐起来更加舒适，同时坚固耐用。
站台站牌主体采用塑料材料，边缘用钢结构包裹，表面喷漆处理。

3.6 最终方案颜色分析

站台主体采用白色系列,边缘采用中国传统上比较喜庆的颜色——红色,整体色彩比较简单,容易被大多数人所接受。

4 公交站台最终方案展示

4.1 方案效果图展示

4.2 方案三视图展示

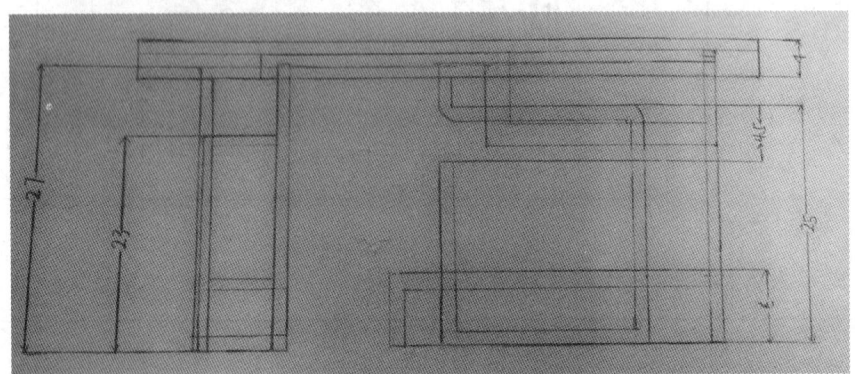

前视图

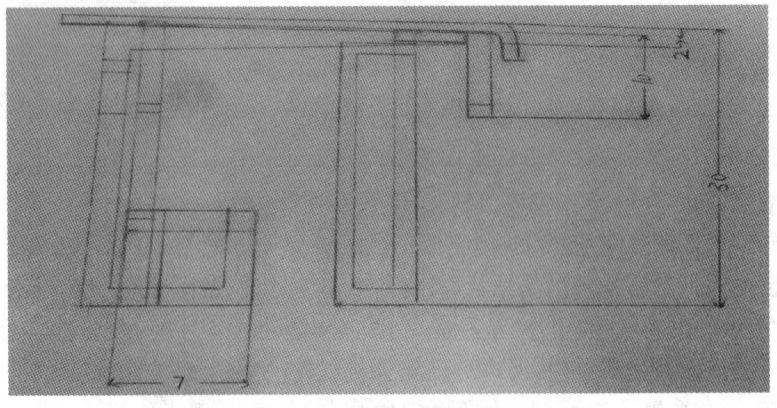

左视图

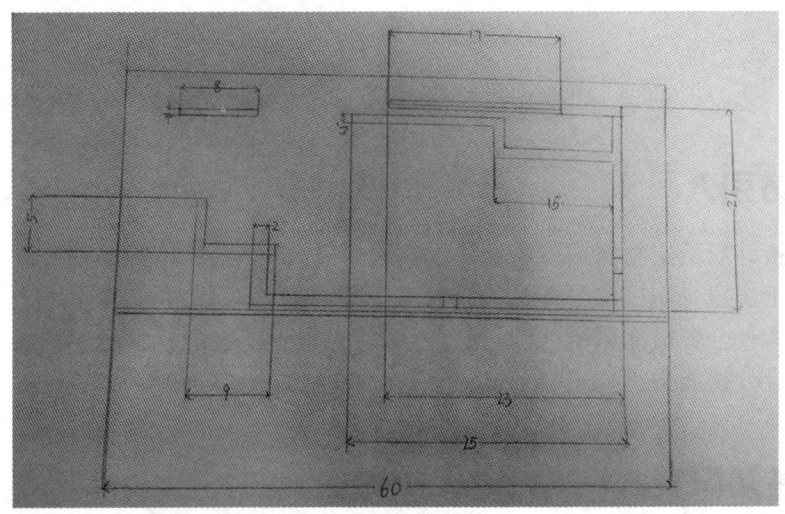

顶视图

5 结束语

这是一款针对中国城市设计的公交站台,总体结构比较简单,建设成本也不高。该公交站台作为展示城市形象的窗口和平台,在满足人们的功能需求的审美要求等设计要素的同时,也体现了城市文明进程。站台在细节方面也有较多处理:带弧形的结构为人们由于出现意外而受伤提供了防护;垃圾筒的垃圾入口较大,方便人们投掷;设置护栏会导致站台空间拥挤,给司机停车带来难度,因此并没有设置护栏。希望通过这个公交站台设计,能够改善人们的乘车心情,方便人们出行。

6 参考文献

[1] 王炜、徐吉谦. 城市交通规划理论及其应用[M]. 东南大学出版社,1998.

[2] 杨晓光、滕靖等. 公交通行能力和服务质量手册[M]. 中国建筑工业出版社,2010.

[3] 王炜. 城市交通规划[M]. 东南大学出版社,2000.

[4] 王炜、徐吉谦. 城市交通规划理论与方法[M]. 人民交通出版社,1992.

[5] 郭冠英. 中途停靠站公交线路数上限的确定及驻站时间计算模型[J]. 上海公路,2000(2).

[6] 曾涛、沈文. 城市公交密集线路设站方式探讨[J],综合运输,2011(6).

[7] 杨晓光. 公共汽车交通专用道及其停靠站最佳布置方法[J]. 同济大学学报(自然科学版),2004(7).

任务三　申　论

任务引入

申论是指针对给定材料或者特定话题而引申开来、展开议论的一种文体。目前,申论是一种专用于选拔录用国家公务员的应试文。"申论"的写作,避开了传统"作文"中那些未必适合于考查公务员的因素,使必须考查的能力得到了突出。学习申论的写作,能帮助我们提高综合分析能力。

必备知识

一、概念

"申论"一词,出自孔子所说的"申而论之"。从字面来理解,"申"为引申、申述,"论"为议论、论证,"申论"则指针对特定话题提出自己的观点,并展开论述。从历年的申论考试实践来看,"申论"则指针对特定话题提出自己的观点,并展开论述。

作为一种应试文体,申论最早出现于2000年中央国家机关公务员录用考试之中。经过几年的实践,以及专家学者的改进与完善,申论现已成为国家公务员录用考试的一门基本科目,日益受到人们的重视。

二、申论考试的特点

1. 考试形式灵活多样

申论考试除了所给出的材料部分外,其答卷一般由三部分组成:一是概括部分,二是方案部分,三是议论部分。就文体而言,概括部分可能是记叙文、说明文、议论文、应用文中的某一种形式,也可能综合了多种文体形式;方案部分,则是应用文写作;第三部分自然是议论文写作了。从这个意义上来说,申论考试既考查了普通文体的写作能力,也考查了公文写作能力,考试形式非常灵活、实用。

2. 考试背景资料涉及面广

申论考试的目的是选拔国家公务员,因此十分注重对考生的分析、判断、解决问题的能力等综合素质的考察。为反映这一要求,申论所给定背景资料涵盖了政治、经济、法律、教育等诸多方面的内容,涉及范围极其广泛,且表述比较准确,一般不会出现偏差。

申论的背景资料所反映的问题大部分已有定论,也有一些问题尚无定论或存在争议,需要考生自己去理解、分析和判断,并做出结论。至于一些难以定论的问题,特别是一些争议激烈的前沿问题,一般不会成为背景材料。

3. 考试目的针对性强

申论考试考查的目的明确,针对性很强,即主要考查考生阅读、分析、概括、解决问题的能力。这些能力主要通过对背景材料的分析、概括、论述体现出来,从所提出的方案对策是否具有针对性和可行性体现出来。从这一角度看,考查的目的与考试的命题是密切相关的有机整体:目的具有针对性,试题也具有针对性;试题为考试的目的服务,目的则是试题设计的指导思想。

4. 考试标准具有先进性和国际性

选拔公务员的申论考试,一开始就借鉴了一些发达国家的先进经验,不仅注重对应试人员能力和素质的考查,而且注重对应试人员将要从事行政机关工作和岗位职责所需要的能力素质的考查。在科目设置、考试形式上都是按国际标准设计的,在内容上体现了中国特色。

西方一些实行公务员制度时间比较长的国家的公务员考试,是分类分等、定时定期进行的,人员的选拔录用与职位紧密结合,采用不同的试卷,以满足不同岗位、不同职位对人员的不同需求。我国也将逐步在公共科目试卷中体现中央国家机关和垂直管理系统在用人上的不同要求,逐步做到分类、分等、定期考试。

5. 没有确定的标准答案

申论考试没有也不可能有一个确切、固定、唯一的标准答案。从资料背景来看,都是有关当前政治、经济、法律、教育等社会问题,有的已定论;有的尚未定论,完全要考生自己来解决。从这个角度来看,无论是提出对策或是对对策进行论证,都不会有一个确切、固定、唯一的标准答案。

以对策部分为例,这部分是要提出解决问题的办法,这个办法要具有针对性和可行性。但是针对性和可行性是相对的,在不同地区以及发展中的不同阶段,解决问题的办法就不可能一样,更何况有的目前还没有一个确切的合理的方案,因此哪一种更为合理、针对性与可行性更强,要对若干方案比较论证后方能确定。又比如论证部分,抓住什么问题、从什么角度论证,采取什么方法与结构,要适合自己的特长,因而也绝不会有一个具体唯一的标准。因此论证(作文)部分的评定,也只能是综合的、全面的、等级式的,不可能有确切的、唯一的标准。

正因为申论考试没有确定的答案,这给了考生以发挥的空间,不同的考生完全可以较充分地展示各自不同的能力和水平,同时也有利于选拔者挑选到满意的人才。

6. 考试具有前瞻性

申论考试注重考查考生综合运用所掌握的知识解决实际问题的能力。整个社会在不断地发展变化,公务员考试命题不仅会与这种发展趋势相适应,而且还会体现出一定的前瞻性。

三、申论考试解题的基本环节

1. 阅读理解

阅读理解是申论考试的第一环节,也是基础性环节。应试者首先要读懂所给材料的意义,这是回答后面题目的基础。由于试卷中提供的材料在排列顺序和内容上往往是杂乱的,没有清晰的逻辑线条,所以要求应试者在一定的时间内,能够通过阅读理解,筛选出有用的信息,概括提炼出材料背后所反映的主旨。通常在回答试卷第三部分提出的第一个问题时这种阅读理解能力将得到集中的体现。

2. 概述内容

在正确理解给定材料的基础之上,运用概念、判断、推理、分析、综合等逻辑思维的方法进行分门别类的筛选、加工,理出逻辑思路,提炼材料所反映的主题思想,内容概括要全面、凝练、准确、深刻。通过试卷第一、第二部分设置的问题可以比较成功地考查应试者的这种能力。

3. 提出对策

针对问题能够提出行之有效的措施、方法和方案,这是申论考试中最具实质性质的一个环节。因此,应试者要紧扣考题要求,抓住核心问题,分清主次,权衡得失,科学有效地提出解决方案。在申论考试中考试应试者提出问题和解决问题的能力就成为其核心的目标。通常在回答试卷第二部分提出对策和第三部分进行论证的过程中,这种能力将得到集中全面的体现。

4. 论证能力

论证能力主要是指借助于语言文字将应试者的思想、意见和看法等表达出来。良好的语言表达能力能够将应试者的思维活动过程再现出来,使之逻辑清楚、层次分明、用语准确、结构严谨,并能够深入浅出说明问题,及时、中肯地提出问题和解决问题。这种能力始终贯穿在对整个申论试卷的回答过程中。

四、申论考试的注意事项

1. 认真审题

审题至关重要。考试时要注意答题技巧,合理分配时间,不要盲目求快。

2. 紧扣材料答题

一定要注意申论考试的限制性要求,切忌脱离给定资料,随意联想和发挥。

3. 注意限制要求

申论考试中对字数是有限制性要求的。答题应该简洁,做到要言不烦,切中要点。

4. 临考前做适量的模拟题

有备而来,在考试现场不致手忙脚乱,影响临场发挥。

【例文】

2017年江苏省公务员考试申论真题答案解析(A类)

一、给定资料

1. 在祖国的山山水水间,有这么一群人。他们或俯首案前,呕心沥血研究民间文化;或献身舞台,孜孜以求编演老百姓喜闻乐见的精彩节目;或走村串寨,把精神文化食粮播撒在田间地头……他们有一个共同的名字——"基层文化人"。

D市文化馆的王先生只有小学学历,自学成才。数十年来,他利用节假日和工作之便,自费跑遍了该市100多个乡镇村组,收集地方文化遗产资料三百余万字。利用在当地流传的"孟姜女传说""荆河戏"等资料撰写了五部学术专著,著作的出版在当地学术界和文艺界引起了不小的震动。

2. G省X县周村有一座古色古香的周氏祠堂。祠堂始建于明代,以前只有在逢年过节时才会有村民去里面祈福祭祖,平时大部分时间闲置。如今,祠堂被改造成了"周村文化礼堂",门前挂起了"周村关心下一代工作委员会""周村老年人协会"等牌子。放学后,村里的孩子结伴在这里看漫画;周末,老年人相约在这里聚会、看戏……周村的变化,利益于G省农村文化礼堂建设工程的推动。截至2016年底,该省共建成农村文化礼堂约5000余个。一座座文化礼堂的建成,凝聚着乡村的文化底色,从物质形态上保障了乡村文化的栖息与传承。昔日几多落寞的废祠堂、旧庙宇,变成了山里人"快乐村晚"的大舞台。文化礼堂既是村里的荣誉殿堂,也是村史和个人成果的展示厅;既是以"身边人、身边事"为原型的乡村文艺的发源地,也是好婆婆、好媳妇、五好家庭等好人好事的评比场……"旧瓶装新酒",盘活了资源,传统建筑摇身一变成为新时代的"精神高地"。

3. "打麻将?谁有那闲工夫!年节是村里人聚得最全的时候,大家一起唱戏、耍社火,都一心指望在全县社火大赛、戏剧大赛里拔头筹呢!"2017年2月18日,L县某村综合文化服务中心里,66岁的赵大爷司鼓,他62岁的老伴杨大娘旦角,夫妻一唱一和,乐在其中。作为该村业余剧团的发起人,赵大爷不但把自家的服装、道具免费提供给剧团使用,还义务培养年轻人学习表演,一心要让传统艺术后继有人。

4. 2017年1月30日,正月初三,家家户户还处在节日的欢乐气氛里,J市城市管理执法支队对辖区道路开展了春联春贴专项整治活动。过年期间上街撕春联,让在节日期间的民众难以理解。网民质疑,城管是不是管理得太多了?贴春联这一延续了几千年的习俗被制止,太粗暴了!为此城管部门在官网上做了一个公开解释,回应说:"贴春联贴'福'字,是传统风俗,在带来喜庆的同时,也带来了很大的安全隐患和视觉污染。节日过后,破旧凌乱的春联春贴不但失去了营造节日气氛的作用,还严重影响了市容市貌。因此,城市管理执法支队在尊重传统节日的同时,对辖区商户早宣传,对春联春贴早清理。节后,支队从正月初三起开展了专项整治活动。共清理春联、门贴、'福'字等450余处,大大维护了文明、洁净、清新的城市环境。"让人诧异的是,回应最后还说,"正月初清理春联门贴,得到了绝大多数商户的理解和支持,也吁请辖区内广大市民予以理解与配合。"可从新闻下面的跟帖来看,遭到民间舆论的一致抵制,批评、质疑,甚至咒骂声一片。

5. 文化是民族的精神内核,基层是文化的展现园地。文化之功,如滴水穿石。只有基层文化活起来,百姓精神才能富起来。2017年3月1日《中华人民共和国公共文化服务保障法》正式施行,自此人民群众基本文化权益和基本文化需求将实现从行政性维护到法律保障的跨越。基层文化供给侧改革的关键在于文化服务思路的转变,要变政府"端菜"为群众"点菜"。基层文化服务由政府主导,但不是政府包办,只有让群众"点菜",让群众主动参与进来,才能激发起全社会的文化创造活力。基层文化服务供给侧改革的过程或许漫长,但只要改革围绕群众一步步展开,必能赢得所有基层民众的点赞。

二、作答要求:

1. 请你借鉴关于H省评选"最美基层文化人"的成功做法,拟定一份本省展开类似活动的工作方案。

2. "网红"现象引起社会热议,请针对文中不同观点,谈谈你的见解。

3. 当前基层群众参与文化活动的一些新现象,请对此进行归纳概括。
4. 以"激发群众热情,创新文化服务方式"为主题,联系实际,自拟标题,写一篇议论文。

【参考答案及解析】
第一题:
本题为贯彻执行题,作答范围是"给定资料1",作答任务是"借鉴H省评选"最美基层文化人"的成功做法,拟定一份本省展开类似活动的工作方案",考生需要对工作方案的基本内容和格式要求,方能顺利作答。此外,考生还需要注意作答身份的要求,以"J省文化部门的一名工作人员"的身份完成作答。

【参考答案要点】
寻找J省"最美基层文化人"的工作方案
一、活动目的:激励全市文化工作者以先进为榜样。
二、推荐
推荐时间:2017年×月×日——×月×日
推荐范围:基层文化工作者、艺术工作者、文化传承者、文化创意者
推荐形式:全省各市州、区县文化部门推荐以及文化工作者自荐、群众举荐等途径。
三、评选
专家评审:组织综合考察,提出评审意见,核对相关资料、确定最终投票人员名单。
网络投票:在我省文化部门官方网站、微信、微博等平台开通网络投票渠道。
集体决定:根据网络投票结果,集体研究决定J省"最美基层文化人"获奖名单。
社会公示:在省文化部门官方网站、微信、微博等平台公示"最美基层文化人"获奖名单。
四、表彰
颁奖活动:举行"最美基层文化人"颁奖典礼,通报获奖结果,表彰先进典型。
奖励内容:对于荣获"最美基层文化人"称号者,给予一定的精神奖励和物质奖励。

第二题:
通过审题发现,题目要求考生谈谈对文中观点的见解,是典型的综合分析题目。作答资料的范围是"给定资料4",考生作答时要仔细阅读分析这则材料,不能遗漏要点。
题目作答要求"分析透彻、观点正确",这就说明作答时答案一定要深刻、透彻,分析正确。同时,也要注意综合分析题的一贯要求,即条理性。

【参考答案要点】
文中不鼓励和听之任之的观点都有失偏颇。
"网红"是一种文化现象,能够通过传递价值观和生活态度影响"粉丝"。不健康的"网红"行为容易偏离主流价值观,会把受众引入歧途,甚至触犯法律;同时严重影响文化行业发展。
因此,相关主管部门应该加大打击网络"三俗"等违规内容,保持对网络乱象的高压态势;加强对从业人员专业素质、责任意识和担当精神的培养,在规范"网红"行为的基础上,鼓励其引导"粉丝"价值观,促进文化发展和社会和谐。

第三题：

题干看似简洁，却并未指明作答范围，给考生作答增加了难度。作答内容是归纳概括"当前基层群众参与文化活动的一些新现象"，注意抓住"基层群众""新现象"两个关键词。

具体要求里点出要"紧扣'给定资料'""准确全面"，作答时要以材料为准，不得随意添加或删减要点，"条理清楚"则指出作答不可堆砌要点，要有一定结构。

【参考答案要点】

当前基层群众参与文化活动的一些新现象有：

1. 传统建筑成"精神高地"；
2. 农家书屋与电商互利互惠；
3. 阅读空间兴起；
4. 群众自办文化热情高涨；
5. "网红"群体兴起；
6. 参与途径创新。

第四题：

【写作思路】

阅读题干可知，本题为一道给出写作主题的自由命题作文。通过阅读给定资料7，我们可以了解到我国基层文化供给侧改革，正将主角由政府转向群众，而题干所给主题也告诉我们，要激发群众热情。我们可以采用分析问题型结构，对这一观点进行分析，阐释创新文化服务方式的意义。

阅读给定资料我们可以找到分论点，资料一中讲述了文化馆王先生对文化遗产资料的收集，我们可以确定第一个分论点：创新文化服务可以传承文化遗产；资料三讲述了L县开展公共文化活动，令低俗文化没有市场的例子，我们可以由此确定第二个分论点：创新文化服务可以和谐社会氛围；同时，资料三还讲述了公共文化服务供给不符的问题，我们可以由此提出第三个分论点：创新文化服务可以节约资源。

提炼出分论点后，我们按照分析问题型结构，合理安排逻辑顺序，展开写作即可。

【参考例文】

激发群众热情　创新文化服务

俗话说，智慧是知识凝结的宝石，文化是智慧放出的异彩。公共文化活动，丰富人们业余生活，提升知识水平，是我国政府重点工作之一。然而，公共文化服务投入虽多，但效果不佳。究其原因，在于政府提供的服务不符合群众"口味"。我们需要创新文化服务方式，激发群众热情，让文化发挥它应有的魅力。

创新文化服务，可以避免资源浪费。多年来，囿于计划经济时代的供给思想，我国部分地区公共文化服务依旧是政府唱主角。提供何种文化，采取何种方式，都是由政府一手包办。这种老旧方式忽视了基层实际需求，虽然花费不菲，但群众并不买账，部分机构"浑水摸鱼"更降低服务质量。以农家书屋为例，全国政协曾在调研中发现，一家书屋中商务宴请的图书多达七本，微机编程的图书更有十二本之多，完全脱离基层需要。这一问题充分暴露出政府"端菜"对群众需求的忽视，只有转变方式，由群众"点菜"，才能让群众掌握主动，避免国家资源浪费。

创新文化服务,可以传承地方文化。群众是基层文化服务的主体,他们对基层文化有着最深的了解,改革基层文化供给结构,可以激发群众热情,让他们深度挖掘地方文化遗产,在文化服务活动中传承发展。湖北农村医生赖晓平,在巡诊治疗时,发现了众多农村文化遗产,他潜心整理文字,邀请老人示范,并选取民间歌手,最终确保原生态秧田号子《啰啰咚》唱响舞台,不仅丰富民间公共文化活动,更实现了非物质文化遗产的保护传承。江苏省地方文化遗产众多,无论是评弹、昆剧,还是剪纸、云锦,无不具备独特韵味,正需激发群众热情,将其融入文化服务之中,确保薪火相传。

创新文化服务,可以塑造和谐氛围。当前,我国各地经济发展,群众收入水平提升,此时若是忽视精神文明建设,难免导致低俗文化"乘虚而入",安定和谐的社会氛围由此破坏。近年来,赌博恶习在农村愈演愈烈,部分家庭由此矛盾冲突不断,传统乡村的和谐氛围一去不返。反观宁夏隆德县,改变公共文化服务方式,以花灯表演、社火比赛等活动激发群众热情,鼓励他们主动参与,避免了"牛不喝水强按头"的现象出现,丰富业余生活。可见,创新文化服务方式,可以抵御低俗文化在基层的传播,呵护传统乡村的和谐氛围。

多年来,我国公共文化服务忽视民众诉求,浪费国家资源,同质化问题严重,设想虽好却难以实现。如今,供给侧改革的大幕拉起,开展公共文化服务的主体由政府转为群众。相信随着群众热情被激起,社会资源将合理应用,传统文化将薪火相传,基层社会将和谐安宁,我国基层文化建设将迎来一个崭新的时代。

写作实训

1."我们或许应该如作家米兰·昆德拉所言,'慢下来',因为自在有为的生活是急不得的。"请结合你对这句话的思考,联系自己的感受和社会实践,自拟题目进行论述。要求中心明确,内容充实,论述深刻。

2.根据你所学的专业知识,找一个你感兴趣的问题展开研究,拟写一个论文提纲。

项目九 求职就业

任务一 职业生涯规划书

 **任务引入**

你是一名大一新生,面对自己今后的人生方向和前途,你需要对自己将来的学习和工作制定一个目标,做好一份周密完整、行之有效的职业生涯规划书。

 **必备知识**

一、概念

职业生涯规划是指个人发展与组织发展相结合,在对个人和内外环境因素进行分析的基础上,确定一个人的事业发展目标,并选择实现这一事业目标的职业或岗位,编制相应的工作、教育和培训行动的计划,对每一步骤的时间、项目和措施作出合理的安排。职业生涯规划书即职业生涯规划过程中形成的文字性方案,以便理顺思路、提供操作指引,随时评估与修正。

通过职业生涯规划书的设计制作,可以尽早树立职业规划意识、竞争意识和危机意识,以科学的态度规划自己的职业生涯,主动采取积极行动,将职业规划的理论与实践完美结合。同时,还能对具体的学习和工作起到指导及鞭策作用,有针对性地加强职业能力培训,化"被动就业"为"主动择业",让大学生赢在职场起跑线,成为抢手的职场新人。

二、结构和内容

职业生涯规划书一般可分为以下几个部分:

1. **自我认识**

兴趣分析——我喜欢做什么
性格分析——我适合做什么
能力与技能分析——我擅长做什么、有何成就
需求与价值观分析——我想要什么、追求什么

2. **环境分析**

外部环境:社会、学校、家庭。

职业环境：行业、职业、岗位、任职资格、工作条件、晋升路径、业源地等发展方向，以寻找各种发展机会。

3. 职业目标与路径设计

包含职业目标的定位及其分解组合、实现目标的路径设计等。可自己分段规划，最少分为两段，每段可设职务目标、经济目标、能力目标、成果目标、健康目标、学习目标、家庭目标。

目标设定是基于自我认识和对社会环境及现有行业、职业分析的基础上，对自己未来职业生涯设定明确方向和目标。一个人在选择职业主攻目标时，必须考虑自己的主客观因素，即个人的文化基础、智力水平、兴趣爱好、职业或所学专业状况、自身素质的优劣、时间的充分程度和社会的需要、时代的客观环境、单位和家庭的微观环境。权衡优劣利弊得失之后，确定长期目标和近期目标，宏观目标和微观目标，从而把握个人发展的方向。

4. 具体行动计划

确定职业生涯目标以后制定的具体行动计划，主要可分为短期计划、中期计划、长期计划等。

5. 评估与调整

事物都是在运动变化中的。在制定职业生涯规划时，人们对自身和外部环境了解有限，最初确定的目标也可能比较模糊，甚至有错。随着时间的推移、规划者认识的提高、自身及外部环境的变化，经过一段时间执行后，人们应不断总结经验教训，重新评估职业生涯规划，并根据具体情况，对其进行修正，纠正规划目标与现实目标的偏差，使之更加行之有效，以增强规划者实现职业目标的信心和决心。

三、注意事项

1. 资料翔实，步骤齐全

收集资料有多种途径，可以通过人物访谈、从报刊图书中摘抄、上网下载等方式获取资料，要尽可能注明资料的出处，并多运用图表数据来说明问题，以提高资料来源的可信度和说服力。职业生涯规划的步骤主要分为四步：第一步，分析需求，分析条件及目标设定；第二步，分析阻碍和可行性研究；第三步，设计方案和提升（改变）计划；第四步，制定详细的实施计划和措施。

2. 论证有据，分析到位

要了解有关的测评理论及知识，认真审视并思考自己的测评报告并对照自我认识与测评结果的异同，分析与测评结果形成差距的原因，从而确定自我评估结果，达到"知己"；要理清自己所处的外部环境（包括居住的地方、喜欢的地方、亲朋的意见等），明确自己最大兴趣是什么、最喜欢与之共事的人的类型、最重视的价值与目标、最喜欢的工作条件是什么，再通过目前环境评估（社会影响、家庭影响、学校因素、就业形势等）和当前社会环境分析（组织环境分析、技术的发展、经济的兴衰、政策法规的影响等）来确定自己的职业方向，做到有理有据，层层深入。

3. 言简意赅、结构紧凑、重点突出、逻辑严密

语言朴实简洁，用词精练准确，行文流畅，条理清楚，这是最基本的写作要求。撰写时

还应密切注意整篇文章的结构和重心所在。职业生涯规划书必须紧紧围绕职业目标这条主线来展开,从而体现文章论述的逻辑性和连贯性。要将重点放在自我认识、环境分析、目标实施上。职业生涯规划是自己将来的规划,这个规划只有建立在对自我和职业的充分认识的基础上才能体现出它的科学性和可行性。

4. 目标明确,合理适中

撰写职业生涯规划书应围绕论述的中心展开,职业生涯目标不能过于理想化,应"择己所爱"、"择己所长"、"择世所需"、"择己所利"。职业生涯规划是否成功,在很大程度上取决于有无正确适当、切实可行的目标。

5. 组合科学,措施具体

目标分解、实现路径选择要有理论依据,目标组合要注意时间上的并进、连续,功能上的因果、互补作用,全方位的组合要涵盖职业生涯、家庭生活、个人事务等方面。

【例文】

职业生涯规划书

引 言

在如此竞争激烈的社会中,要想有立足之地,必须要有明确的目标,而职业规划则是我们立足社会的重要武器。

步入了大学生活,从高中紧张急促的生活状态中走出来,很容易会因没有目标而迷失自己,迷失方向。给自己制定了目标,就找到了方向。而大学生职业规划设计规划给我提供了这样的机会,我更要好好规划我的职业生涯,使自己能够有目标地学习,有目标地工作,有目标地生活,使自己每一天都过得那么有意义,那么实在!

一、自我了解

1. 兴趣

喜欢听歌、骑自行车;没事时,喜欢边画画边听歌;喜欢和人打交道,突出的特点是对人非常的和善、心思细腻、感情丰富,热情大方,注重人际关系的和谐,特别乐于助人。富有幻想和创作欲望,想像力丰富,对错综复杂、不规则、新鲜的事物非常感兴趣,关心的话题比较广泛,重视个人和组织的关系,注重自我提升和帮助弱势群体,擅长倾听别人的心声,为人分忧。

经过职业测试得出,我的兴趣为:

艺术型:理想化,崇尚美、个性、创新、激情,喜欢创造有美感的新事物

社会型:爱结交,重人脉,乐于助人,喜欢其乐融融地和别人打成一片

2. 性格

我属于INFJ型:内向,喜欢一对一的关系,乐于倾听,不善言辞;富于想像和创造;有责任心,认真勤奋,重感情,有同情心,非常关注别人的情绪、需要和动机;喜欢有计划、有条理地做事;缺点是优柔寡断,不具探索精神,斗志不足,容易松懈,通常不愿付出过多的努力,在压力和挫折面前不够坚持,缺乏韧性。

3. 职业技能

成就故事：

1. 高二时荣获奖学金：高二时，我给自己制定了详细的计划，每天尽自己最大权利去完成，努力学习，认真复习，最后考出了优异成绩，获得奖学金。

分析：自我管理能力：坚持不懈，目标明确，意志力强

知识：心理学知识、各科知识

可迁移能力：做事有计划化、有组织，能应对压力

2. 进入大学后，参加学生会干事面试时，由于自己内向，很少在众人面前讲话，所以在进行自我介绍时心里很紧张，但我努力去想像自己是在家人面前讲话，是在与朋友聊天，最后成功加入学生会。

分析：自我管理能力：有勇气，能坚持

知识：心理学知识，现场应对知识

可迁移能力：能应对压力，能克制自己紧张度

4. 职业价值观

支持满足：1. 能够在一个具有规范约束的背景下有序而顺利进行；

2. 能够获得公司的合理反馈，获得应有的资源；

3. 能够及时获得上级的支持与肯定；

4. 过程中有比较好的培训机会，从而更好地胜任自己的工作；

5. 有一个合情理的、具有理解力的上司。

注重关系：1. 能够拥有与同事和谐的关系，并且与上下级也能够融洽相处。

2. 能够以团体共同努力的方式进行工作；

3. 能够接触到不同类型、群体、层次的人；

4. 是服务他人取向的，能够在工作时给予他人服务；

5. 合乎社会道德，或者是能够在道德的原则下行事的。

追求成就：希望获得的工作，是能够看到及时的成果展现，并体验到可能的成就体验。即工作的追求是一种自我实现，而并非外在特质利益的满足。

工作条件：非常希望获得有充分保障的工作（包括拥有良好的工作条件），比如能够在一个比较安全和舒适的环境中工作，能够获得应有的报酬，能够有自主决断的可能性等。而且还希望工作具有多样性，能够在工作的范围内做不同的事情。

赞誉赏识：对职业的追求，是能够使自己获得充分的领导力提升机会，并拥有充分的权威，能够对他人的工作提供指导，并且这个职位是富有社会声望的。

崇尚独立：期望在工作中能够独立工作、独立决策，而且能够表现出自己的创新，发挥自己的责任感、自主性。能够以自我监督的形式使自己的工作按照自己的计划顺利进行。

二、认识环境

1. 家庭环境分析

爸爸妈妈都是农民，社会阅历浅，但他们的为人处事教会了我做人、做事的道理。家里的子女除了我还有一个妹妹，生活并不富裕，但父母对我期望很高，我也很听话，想努力学习减轻父母负担。

2. 学校环境分析

学校在学习方面为我们提供了丰富的学习资源,在很多方面与统招生资源共享。学校里讲座特别多,这为我们对社会人才的认识和自身能力的提升提供了一个广阔的平台,让我们能提前认知世界和适应世界。学校图书馆拥有丰富的文献信息资源,涵盖人文社会科学、自然科学、工程技术、生命科学、农业科技、医学、艺术等各学科门类。我们可以很方便地从图书馆网站和馆藏室获取各种各样的资源。教师是人才培养模式的直接实施者。我们的老师都是各门科的专业人才,具有丰富的教师资源,经过严格挑选,聘请过来的。相对优越和便利的教学资源为我们的职业基础培养提供了条件。

3. 职业环境分析

我所学的专业是园林,将来打算往景观设计方向发展。

景观设计属于现代新兴的服务型行业。景观设计师是运用专业知识的和技能,从事景观规划设计、园林绿化规划建设和室外空间环境创造等方面工作的专业设计人员。景观设计师的职责就是规划我们的土地,协调人跟自然的关系,让人们与大自然和谐地相处。作为一名景观设计师首先需要具备一定的美术功底;其次,景观设计师还需要具备专业知识,其中包括城市规划、生态学、环境艺术、园林工程学、植物学等等;另外,团队合作精神和创新理念也是一名景观设计师必不可少的。

我国的城市建设方兴未艾,北京奥运会和上海世博会的成功举办为我国的景观建设带来了难得一遇的机遇。全国人民的生活水平提高,对生活质量的追求极大地促进了景观建设的蓬勃发展。众多的就业机会给景观设计行业提供了良好的发展平台。目前,我国大多数景观设计师都集中在北京、上海、广州等大城市,随着我国城市化进程的加快,景观设计师的需求也越来越大。

因此,该职业有较好的就业前景,但同时也引发大量人员从事该专业,就业压力加大,若想立足于该行业,必须具备较高的职业技能与专业知识。

基于以上分析所选职业目标符合自己"认识自我,挖掘自我,挑战自我,挑战人生"的人生格言,同时也符合自己的个性特征、职业兴趣、职业能力以及职业价值观,从而得出我的人职匹配度较高。

4. 社会环境分析

社会整体就业趋势:近年来,大学生就业已经逐渐成为世界性难题。我国现在大学生毕业渐渐增多,而需求量也渐饱和,对高端的技术需求高。社会就业率普遍不高,失业率有上升的趋势,所以整个社会就业环境不乐观。

5. 我的职业生涯规划 SWOT 分析表

	机会(Opportunity)	威胁(Threat)
	1. 现在景观设计是一门正在变得热门的专业 2. 我所学专业与景观设计相吻合 3. 随着我国城市建设的发展,人们对生活质量的追求极大地促使了景观建设的蓬勃发展,景观建设前景不可估量	景观设计行业的专业人员,要求是具备<u>美学</u>,绘图,设计,<u>勘测</u>,文化,历史,<u>心理学</u>等各方面知识的复合型人才,考取难度大

(续表)

优势： 1. 大学时期的专业即为园林，拥有扎实的专业知识 2. 目前是院学生会学生部的成员，有一定的人际交往能力 3. 大四时学校会安排实习，因而到时会拥有实习经历与工作经验	优势机会策略（S.O.） 1. 首先针对自己的优势，自己要积极发挥 2. 要根据国家政策，及时调整自己的策略 3. 要不断丰富自己的历史文化素养，争取将这些文化底蕴融入到以后的景观设计中	优势威胁策略（S.T.） 1. 努力改正自己的缺点 2. 在大学中积极锻炼自己与他人的合作能力，建立良好的人际关系 3. 努力学习专业知识，才可能在激烈的竞争中处于有利位置
劣势： 1. 没有丰富的工作阅历 2. 没有足够的社交经验	劣势机会策略（W.O.） 1. 加强培养口语表达与人际交往能力 2. 积极主动参与学生会的活动，锻炼自己的各项能力	劣势威胁策略（W.T.） 1. 利用假期，多参观中国著名的风景园林胜地 2. 继续努力学习专业知识，并不断丰富自己的人文素养

三、决策行动

1. 确立目标：

短期目标：就目前而言，我的目标是通过英语六级考试，学好专业知识，打好理论基础。

中期目标：为毕业后就业开始做准备，假期或课余时间多参加社会实践活动，锻炼自己各方面的能力，特别是进入专业相关的行业，争取在临近毕业时做到有条不紊。

长期目标：希望能在自己的工作岗位上做出一番佳绩。

人生目标：生活幸福，并且希望有朝一日能够带着家人环游世界。

2. 实施行动

大一：努力复习，争取通过英语六级考试。学好基础，培养自己的为人处事能力，自学能力。学会与同学、陌生人交往，锻炼自己的交际能力，建立自己的交际圈。积极参加体育锻炼，进行心理调节，保持身心健康。

大二：继续认真学习专业知识，在学习的同时去图书馆等场所拓展自己的视野，丰富自己的知识体系，为将来的实习做好准备。积极参加各种校园和社会实践活动，不断提高自己的能力，扩展自己的交际圈。

大三：加强专业知识的学习，多多参加社会实践，达到理论与实践的真正结合。在假期里，寻找机会，去园林研究所实习，多多接触专业相关人员，培养自信与坦然的心态，抓住每一次表现的机会，在大家面前展现自己。扩大校内外交际圈，加强与校友、职场人士的交往。通过报纸、网络等了解景观设计行业的发展方向。

大四：提高就业技能，搜索就业信息；学习写简历、求职信，向老师和同校学长了解求职经历；登陆招聘单位网址或通过咨询、访谈等方式，了解招聘单位的相关信息，为面试做好准备；争取在毕业前得到景观设计行业的工作申请，积极参加各种招聘活动，了解面试知识，以及将要就业单位的信息。

四、评估调整

社会是不断变化的，而且是不断向前发展的，所以对我的职业规划要做出一些风险的预测。如果我不能够按规划完成以上制定的计划的时候,我会有以下的发展路径:大学毕业后,若没有找到工作,我会参加研究生考试,或自主创业,寻求其他发展路径,实现自己的人生价值。

五、结束语

以上就是我对于自己未来职业发展趋向的初步思考,我相信它是适合自己的。然而,理想与现实总是存在差距,但是大致的方面应该不会改变。我会按照以上的计划努力实施,将自己的职业之旅踏踏实实地走好。

有人说,在职业生涯的道路上,最幸运的人莫过于认识到职业规划的重要性而未雨绸缪的人;最成功的人则是那些通过自己的努力,一路披荆斩棘将既定目标一一实现的人。但"成功不相信眼泪","只有经历风雨才能见到彩虹",不管我的职业生涯既定规划实现的过程是何等的艰辛,我都会毅然前行。我坚信,通过自己的拼搏,我会有个顺利的职业人生。

任务二 简 历

任务引入

你是一名即将走出大学校门的学生,面对就业的重重压力,你对今后工作岗位的具体情况有一定的理性认识。为了获得一份理想的职业,经过多方面收集就业信息进行认真比较后,在确定了自己的求职目标和对象的基础上,你需要制作一份有竞争力的简历。一份精心准备的简历是求职获得成功的必要条件,你会怎样制作你的个人简历,使它看起来与众不同,突出特点?

必备知识

一、概念

简历就是对某个人的生活经历有重点地加以概述的一种应用文。它是一个人生活经历的精要总结,在一定程度上是一个人的整体形象的缩影,因而是现代社会人事档案的一个重要组成部分,也是考察干部、选拔任用人才等必须具备的一份重要资料。

二、结构和内容

一般来讲,个人简历的内容应该包括"本人基本情况"、"个人履历"、"学习和工作经历"、"求职意向"、"联系方式"等基本要素。

1. 本人基本情况

包括姓名、年龄(出生年月)、性别、籍贯、民族、学历、学位、政治面貌、学校、专业、身高、毕业时间等。一般来说,本人基本情况的介绍越详细越好,但也没有必要画蛇添足,一个内容要素用一两个关键词简明扼要地概括说明一下就够了。

2. 个人履历

主要是个人从高中阶段至就业前所获最高学历阶段之间的经历,应该前后年月相接。

3. 本人的学习经历

主要列出大学阶段的主修、辅修与选修课科目及成绩,尤其是要体现与你所谋求的职位有关的教育科目、专业知识。不必面面俱到(如果用人单位对你的大学成绩感兴趣,可以提供给他全面的成绩单,而不用在求职简历中过多描述),要突出重点,有针对性,使你的学历、知识结构让用人单位感到与其招聘条件相吻合。

4. 本人的工作经历及特长

包括做过哪些社会实践工作、有什么建树或经验教训。应届毕业生则应主要突出大学阶段所担任的社会工作、职务,在各种实训实习过程中担当的工作。

5. 个人能力

个人能力包括专业技能,非专业技能和个人特。简历中要充分显示自己的个人能力。写好个人能力,要认真客观地发掘自己的亮点,也要结合企业的招聘岗位需要有针对性地写。按照岗位能力需要优先的顺序有重点,有选择地列出,让优势一目了然。

6. 所获奖励

这部分内容应特别注意强调奖励的级别与难度,可将所获奖励的难度以数字或者奖励范围写出来,让用人单位明白所获奖励的含金量,从而增加简历通过筛选的概率。

7. 列举证明材料部分

简历的最后一部分一般是列举有关附加性参考材料,包括学历证明、获奖证书、技能证书、实训实习照片、实践成果等。

三、注意事项

写作简历时应避免出现以下情况:

(1)长篇大论。篇幅过长,简历内容不精练、表达不切题意,往往会影响效果。一般A4纸一页即可。

(2)过于简单。简历太短或过于粗略,就不会对求职者的资历和能力进行完整、充分的评价,必要信息的缺乏会使对方对你的认识不明确或者不清楚,从而影响面试机会的获得。

(3)条理不清。简历的布局不合理,前后结构层次混乱、逻辑重复,会使得阅读和理解困难。

(4)虚假、不真实。简历的内容不是自己写的,是由其他人捏造或者夸张出来的。如果自己写简历时虚假成分太多,反映不真实,即使包装再好,也难免"智者千虑,必有一失"。一旦让用人方发现,反而不好。

(5)稀奇怪异。简历中用的词汇稀奇古怪,排版或引用材料生僻、花哨、有失人之常理。

(6)错别字。打印排版时,注意间隔及字体的常规性,同时注意语法、标点和措辞,避免错别字的出现。

(7)求职目标不明确。求职者没有表明自己喜欢什么工作,也没有说明自己的爱好、兴趣及能力等。

【例文】

个人简历

姓名	王小燕	性别	女	
生日	1996年8月	身高	160厘米	
籍贯	江苏南京	民族	汉	
政治面貌	共产党员	毕业院校	苏州经贸职业技术学院	
学历	大专	专业	文秘	
联系电话	×××××××	电子邮件	×××@qq.com	
申请职位	行政助理	联系地址	江苏省苏州市新区学府路287号　215008	
自我评价	本人在校内外实训实习中多次担任助理工作,积累了一定的工作经验。本人性格开朗,乐于与人沟通;本人工作踏实,认真,并且极富团队精神,具有良好的适应性和熟练的沟通技巧,能够协助主管人员出色地完成各项工作。			
爱好特长	读书、书法、旅游			
主修课程	秘书理论与实务、文秘应用写作、秘书公关礼仪、速记快写、文秘英语、网页制作、沟通技巧、中国文学、园林鉴赏			
技能证书	秘书国家职业资格四级　　　　　　　　　　　普通话二级甲等 助理人力资源管理师(国家职业资格三级)　　全国大学英语四级 小汽车C1驾驶证书　　　　　　　　　　　　计算机二级			
荣誉奖励	2014年全国秘书技能大赛特等奖 2013年苏州市青年公益领袖计划"十佳项目" 2013年苏州经贸学院文案策划技能大赛一等奖 2014年苏州经贸学院职业生涯规划比赛第二名			
社会实践 工作经历	2013年3月在苏州市宣传部顶岗实习30天,负责搜集网络资料、编辑网页新闻等			
	2013年12月在学院宣传部顶岗实习30天,负责宣传材料整理、存档,新闻摄影等			
	2012—2014年作为学校"青年志愿者"协会会长组织"赴韩国志愿服务和文化体验"等活动			
	2012、2013年暑假在南京日报社、南京大宇文印店学习排版、校对工作			

杨澜简历

姓　　名:杨澜
祖　　籍:江苏省丹阳市
民　　族:汉族
身　　高:168 cm
出 生 地:北京
出生日期:1968 年 3 月 30 日
职　　业:主持人、媒体人、企业家
毕业院校:北京外国语大学、哥伦比亚大学
代表作品:《天下女人》、《杨澜视线》、《杨澜访谈录》、《正大综艺》
主要成就:
　　2013　美国 MAKERS"开拓者"大奖
　　2011　第四届中国网络影响力颁发"十大主持人"
　　2008　申奥形象大使
　　2007　中国最美 50 人第一人
　　2002　年度"中国企业女性风云人物"
　　2001　《Asia Week》评为 21 世纪影响和塑造中国命运的 12 位精英之一

任务三　竞聘词

 任务引入

新一届学生会主席竞选活动正在进行,你很想参加,那么该怎样写一份出色的竞聘词来竞争学生会主席的职位呢?

 必备知识

一、概念

竞聘词,又叫竞聘演讲稿或竞聘讲话稿。它是竞聘者为了实现竞争上岗,展露自我具有足够的应聘条件的讲演稿。大至竞选总统,小到竞聘上岗,都要用这种讲话稿。在我国,随着竞争上岗的普遍实行,竞聘讲话稿的写作越来越显得重要。

竞聘词实际上是演讲词中的一类,因此它除了具有演讲词的一般特点外,由于它是针对某一竞争目标而进行的,还有自己的"个性",即目标要明确。写作时要亮出自己所要竞聘的岗位目标;内容的竞争性,要显出"人无我有"、"人有我强"、"人强我新"的胜他人一筹

的"优势"来,有时甚至要化劣为优;主题的集中性,指表达的意思单一,不枝不蔓,重点突出。材料要有实用性,所选材料既是符合实际的,又是对自己竞争有利的;思路要有"程序"性,演讲词的思维脉络有一定的顺序,不像一般演讲词那么自由;措施要有条理性,在讲措施时要条理清楚,主次分明;语言要有准确性,在恰如其分地表情达意之外,所谈事实和所用材料、数字都要"求真求实",准确无误。

二、结构与内容

1. 标题

标题一般包括竞聘的职务名称和文种等要素,如《综合秘书岗位竞聘演讲稿》、《关于办公室主任一职的竞聘演讲稿》、《竞聘编辑部主任一职的演讲词》。也可简写为《我的竞聘演讲》、《竞聘演讲稿》、《竞聘演讲词》等。

2. 称呼

即对评委或听众的称呼。一般用"各位评委""各位听众"即可。

3. 正文

这是全文的重点和核心,应围绕以下几个方面展开:

(1) 开头

① 感谢式

用诚挚的心情表达谢意,如"非常感谢贵公司给我这次宝贵的竞聘机会"。

② 概述式

概括叙述自己应聘的岗位以及竞聘演讲的主要内容。如:"今天我充满自信到贵公司竞聘销售经理岗位,凭之立足的基石是我十几年不懈的努力所掌握的知识和技能。现在我向各位考官简述我的基本情况以及对竞聘岗位的认识"。又如:"今天我将坦诚地向各位领导、同志们陈述我应聘办公室主任所具备的优势,并提出我拟聘后的工作设想,请各位提出宝贵意见"。

③ 简介式

简要介绍自己的经历、性格特征,让听众对自己有个初步的了解。如:"我叫张××,2000年毕业于复旦大学新闻系,出身于农家、成长于复旦的我,既有农民的朴实,又有诗人的气质,自信能胜任新闻工作"。

(2) 主体

① 陈述竞聘的主要优势

针对竞聘的岗位介绍自己的德、能、勤、绩,不是叙述自己工作时间的长短,而是突出和竞聘岗位相关的经历和业务能力。以积极的态度去描述,让听众认可你确实适合这份工作并具备不断发展的潜力。力求精要,切忌面面俱到。

② 对应聘岗位职责的认识

竞聘前,要充分了解招聘单位和应聘岗位的情况,只有明确岗位职责,才能有的放矢地提出该岗位的工作目标、施政设想和打算。

③ 表明自己任职后的打算

竞聘者要紧紧围绕听众关心的热点、难点问题,切忌华而不实和故作卖弄之语,那绝对不会引起听众的好感。只有提出切实可行的措施,才能有效地提高竞聘的成功率。

例如,一位竞聘某单位综合秘书岗位的竞争者是这样陈述对竞聘岗位的打算和思路的:"各位评委,如果我能竞聘成功,我会认真做好以下几方面的工作,真正当好部门领导和办公室主任的助手。一是本着认真负责的办事作风做好日常事务工作,提高服务质量;二是凭借深厚扎实的理论功底当好参谋助手,服务领导决策;三是依靠良好的沟通能力和强烈的团队精神做好协调工作,确保政令畅通;四是发挥自己的计算机特长,规划我部门的信息化建设工作,提高我部门的形象和声誉。"

(3)结尾

用最简洁的话语表明自己竞聘的态度、信心和请求。

当然,竞聘词由于要考虑多种临场因素与竞争对手因素,它的结构可以灵活多样,但是其基本内容离不开这样几个部分。

三、注意事项

竞聘词中介绍个人简历时要讲求真实性、简要性,突出特殊性;展示工作能力时要突出工作成绩、优化工作思路;提出的施政措施要目标明确、实在;语言上要做到情真意切。

竞聘词的写作质量不仅取决于竞聘者的文字水平,也是其政治素养、理论水平、业务能力等诸多方面水平的综合反映。因此,除了观点鲜明、内容充实、语言通顺外,还要注意如下问题:

1. 实事求是,明确具体

竞聘者应实事求是,言行一致。每介绍一段经历、一项业绩都必须客观实在。给国家做出什么贡献,给单位创造什么效益,给职工提供什么福利,一定要清楚,不能吞吞吐吐,模棱两可。

2. 调查研究,有的放矢

竞聘词是针对某岗位而展开的,因此,写作前必须了解岗位的情况,力争找到解决问题的最佳途径,以便战胜对手。

3. 谦虚诚恳,平和礼貌

评审人员及与会者是不会接受狂妄傲慢、目中无人的竞聘者并委以重任的,所以,竞聘词的写作十分讲究语言的分寸,表述既要生动、有风采、打动人心,同时又要谦逊可信、情感真挚。

【例文】

学生会主席竞聘词

各位领导,老师,同学们:

大家晚上好!非常高兴也很荣幸,能站在这个讲台上,参加学生会主席的竞选,今天我竞选的职位是学生会主席。过去的工作经验和能力的积累,使我觉得自己有能力肩负这一重任,调解好老师和同学们之间的关系,组织好我系各项活动,丰富同学们的生活,相信在领导和老师以及各位同学的支持下我会很好地完成各项工作。

对于学生工作我是有着深厚的感情的,在初高中时期我曾担任过班长的工作,获得了不少经验,一进入大学校门我就主动加入了院学生会,成为院纪律检查委员会的一员。这些年的学生工作经验使我对学生会的结构和运作有一定的了解,也充满了热情。我自信能担任好学生会主席一职。

　　如果我当选了汽车系学生会主席,我将做好自己本职工作。在系领导、老师的指导下,以狠抓学风、班风建设为方向,积极开展学生思想教育,努力提高本系学生的整体素质。"求真、务实、开拓、创新",将我系的学生工作做"小"、做"细",为同学服务,为老师分忧。在此基础上我将重点做好以下几点:

　　1. 做好迎新工作,开展丰富、全面的入学教育活动,帮助大一新生更快更好地适应这里的生活。将"比学风,促班风"活动长久开展下去,坚持开展以"三大竞赛"为代表的各项学习竞赛。浓厚我系学习氛围,使同学们充分认识到"勤学积淀才干,奋斗铸就未来"的理念。选拔一批成绩优异的同学成立学科兴趣小组,帮助同学解答学习过程中遇到的困难。

　　2. 使学生会工作人性化,加强与班委及班级代表的沟通,了解同学们在学习生活中的现况和存在的问题,切实帮助解决广大学生的实际困难。开展丰富多彩的座谈会,让同学们与系领导面对面进行交流,鼓励并引导同学们参与到本系学生工作的讨论中,为学生工作添砖加瓦。在对待"热水收费"、"洗澡收费"等改革举措上,及时向系领导反映同学们的心声,积极探讨解决问题的方法;在针对"抵制日货"等一些敏感问题上,及时开展交流会,纠正部分偏激思想。

　　3. 正确引导"学通社"、"蓝宙科技小组"这些优秀社团开展活动。充分发挥"英语角"等特色小组的榜样作用,开展形式多样的学习娱乐活动,充分发挥他们的优势,让"看到汽车系文字,听到汽车系声音,了解汽车系文化"成为现实,为汽车系打开一个又一个交流窗口。

　　4. 完善学生会内部的例会制度,做好各项会议的记录工作。精简学生会部门,明确各部门的工作范围,将各项工作细致地分配到部,提高办事效率,充分发挥各部的优势,让学生会每个成员得到充分的锻炼。

　　如果我竞选成功,我将努力做到:严格要求,严密制度,严守纪律;勤学习,勤调查,勤督办。以共同的目标来凝聚大家,以有效的管理来激励大家,以自身的行动来带动大家。努力做到大事讲原则,小事讲风格,共事讲团结,做事讲效果。我将用真诚、理解和信任对待我们的每一个部员,给他们一个宽松的自我发展和创造的空间。

　　参加这次竞选无疑是一次绝好的锻炼机会,凭借这么多年的经验,凭借高涨的热情,我确信自己能够胜任学生会工作。今天我在这里努力争取这份责任,希望承担这份责任,不是为了荣誉和名号,而是希望伴随大家一起成长,一起为我系的学生工作献出一分微薄但很坚实的力量。大学生活,一路上有你有我,有彼此的祝福、期待与信任。

　　我期待你们的信任。谢谢大家!

管理岗位竞聘词

尊敬的各位领导、各位评委、同事们:

　　大家好! 首先非常感谢各位领导、同事们给了我这次竞聘项目四部副职的机会,凭借几年来的工作经验和对建筑行业的热爱以及对自己能力的自信,我来到了竞聘项目副职这个舞台上,接受大家的考验。

接下来,简单介绍一下我个人的情况。

我叫×××,陕西人,××年出生,本科毕业,党员,专业工民建。现于项目三部任职,参加工作6年,从毕业到现在一直从事项目现场管理工作,目前担任职教园二职校建设项目现场代表。

首先我谈谈对项目部门及岗位职责的认识:

项目四部未来主要的任务是房屋建设和道路支路建设,主要的工作是从工程项目招投标后的开工建设一直到保修期结束。其中涉及到成本、进度、质量、安全、合同、信息资料的管理,与周边关系及政府部门沟通协调等工作。在项目进行中,能否圆满完成各部分工作任务,关键在于人员,而能否准时、优质地完成全部工作,关键在于项目团队的领导者。作为项目部副职,需在工作中发挥承上启下的作用,找准自己的位置,忠于职责,重在执行,全力以赴。对项目进行计划、组织和控制,为整个项目团队提供决策,激励团队,完成任务。做一名好的项目负责人要有相当的协调能力、执行力、更要有责任心,要有一种吃苦耐劳的精神。项目部副职是一份富于挑战性的职业,我个人喜欢挑战性的工作,因为年轻,有干劲,有冲劲,能吃苦耐劳,责任心强。我相信这次竞聘是我人生中一个重大的转折。

其次,在过去的岗位上,我一直勤奋学习,严于律己,兢兢业业,恪尽职守。知识储备不断增长,业务能力不断加强,工作经验不断丰富。我认为我有以下优势:

第一、具有较高的政治素质和个人素养。

我是党员,思想积极向上,我始终注重加强自身政治修养,努力与党组织保持高度一致。严格遵守职业纪律,听从安排,廉洁奉公。同时,我做事坚持原则,生活作风正派,团结同事,乐于助人,自觉维护公司利益。在个人素养方面,踏实肯干,任劳任怨,吃苦耐劳,能以主人翁精神为公司利益而拼搏!因此,我相信,无论从政治素质、个人素养方面,我都无愧于领导和同事们的信任。

第二、有明确的工作思路与措施。

1. 协调解决工程管理难题

① 单位内部的协调。掌握公司内部关联部门的工作流程,通过与规划技术部、工程经营部、土地部等相关部门的协调,解决了一系列问题。

② 其他相关单位的协调。因工程施工过程的特性,依据政府三号文件精神,需经常与审计、财政、规建处、建设局等相关部门沟通、协调,有效保证了工程施工过程造价增加的合法性及以后的决算的依据性。

2. 通过有效管理,推进项目又好、又快地开展

① 加强对监理单位管理。

工程施工过程中应以监理单位的管理为主,要求监理单位应熟悉图纸及现场情况,并为工程的质量、进度、投资控制负责。同时严格要求总监,要求总监按照监理合同、监理规划和实施细则执行,配齐相关人员,组织好监理例会的召开。

② 加强施工单位管理。

施工单位是在工作流程上、质量控制、进度控制上主要执行者。因此加强对施工单位

的管理一定程度上起到了质量、进度流程等管理。特别是对项目经理的管理,要求项目经理按合同、规范及相关法律法规执行,在施工过程中要求施工单位应对分包单位在技术、质量、进度、协调进行管理。

第三、我有丰富的工作经验,熟悉行业法规,能游刃有余地开展工作。

我从事项目现场管理工作已有六年,在这六年里,我积累了丰富的经验,熟悉了行业法规,能够游刃有余地开展工作。工作六年来,我业务精通,具备创新能力,并具有一定的组织管理能力。我掌握了项目部各项工作的管理流程。在工作中能够做到兼顾大局,较为妥当地处理工作中的各种问题。在各种情况下,都能够完成领导交办的各项工作任务。

当然,金无足赤,人无完人。在肯定自己优势的同时,我也清醒地认识到了自己的不足之处。由于平时处理的各种事情较多,所以有时会忽略一些细节。不过,在今后的工作实践中,我会不断完善自我,创造性地开展工作,使各项工作顺利开展!如果各级领导信任我,给我这个机会,我将以实际行动回报大家对我的期望。如果我竞聘上这个岗位,我将集中精力,脚踏实地地突出做好以下几个方面的工作:

一、创新工作方法,加强内部管理,提高工作效率。作为一名副经理,如果管理工作搞不好不仅影响到本部门的工作效率,还直接影响到公司的整体形象。

二、加强合同管理和过程控制。在项目实施的全过程中,严格以施工合同为依据,对项目的造价、进度和质量进行全面控制。在施工阶段,及时对已完工程的工程量进行审核,按合同签付工程进度款;加强工程签证的管理,减少合同外支出;加强竣工结算的审核工作,控制工程造价。按照经审核批准的施工进度计划,对施工进度进行监督和检查,及时采取措施纠正进度偏差,保证工程进度。抽查工序施工质量,参与隐蔽工程验收和分部分项工程验收,组织竣工验收,保证工程质量。

三、加强成本控制。采用的基本工作原理是动态控制原理,在项目实施的各个阶段,分析和审核投资计划值,并将不同阶段的投资计划值和实际值进行动态跟踪比较,当其发生偏差时,分析产生偏差的原因,提出纠偏的措施,使项目实施在确保项目质量的前提下,充分考虑项目的经济性,使项目总投资控制在计划总投资范围以内。房屋竣工后做竣工成本分析表,对工程概况相似的工程进行建造成本对比分析,吸取经验和教训。

四、加强工程档案管理。加强工程档案的管理是一切工作能够顺利开展的前提,我将制定工程档案管理制度,以每一栋为对象,按档案性质分门别类进行保存,编制目录以方便查找。

五、加强项目部内部的建章建制工作,学习其他部门先进的管理经验,使管理工作制度化、规范化。明确各管理人员的责任、权力和利益,以提高各管理人员的工作积极性和工作效率。

希望公司能给我一个机会,让我能为公司创造更多的业绩。这次竞聘如果成功,我将以踏实的工作作风、求真的工作态度、进取的工作精神,用心、用情干好本职工作。最后我想说的是,这次我是以平常心来参加这次竞聘的,无论竞聘的结果如何我还是我,如果我的竞聘失败了,我只会更加勤奋地工作学习。我真诚地祝愿我们公司的明天会更好,真心希望每个人都心想事成。在新年到来之际,我祝愿大家在新的一年里工作顺利,阖家幸福。谢谢大家!

任务四　述职报告

年底院学生会干部要进行述职。如果你是院学生会主席,你该怎样撰写一篇述职报告?

一、概念

早在《孟子·梁惠王下》中就有"述职"一词及解释:"诸侯朝于天子曰述职——述职者,述所职也。"这种述职可以是口头的,也可以是书面的,书面的陈述实际上就是一种"述职报告"。今天的述职报告是指工作人员,主要是领导干部向上级、主管部门和下属员工、群众陈述任职情况,包括履行岗位职责,完成工作任务的成绩、缺点、问题、设想,进行自我回顾、评估、鉴定的书面报告。其主要作用是使上级或人事部门和群众细致地了解和评定个人和集体的政绩、预测其发展潜力,促使其忠于职守、更好地完成工作任务。

要注意将工作总结同述职报告区别开来。工作总结,可以是单位的、集体的,也可以是个人的,其写作角度是全方位的,即凡属重大的工作业绩,出现的问题,经验教训,今后工作设想等都可以写,而述职报告却不同,它要求侧重写个人履行职责方面的有关情况,往往不与本部门、本单位的总体业绩、问题相掺杂。

二、结构和内容

1. 标题

(1) 述职人+时限+文种,例如《×××2015年述职报告》。

(2) 述职人+文种,例如《×××述职报告》、《我的述职报告》。

(3) 新闻式标题,这种标题比较灵活,单行标题如《开拓市场,积极进取》;双行标题如《抓住机遇　迎接挑战——×××经理述职报告》。

(4) 直接用文种做标题,如《述职报告》。

2. 称呼

写述职报告的对象或呈送的部门,比如"各位领导"、"董事会"、"组织人事部"等。

3. 正文

(1) 开头

概述述职者本人所任职的情况,如职务、任职期限、任期内基本情况以及对自己任职期间的成绩的总体评价。

(2) 主体

主体部分一般可分三部分写:履行职务的基本情况;所取得的成绩、实践经验及失败的教训;存在问题和努力方向。

(3) 结尾

结尾部分是正文的结束语。一般用"以上报告,请领导和同志们指正"、"以上是我的述职,谢谢各位"等惯用语收束全文。

4. 落款

在述职报告的末尾落款处,写上述职人的姓名、单位及报告时间。

三、注意事项

1. 实事求是

述职报告要务实,要既讲成绩又讲失误,既讲优点又讲不足。对具有较大影响、能显示自己工作能力和水平的工作实绩,要写得深入透彻;对一般性工作、常规性工作可尽量少写或一笔带过。述职报告还要处理好主管与协管工作之间的关系,要注意把个人成绩和集体成绩分清,处理好个人与集体、个人与上级及同级之间的关系。述职报告重点应阐述主管工作的情况,公正、准确,既不拔高,也不贬低,更不能有失公允,力求反映工作的真实面貌。对于协管的工作,要讲清楚参与程度、发挥的作用,投入的精力时间,解决的困难等。

2. 突出特点

不同的岗位、不同的层次、不同的行业的领导有不同的工作内容和方法,即使同一职务的领导也会因分工的不同有不同的工作重点,至于工作方法,就更是各具特色了。鉴于这种情况,述职者要突出自己工作的特点,显示自己的工作个性,尽量避免那种千人一面、没有特点和个性的写法。

3. 抓住重点

不论是按工作内容分类,还是按时间顺序叙述,述职报告都不要事无巨细、面面俱到,否则,很容易写成一篇流水账。要有意识地抓住核心问题,突出重要成绩,总结主要教训。

【例文】

办公室主任年度述职报告

在过去的一年里,作为公司的办公室主任,我在公司领导的关心和帮助下,在各部门及办公室同志们的支持配合下,服从公司工作安排,加强学习锻炼,认真履行职责,全面提高了自己的思想认识、工作能力和综合素质,较好地完成了各项目标任务。虽然工作上经历了很多困难,但对我来说每一次都是很好的锻炼。现将一年以来的任职情况总结如下:

一、认真履行职责,积极开展工作

(一) 公司管理工作

1. 根据部门人员的个性、特长及工作的关联性,适时地调整了部门内部相关工作职责和工作范围,理顺了工作,最大限度地发挥部门人员的工作潜力,做好各类报表的报送等项工作。

2. 在领导的全力支持下,协助有关单位完成了产业园区宣传活动的筹备工作,各项资金的申报工作;积极参与与其他单位的协调工作,使地方同意我公司提出的关于产业园建设进度、资金土地等的办理;及时解决、安排领导和上级单位布置的工作,做到重大问题及时上报,从而维护了企业的切身利益。

3. 在公司人员调整安排方面,及时向领导汇报,取得了领导的支持,凡是涉及员工切身利益之事,都能认真向领导如实汇报员工的想法,使领导及时了解员工的想法。领导的适时决策,增加了员工的满意度。我也起到了中层干部应发挥的上下沟通、下情上达和上情下贯的衔接作用,提高了工作执行力。

4. 认真履行岗位工作职责,严于律己,倾听各部门的各种意见和建议。对于职责范围内的事情,都能认真对待、及时解决;对于超权限范围的问题,也能及时向领导请示,经批准后及时协调沟通。

5、带领办公室成员做好各项工作,如材料的撰写、打印,信息上报和档案管理等工作,确保及时撰写和上报;各种文件的收发,复印及誊印工作,并及时请领导阅办,对于文档的转接做到有记录可查。

6、完成2013年工作计划、总结、汇报材料的编写和工程进度上报工作,如办公室工作档案的收集、整理和归档工作,各项统计报表的上报工作,公司印章的使用和管理工作及报刊收发等工作。

(二)办公室内部工作

带领办公室员工完成领导交办的各项工作,每月按时统计上报公司工程进度表;对文件及宣传页的印刷、电脑设备的维修和耗材的管理做到细致认真负责;能够很好地协调办公室内部工作,合理调配工作人员。

二、坚持严于律己、努力做好表率

(一)加强思想作风建设

我严格按照领导提出的"勤于学习、善于创造、乐于奉献"的要求,坚持"讲学习、讲政治、讲正气",始终把耐得平淡、舍得付出、默默无闻作为自己的准则;始终把增强公仆意识、服务意识作为一切工作的基础;始终把作风建设的重点放在严谨、细致、扎实、求实上,脚踏实地、埋头苦干,努力使办公室人员成为公司员工的楷模。

办公室工作最大的规律就是"无规律","不由自主"。因此,我们正确认识自身的工作和价值,正确处理苦与乐、得与失、个人利益与集体利益、工作与家庭的关系,坚持甘于奉献、诚实敬业。一年到头,吃住在公司,做到加班加点不叫累、领导批评不言悔、取得成绩不骄傲,从而保证了各项工作的高效运转。

(二)积极参加政治理论学习

一年来,我始终把学习放在重要位置,努力在提高自身综合素质上下功夫。及时搜集材料进行学习,进一步增强了思想认识,牢固树立全心全意为领导、为公司、为人民服务的宗旨和正确的世界观、人生观和价值观。

三、存在的问题和努力方向

(一)存在的问题

一年来,在领导和同志们的关心支持下,工作也取得了一定的成绩,但和领导、同志们的要求还有不少的差距:

1. 工作缺少程序,制度仍不健全。工作主动出击少,被动应付多,工作督促、协调功能发挥差。

2. 在工作中与领导交流沟通不够,有时候只知道埋头拉车、探索,使工作效率没有发挥到极致。

3. 有时不能很好地处理工作与家庭的关系,偶尔会出现身在曹营心在汉的情况。

(二)今后的工作思路

在新的一年里我们会更加努力,紧跟公司领导的工作思路,积极配合各部门开展工作,进一步发扬成绩、克服困难、创新工作,使新的一年能够取得更加优异的工作业绩。

1. "没有规矩,不成方圆。"公司必须是一个制度健全、管理严格、纪律严明、号令畅通的战斗集体。要本着"从严、从细、可行"的原则,在原有各项制度的基础上配合领导进一步修订完善公司各部门工作规范、考核制度、保密制度、文件管理制度,从而使办文、办事、办会等各项工作的开展更加规范有序。

2. 工作中要学会开动脑筋,主动思考,充分发挥领导的参谋作用,积极为领导出谋划策,探索工作的方法和思路。

3. 积极与领导进行交流,出现工作上和思想上的问题及时汇报,也希望领导能够及时对我们工作的不足进行批评指正,使办公室的工作能够更加完善。

下一步的工作重点是:认真做好岗位管理、绩效管理工作,努力加强和做好后勤及外联工作等,为公司经营和发展做好支撑与服务。

以上报告,请领导和同志们指正。

×××
2014 年 1 月 14 日

拓展学习

谈写述职报告的几个注意事项

昨天,机关处长述职。听了大家的述职我很受启发,对自己也是一个提高,由此写一写述职报告应当注意的事项。

第一,述职一定要把握好"职"的定位。明确职位,把握职责,叙述要清楚。这与工作总结有不同的区别。

第二,文无定式,但要有神。述职报告关键是要写出报告的"神"来。如果借鉴工作总结的写法,在正文的开头第一大自然段可以高度概括履职尽责的果,这个果无须展开谈,是对应岗位目标责任制而来的。只要明确了自己的岗位责任制,这一段是非常好写的。那么在什么地方可以把果展开谈呢?经过高度概括果后,要在第二大自然段用准确的文字来谈取得这些果的基本经验和做法。述职报告,不宜太长,因此写基本经验做法的时候也要高度凝练,不宜展开,但语言需要精彩,用词需要准确,经验需要有借鉴意义。

第三,述职一般是一个处室、一个单位的主要领导述职。如果你是这个处室、这个单位的主要领导,在述职的时候千万不要突出自己。因为活儿是大家干的,你作为主要领导主要是起指挥的作用,要述职的时候,特别是谈经验的时候,要多谈自己是怎么摆布工作的、怎么协调的、怎么部署的。工作成果是大家干出来的,在述职的时候,一定要把下属的工作成果点出来。

第四,述职不要只谈经验,不谈问题和教训。当前有一个问题,我们述职的时候谈成绩多、谈成果多,而谈问题谈教训非常少,特别是有些人不愿意谈问题与教训,怕影响打分。其实,如果把问题找得准确,能够很好地吸取经验教训,在述职当中会得到领导与群众的高度理解与信任,不是丢分而是得分。所以,在述职的时候,一定要高度概括、准确找出自己的缺点,提出如何吸取经验教训,这是一种实事求是的态度。

第五,未来工作无须大篇幅谈。未来工作更需要高度概括,而且不能面面俱到,挑出重点工作点出来即可。

第六,述职报告突出一个实字,语言不能浮华,不要写成演讲稿性质的文章。

第七,述职不要写成流水账。如果只是简单的报账,那就不是述职,而且篇幅会很长,让大家听起来很费劲。

第八,不要超时。即使一篇非常好的述职报告,只要超时,效果就一定不好。一定把自己的述职报告,控制在规定的时间范围内,越短越好。

写作实训

1. 确定个人职业规划的总体目标和阶段目标,制作一份职业规划书,在课堂上进行PPT自我展示。在班内开展职业规划比赛。比赛由以下五部分组成:职业规划书(占比赛成绩的25%),制作PPT自我展示(展示时限6分钟,占比赛成绩的30%),现场回答评委提问(回答问题时限2分钟,占比赛成绩的10%),职业生涯规划作品互评(每位选手点评时限3分钟,每组2人,共计6分钟,占比赛成绩的15%),职业角色情境模拟(限时4分钟,占比赛成绩的20%)。

2. 分组讨论

下面是有关2014年毕业生的求职简历材料,请根据个人简历的写作要求,指出其不足之处,从中应该吸取哪些教训。

新的一年,又到了招聘的时候,公司需要增加新鲜血液,我在人事部面对如山样的简历大叫恐怖。在办公室里翻了无数份2014年毕业的大学生求职简历,竟然没有发现一份可以让人眼睛一亮的特别简历,几乎千篇一律的薄薄几张纸,寥寥几笔。再没有比看相同的东西看足八九个小时更累的事情了吧!

匆匆一眼,心中已经有数。

我看简历,注意看那人的笔迹,大学四年了,那个字如果还是小学生水平,我情愿放弃。字都写得那样了,做人也认真不到哪里去的。有些人简历上的字都是打出来的,没有手写的字体,没关系,还有第二关面试,还是要写字。

那些相片上头发长长的男士,容易让人误会是女孩子,尽管简历上吹嘘得再好,放弃。公司注重形象,尽管不需要天天打领带、穿白衬衣,但至少,您该让人看得舒服一点吧。摆酷的地方自有它的场所,而不该是面对着工作的时候。

有一份简历,在几个同事间传阅,每一个人都啧啧做声。真的是高材生啊!科科成绩85分以上,还获得过无数大大小小的奖项,都是自己手写的,不过也是盖上了学校的证明事实属实的大印章。再认真看,那所谓的学院大字旁边还有一行小字,竟然是某某学院的函授分校下的一个点。不是说函授的就差,正规的我是相信的。但那一间下面又下面的,我们都太清楚内幕了。

公司因为效益还不错,福利很好,每年来应聘的人无数。如果在简历上出彩一点,会更容易让人把它挑出来好好看看。这不是说需要像当前所谓流行的那些还附带写真相片的另类简历。如果不是模特公司,我想需要有实力员工的公司都不会真的把它当一回事情的,最多就是看着笑笑而已。

至少你要做得有你自己的特色在里面。还有一个封面的问题,基本上如果是相同一所学校的,那么都差不多是一样的,大概都是在同一家复印店做的吧。再翻开里面,全都是五六页纸,一张给公司领导的决心书,然后就是表格、成绩单、得过的证书。唉!怎么就没有点新意!

3. 双选会现场模拟

学校双选会就要开始了,请同学们准备好求职信、简历、招聘海报等,并分别扮演应聘方和求职方,模拟应聘。活动结束后选出最佳简历。

附录一　党政机关公文处理工作条例

第一章　总　则

第一条　为了适应中国共产党机关和国家行政机关（以下简称党政机关）工作需要，推进党政机关公文处理工作科学化、制度化、规范化，制定本条例。

第二条　本条例适用于各级党政机关公文处理工作。

第三条　党政机关公文是党政机关实施领导、履行职能、处理公务的具有特定效力和规范体式的文书，是传达贯彻党和国家方针政策，公布法规和规章，指导、布置和商洽工作，请示和答复问题，报告、通报和交流情况等的重要工具。

第四条　公文处理工作是指公文拟制、办理、管理等一系列相互关联、衔接有序的工作。

第五条　公文处理工作应当坚持实事求是、准确规范、精简高效、安全保密的原则。

第六条　各级党政机关应当高度重视公文处理工作，加强组织领导，强化队伍建设，设立文秘部门或者由专人负责公文处理工作。

第七条　各级党政机关办公厅（室）主管本机关的公文处理工作，并对下级机关的公文处理工作进行业务指导和督促检查。

第二章　公文种类

第八条　公文种类主要有：

（一）决议。适用于会议讨论通过的重大决策事项。

（二）决定。适用于对重要事项作出决策和部署、奖惩有关单位和人员、变更或者撤销下级机关不适当的决定事项。

（三）命令（令）。适用于公布行政法规和规章、宣布施行重大强制性措施、批准授予和晋升衔级、嘉奖有关单位和人员。

（四）公报。适用于公布重要决定或者重大事项。

（五）公告。适用于向国内外宣布重要事项或者法定事项。

（六）通告。适用于在一定范围内公布应当遵守或者周知的事项。

（七）意见。适用于对重要问题提出见解和处理办法。

（八）通知。适用于发布、传达要求下级机关执行和有关单位周知或者执行的事项，批转、转发公文。

（九）通报。适用于表彰先进、批评错误、传达重要精神和告知重要情况。

（十）报告。适用于向上级机关汇报工作、反映情况，回复上级机关的询问。

（十一）请示。适用于向上级机关请求指示、批准。

（十二）批复。适用于答复下级机关请示事项。

（十三）议案。适用于各级人民政府按照法律程序向同级人民代表大会或者人民代表大会常务委员会提请审议事项。

（十四）函。适用于不相隶属机关之间商洽工作、询问和答复问题、请求批准和答复审批事项。

（十五）纪要。适用于记载会议主要情况和议定事项。

第三章　公文格式

第九条　公文一般由份号、密级和保密期限、紧急程度、发文机关标志、发文字号、签发人、标题、主送机关、正文、附件说明、发文机关署名、成文日期、印章、附注、附件、抄送机关、印发机关和印发日期、页码等组成。

（一）份号。公文印制份数的顺序号。涉密公文应当标注份号。

（二）密级和保密期限。公文的秘密等级和保密的期限。涉密公文应当根据涉密程度分别标注"绝密""机密""秘密"和保密期限。

（三）紧急程度。公文送达和办理的时限要求。根据紧急程度，紧急公文应当分别标注"特急""加急"，电报应当分别标注"特提""特急""加急""平急"。

（四）发文机关标志。由发文机关全称或者规范化简称加"文件"二字组成，也可以使用发文机关全称或者规范化简称。联合行文时，发文机关标志可以并用联合发文机关名称，也可以单独用主办机关名称。

（五）发文字号。由发文机关代字、年份、发文顺序号组成。联合行文时，使用主办机关的发文字号。

（六）签发人。上行文应当标注签发人姓名。

（七）标题。由发文机关名称、事由和文种组成。

（八）主送机关。公文的主要受理机关，应当使用机关全称、规范化简称或者同类型机关统称。

（九）正文。公文的主体，用来表述公文的内容。

（十）附件说明。公文附件的顺序号和名称。

（十一）发文机关署名。署发文机关全称或者规范化简称。

（十二）成文日期。署会议通过或者发文机关负责人签发的日期。联合行文时，署最后签发机关负责人签发的日期。

（十三）印章。公文中有发文机关署名的，应当加盖发文机关印章，并与署名机关相符。有特定发文机关标志的普发性公文和电报可以不加盖印章。

（十四）附注。公文印发传达范围等需要说明的事项。

（十五）附件。公文正文的说明、补充或者参考资料。

（十六）抄送机关。除主送机关外需要执行或者知晓公文内容的其他机关，应当使用机关全称、规范化简称或者同类型机关统称。

（十七）印发机关和印发日期。公文的送印机关和送印日期。

（十八）页码。公文页数顺序号。

第十条　公文的版式按照《党政机关公文格式》国家标准执行。

第十一条　公文使用的汉字、数字、外文字符、计量单位和标点符号等，按照有关国家标准和规定执行。民族自治地方的公文，可以并用汉字和当地通用的少数民族文字。

第十二条　公文用纸幅面采用国际标准 A4 型。特殊形式的公文用纸幅面，根据实际需要确定。

第四章　行文规则

第十三条　行文应当确有必要，讲求实效，注重针对性和可操作性。

第十四条　行文关系根据隶属关系和职权范围确定。一般不得越级行文，特殊情况需要越级行文的，应当同时抄送被越过的机关。

第十五条　向上级机关行文，应当遵循以下规则：

（一）原则上主送一个上级机关，根据需要同时抄送相关上级机关和同级机关，不抄送下级机关。

（二）党委、政府的部门向上级主管部门请示、报告重大事项，应当经本级党委、政府同意或者授权；属于部门职权范围内的事项应当直接报送上级主管部门。

（三）下级机关的请示事项，如需以本机关名义向上级机关请示，应当提出倾向性意见后上报，不得原文转报上级机关。

（四）请示应当一文一事。不得在报告等非请示性公文中夹带请示事项。

（五）除上级机关负责人直接交办事项外，不得以本机关名义向上级机关负责人报送公文，不得以本机关负责人名义向上级机关报送公文。

（六）受双重领导的机关向一个上级机关行文，必要时抄送另一个上级机关。

第十六条　向下级机关行文，应当遵循以下规则：

（一）主送受理机关，根据需要抄送相关机关。重要行文应当同时抄送发文机关的直接上级机关。

（二）党委、政府的办公厅（室）根据本级党委、政府授权，可以向下级党委、政府行文，其他部门和单位不得向下级党委、政府发布指令性公文或者在公文中向下级党委、政府提出指令性要求。需经政府审批的具体事项，经政府同意后可以由政府职能部门行文，文中须注明已经政府同意。

（三）党委、政府的部门在各自职权范围内可以向下级党委、政府的相关部门行文。

（四）涉及多个部门职权范围内的事务，部门之间未协商一致的，不得向下行文；擅自行文的，上级机关应当责令其纠正或者撤销。

（五）上级机关向受双重领导的下级机关行文，必要时抄送该下级机关的另一个上级机关。

第十七条　同级党政机关、党政机关与其他同级机关必要时可以联合行文。属于党委、政府各自职权范围内的工作,不得联合行文。

党委、政府的部门依据职权可以相互行文。

部门内设机构除办公厅(室)外不得对外正式行文。

第五章　公文拟制

第十八条　公文拟制包括公文的起草、审核、签发等程序。

第十九条　公文起草应当做到:

(一)符合国家法律法规和党的路线方针政策,完整准确体现发文机关意图,并同现行有关公文相衔接。

(二)一切从实际出发,分析问题实事求是,所提政策措施和办法切实可行。

(三)内容简洁,主题突出,观点鲜明,结构严谨,表述准确,文字精练。

(四)文种正确,格式规范。

(五)深入调查研究,充分进行论证,广泛听取意见。

(六)公文涉及其他地区或者部门职权范围内的事项,起草单位必须征求相关地区或者部门意见,力求达成一致。

(七)机关负责人应当主持、指导重要公文起草工作。

第二十条　公文文稿签发前,应当由发文机关办公厅(室)进行审核。审核的重点是:

(一)行文理由是否充分,行文依据是否准确。

(二)内容是否符合国家法律法规和党的路线方针政策;是否完整准确体现发文机关意图;是否同现行有关公文相衔接;所提政策措施和办法是否切实可行。

(三)涉及有关地区或者部门职权范围内的事项是否经过充分协商并达成一致意见。

(四)文种是否正确,格式是否规范;人名、地名、时间、数字、段落顺序、引文等是否准确;文字、数字、计量单位和标点符号等用法是否规范。

(五)其他内容是否符合公文起草的有关要求。

需要发文机关审议的重要公文文稿,审议前由发文机关办公厅(室)进行初核。

第二十一条　经审核不宜发文的公文文稿,应当退回起草单位并说明理由;符合发文条件但内容需作进一步研究和修改的,由起草单位修改后重新报送。

第二十二条　公文应当经本机关负责人审批签发。重要公文和上行文由机关主要负责人签发。党委、政府的办公厅(室)根据党委、政府授权制发的公文,由受权机关主要负责人签发或者按照有关规定签发。签发人签发公文,应当签署意见、姓名和完整日期;圈阅或者签名的,视为同意。联合发文由所有联署机关的负责人会签。

第六章　公文办理

第二十三条　公文办理包括收文办理、发文办理和整理归档。

第二十四条　收文办理主要程序是:

(一)签收。对收到的公文应当逐件清点,核对无误后签字或者盖章,并注明签收时间。

（二）登记。对公文的主要信息和办理情况应当详细记载。

（三）初审。对收到的公文应当进行初审。初审的重点是：是否应当由本机关办理，是否符合行文规则，文种、格式是否符合要求，涉及其他地区或者部门职权范围内的事项是否已经协商、会签，是否符合公文起草的其他要求。经初审不符合规定的公文，应当及时退回来文单位并说明理由。

（四）承办。阅知性公文应当根据公文内容、要求和工作需要确定范围后分送。批办性公文应当提出拟办意见报本机关负责人批示或者转有关部门办理；需要两个以上部门办理的，应当明确主办部门。紧急公文应当明确办理时限。承办部门对交办的公文应当及时办理，有明确办理时限要求的应当在规定时限内办理完毕。

（五）传阅。根据领导批示和工作需要将公文及时送传阅对象阅知或者批示。办理公文传阅应当随时掌握公文去向，不得漏传、误传、延误。

（六）催办。及时了解掌握公文的办理进展情况，督促承办部门按期办结。紧急公文或者重要公文应当由专人负责催办。

（七）答复。公文的办理结果应当及时答复来文单位，并根据需要告知相关单位。

第二十五条　发文办理主要程序是：

（一）复核。已经发文机关负责人签批的公文，印发前应当对公文的审批手续、内容、文种、格式等进行复核；需作实质性修改的，应当报原签批人复审。

（二）登记。对复核后的公文，应当确定发文字号、分送范围和印制份数并详细记载。

（三）印制。公文印制必须确保质量和时效。涉密公文应当在符合保密要求的场所印制。

（四）核发。公文印制完毕，应当对公文的文字、格式和印刷质量进行检查后分发。

第二十六条　涉密公文应当通过机要交通、邮政机要通信、城市机要文件交换站或者收发件机关机要收发人员进行传递，通过密码电报或者符合国家保密规定的计算机信息系统进行传输。

第二十七条　需要归档的公文及有关材料，应当根据有关档案法律法规以及机关档案管理规定，及时收集齐全、整理归档。两个以上机关联合办理的公文，原件由主办机关归档，相关机关保存复制件。机关负责人兼任其他机关职务的，在履行所兼职务过程中形成的公文，由其兼职机关归档。

第七章　公文管理

第二十八条　各级党政机关应当建立健全本机关公文管理制度，确保管理严格规范，充分发挥公文效用。

第二十九条　党政机关公文由文秘部门或者专人统一管理。设立党委（党组）的县级以上单位应当建立机要保密室和机要阅文室，并按照有关保密规定配备工作人员和必要的安全保密设施设备。

第三十条　公文确定密级前,应当按照拟定的密级先行采取保密措施。确定密级后,应当按照所定密级严格管理。绝密级公文应当由专人管理。

公文的密级需要变更或者解除的,由原确定密级的机关或者其上级机关决定。

第三十一条　公文的印发传达范围应当按照发文机关的要求执行;需要变更的,应当经发文机关批准。

涉密公文公开发布前应当履行解密程序。公开发布的时间、形式和渠道,由发文机关确定。

经批准公开发布的公文,同发文机关正式印发的公文具有同等效力。

第三十二条　复制、汇编机密级、秘密级公文,应当符合有关规定并经本机关负责人批准。绝密级公文一般不得复制、汇编,确有工作需要的,应当经发文机关或者其上级机关批准。复制、汇编的公文视同原件管理。

复制件应当加盖复制机关戳记。翻印件应当注明翻印的机关名称、日期。汇编本的密级按照编入公文的最高密级标注。

第三十三条　公文的撤销和废止,由发文机关、上级机关或者权力机关根据职权范围和有关法律法规决定。公文被撤销的,视为自始无效;公文被废止的,视为自废止之日起失效。

第三十四条　涉密公文应当按照发文机关的要求和有关规定进行清退或者销毁。

第三十五条　不具备归档和保存价值的公文,经批准后可以销毁。销毁涉密公文必须严格按照有关规定履行审批登记手续,确保不丢失、不漏销。个人不得私自销毁、留存涉密公文。

第三十六条　机关合并时,全部公文应当随之合并管理;机关撤销时,需要归档的公文经整理后按照有关规定移交档案管理部门。

工作人员离岗离职时,所在机关应当督促其将暂存、借用的公文按照有关规定移交、清退。

第三十七条　新设立的机关应当向本级党委、政府的办公厅(室)提出发文立户申请。经审查符合条件的,列为发文单位,机关合并或者撤销时,相应进行调整。

第八章　附　则

第三十八条　党政机关公文含电子公文。电子公文处理工作的具体办法另行制定。

第三十九条　法规、规章方面的公文,依照有关规定处理。外事方面的公文,依照外事主管部门的有关规定处理。第四十条　其他机关和单位的公文处理工作,可以参照本条例执行。

第四十一条　本条例由中共中央办公厅、国务院办公厅负责解释。

第四十二条　本条例自2012年7月1日起施行。1996年5月3日中共中央办公厅发布的《中国共产党机关公文处理条例》和2000年8月24日国务院发布的《国家行政机关公文处理办法》停止执行。

附录二　党政机关公文格式

1　范　围

本标准规定了党政机关公文通用的纸张要求、排版和印制装订要求、公文格式各要素的编排规则,并给出了公文的式样。

本标准适用于各级党政机关制发的公文。其他机关和单位的公文可以参照执行。

使用少数民族文字印制的公文,其用纸、幅面尺寸及版面、印制等要求按照本标准执行,其余可以参照本标准并按照有关规定执行。

2　规范性引用文件

下列文件对于本标准的应用是必不可少的。凡是注日期的引用文件,仅所注日期的版本适用于本标准。凡是不注日期的引用文件,其最新版本(包括所有的修改单)适用于本标准。

GB/T 148　印刷、书写和绘图纸幅面尺寸

GB 3100　国际单位制及其应用

GB 3101　有关量、单位和符号的一般原则

GB 3102(所有部分)　量和单位

GB/T 15834　标点符号用法

GB/T 15835　出版物上数字用法

3　术语和定义

下列术语和定义适用于本标准。

3.1　字 word

标示公文中横向距离的长度单位。在本标准中,一字指一个汉字宽度的距离。

3.2　行 line

标示公文中纵向距离的长度单位。在本标准中,一行指一个汉字的高度加 3 号汉字高度的 7/8 的距离。

4　公文用纸主要技术指标

公文用纸一般使用纸张定量为 60 g/m^2—80 g/m^2 的胶版印刷纸或复印纸。纸张白度 80%—90%,横向耐折度≥15 次,不透明度≥85%,pH 值为 7.5—9.5。

5 公文用纸幅面尺寸及版面要求

5.1 幅面尺寸
公文用纸采用 GB/T 148 中规定的 A4 型纸,其成品幅面尺寸为:210 mm×297 mm。

5.2 版面
5.2.1 页边与版心尺寸

公文用纸天头(上白边)为 37 mm±1 mm,公文用纸订口(左白边)为 28 mm±1 mm,版心尺寸为 156 mm×225 mm。

5.2.2 字体和字号

如无特殊说明,公文格式各要素一般用 3 号仿宋体字。特定情况可以作适当调整。

5.2.3 行数和字数

一般每面排 22 行,每行排 28 个字,并撑满版心。特定情况可以作适当调整。

5.2.4 文字的颜色

如无特殊说明,公文中文字的颜色均为黑色。

6 印制装订要求

6.1 制版要求
版面干净无底灰,字迹清楚无断划,尺寸标准,版心不斜,误差不超过 1 mm。

6.2 印刷要求
双面印刷;页码套正,两面误差不超过 2 mm。黑色油墨应当达到色谱所标 BL100%,红色油墨应当达到色谱所标 Y80%、M80%。印品着墨实、均匀;字面不花、不白、无断划。

6.3 装订要求
公文应当左侧装订,不掉页,两页页码之间误差不超过 4 mm,裁切后的成品尺寸允许误差±2 mm,四角成 90°,无毛茬或缺损。

骑马订或平订的公文应当:

a) 订位为两钉外订眼距版面上下边缘各 70 mm 处,允许误差±4 mm;
b) 无坏钉、漏钉、重钉,钉脚平伏牢固;
c) 骑马订钉锯均订在折缝线上,平订钉锯与书脊间的距离为 3 mm—5 mm。

包本装订公文的封皮(封面、书脊、封底)与书芯应吻合、包紧、包平、不脱落。

7 公文格式各要素编排规则

7.1 公文格式各要素的划分
本标准将版心内的公文格式各要素划分为版头、主体、版记三部分。公文首页红色分隔线以上的部分称为版头;公文首页红色分隔线(不含)以下、公文末页首条分隔线(不含)以上的部分称为主体;公文末页首条分隔线以下、末条分隔线以上的部分称为版记。

页码位于版心外。

7.2 版头

7.2.1 份号

如需标注份号,一般用6位3号阿拉伯数字,顶格编排在版心左上角第一行。

7.2.2 密级和保密期限

如需标注密级和保密期限,一般用3号黑体字,顶格编排在版心左上角第二行;保密期限中的数字用阿拉伯数字标注。

7.2.3 紧急程度

如需标注紧急程度,一般用3号黑体字,顶格编排在版心左上角;如需同时标注份号、密级和保密期限、紧急程度,按照份号、密级和保密期限、紧急程度的顺序自上而下分行排列。

7.2.4 发文机关标志

由发文机关全称或者规范化简称加"文件"二字组成,也可以使用发文机关全称或者规范化简称。

发文机关标志居中排布,上边缘至版心上边缘为35 mm,推荐使用小标宋体字,颜色为红色,以醒目、美观、庄重为原则。

联合行文时,如需同时标注联署发文机关名称,一般应当将主办机关名称排列在前;如有"文件"二字,应当置于发文机关名称右侧,以联署发文机关名称为准上下居中排布。

7.2.5 发文字号

编排在发文机关标志下空二行位置,居中排布。年份、发文顺序号用阿拉伯数字标注;年份应标全称,用六角括号"〔 〕"括入;发文顺序号不加"第"字,不编虚位(即1不编为01),在阿拉伯数字后加"号"字。

上行文的发文字号居左空一字编排,与最后一个签发人姓名处在同一行。

7.2.6 签发人

由"签发人"三字加全角冒号和签发人姓名组成,居右空一字,编排在发文机关标志下空二行位置。"签发人"三字用3号仿宋体字,签发人姓名用3号楷体字。

如有多个签发人,签发人姓名按照发文机关的排列顺序从左到右、自上而下依次均匀编排,一般每行排两个姓名,回行时与上一行第一个签发人姓名对齐。

7.2.7 版头中的分隔线

发文字号之下4 mm处居中印一条与版心等宽的红色分隔线。

7.3 主体

7.3.1 标题

一般用2号小标宋体字,编排于红色分隔线下空二行位置,分一行或多行居中排布;回行时,要做到词意完整,排列对称,长短适宜,间距恰当,标题排列应当使用梯形或菱形。

7.3.2 主送机关

编排于标题下空一行位置,居左顶格,回行时仍顶格,最后一个机关名称后标全角冒号。如主送机关名称过多导致公文首页不能显示正文时,应当将主送机关名称移至版记,标注方法见7.4.2。

7.3.3 正文

公文首页必须显示正文。一般用3号仿宋体字,编排于主送机关名称下一行,每个自然段左空二字,回行顶格。文中结构层次序数依次可以用"一、""(一)""1.""(1)"标注;一般第一层用黑体字、第二层用楷体字、第三层和第四层用仿宋体字标注。

7.3.4 附件说明

如有附件,在正文下空一行左空二字编排"附件"二字,后标全角冒号和附件名称。如有多个附件,使用阿拉伯数字标注附件顺序号(如"附件:1.×××××");附件名称后不加标点符号。附件名称较长需回行时,应当与上一行附件名称的首字对齐。

7.3.5 发文机关署名、成文日期和印章

7.3.5.1 加盖印章的公文

成文日期一般右空四字编排,印章用红色,不得出现空白印章。

单一机关行文时,一般在成文日期之上、以成文日期为准居中编排发文机关署名,印章端正、居中下压发文机关署名和成文日期,使发文机关署名和成文日期居印章中心偏下位置,印章顶端应当上距正文(或附件说明)一行之内。

联合行文时,一般将各发文机关署名按照发文机关顺序整齐排列在相应位置,并将印章一一对应、端正、居中下压发文机关署名,最后一个印章端正、居中下压发文机关署名和成文日期,印章之间排列整齐、互不相交或相切,每排印章两端不得超出版心,首排印章顶端应当上距正文(或附件说明)一行之内。

7.3.5.2 不加盖印章的公文

单一机关行文时,在正文(或附件说明)下空一行右空二字编排发文机关署名,在发文机关署名下一行编排成文日期,首字比发文机关署名首字右移二字,如成文日期长于发文机关署名,应当使成文日期右空二字编排,并相应增加发文机关署名右空字数。

联合行文时,应当先编排主办机关署名,其余发文机关署名依次向下编排。

7.3.5.3 加盖签发人签名章的公文

单一机关制发的公文加盖签发人签名章时,在正文(或附件说明)下空二行右空四字加盖签发人签名章,签名章左空二字标注签发人职务,以签名章为准上下居中排布。在签发人签名章下空一行右空四字编排成文日期。

联合行文时,应当先编排主办机关签发人职务、签名章,其余机关签发人职务、签名章依次向下编排,与主办机关签发人职务、签名章上下对齐;每行只编排一个机关的签发人职务、签名章;签发人职务应当标注全称。

签名章一般用红色。

7.3.5.4 成文日期中的数字

用阿拉伯数字将年、月、日标全,年份应标全称,月、日不编虚位(即1不编为01)。

7.3.5.5 特殊情况说明

当公文排版后所剩空白处不能容下印章或签发人签名章、成文日期时,可以采取调整行距、字距的措施解决。

7.3.6 附注

如有附注,居左空二字加圆括号编排在成文日期下一行。

7.3.7 附件

附件应当另面编排,并在版记之前,与公文正文一起装订。"附件"二字及附件顺序号用 3 号黑体字顶格编排在版心左上角第一行。附件标题居中编排在版心第三行。附件顺序号和附件标题应当与附件说明的表述一致。附件格式要求同正文。

如附件与正文不能一起装订,应当在附件左上角第一行顶格编排公文的发文字号并在其后标注"附件"二字及附件顺序号。

7.4 版记

7.4.1 版记中的分隔线

版记中的分隔线与版心等宽,首条分隔线和末条分隔线用粗线(推荐高度为 0.35 mm),中间的分隔线用细线(推荐高度为 0.25 mm)。首条分隔线位于版记中第一个要素之上,末条分隔线与公文最后一面的版心下边缘重合。

7.4.2 抄送机关

如有抄送机关,一般用 4 号仿宋体字,在印发机关和印发日期之上一行、左右各空一字编排。"抄送"二字后加全角冒号和抄送机关名称,回行时与冒号后的首字对齐,最后一个抄送机关名称后标句号。

如需把主送机关移至版记,除将"抄送"二字改为"主送"外,编排方法同抄送机关。既有主送机关又有抄送机关时,应当将主送机关置于抄送机关之上一行,之间不加分隔线。

7.4.3 印发机关和印发日期

印发机关和印发日期一般用 4 号仿宋体字,编排在末条分隔线之上,印发机关左空一字,印发日期右空一字,用阿拉伯数字将年、月、日标全,年份应标全称,月、日不编虚位(即 1 不编为 01),后加"印发"二字。

版记中如有其他要素,应当将其与印发机关和印发日期用一条细分隔线隔开。

7.5 页码

一般用 4 号半角宋体阿拉伯数字,编排在公文版心下边缘之下,数字左右各放一条一字线;一字线上距版心下边缘 7 mm。单页码居右空一字,双页码居左空一字。公文的版记页前有空白页的,空白页和版记页均不编排页码。公文的附件与正文一起装订时,页码应当连续编排。

8 公文中的横排表格

A4 纸型的表格横排时,页码位置与公文其他页码保持一致,单页码表头在订口一边,双页码表头在切口一边。

9 公文中计量单位、标点符号和数字的用法

公文中计量单位的用法应当符合 GB 3100、GB 3101 和 GB 3102(所有部分),标点符号的用法应当符合 GB/T 15834,数字用法应当符合 GB/T 15835。

10 公文的特定格式

10.1 信函格式

发文机关标志使用发文机关全称或者规范化简称,居中排布,上边缘至上页边为 30 mm,推荐使用红色小标宋体字。联合行文时,使用主办机关标志。

发文机关标志下 4 mm 处印一条红色双线(上粗下细),距下页边 20 mm 处印一条红色双线(上细下粗),线长均为 170 mm,居中排布。

如需标注份号、密级和保密期限、紧急程度,应当顶格居版心左边缘编排在第一条红色双线下,按照份号、密级和保密期限、紧急程度的顺序自上而下分行排列,第一个要素与该线的距离为 3 号汉字高度的 7/8。

发文字号顶格居版心右边缘编排在第一条红色双线下,与该线的距离为 3 号汉字高度的 7/8。

标题居中编排,与其上最后一个要素相距二行。

第二条红色双线上一行如有文字,与该线的距离为 3 号汉字高度的 7/8。

首页不显示页码。

版记不加印发机关和印发日期、分隔线,位于公文最后一面版心内最下方。

10.2 命令(令)格式

发文机关标志由发文机关全称加"命令"或"令"字组成,居中排布,上边缘至版心上边缘为 20 mm,推荐使用红色小标宋体字。

发文机关标志下空二行居中编排令号,令号下空二行编排正文。

签发人职务、签名章和成文日期的编排见 7.3.5.3。

10.3 纪要格式

纪要标志由"××××纪要"组成,居中排布,上边缘至版心上边缘为 35 mm,推荐使用红色小标宋体字。

标注出席人员名单,一般用 3 号黑体字,在正文或附件说明下空一行左空二字编排"出席"二字,后标全角冒号,冒号后用 3 号仿宋体字标注出席人单位、姓名,回行时与冒号后的首字对齐。

标注请假和列席人员名单,除依次另起一行并将"出席"二字改为"请假"或"列席"外,编排方法同出席人员名单。

纪要格式可以根据实际制定。

11 式样

A4 型公文用纸页边及版心尺寸见图 1;公文首页版式见图 2;联合行文公文首页版式 1 见图 3;联合行文公文首页版式 2 见图 4;公文末页版式 1 见图 5;公文末页版式 2 见图 6;联合行文公文末页版式 1 见图 7;联合行文公文末页版式 2 见图 8;附件说明页版式见图 9;带附件公文末页版式见图 10;信函格式首页版式见图 11;命令(令)格式首页版式见图 12。

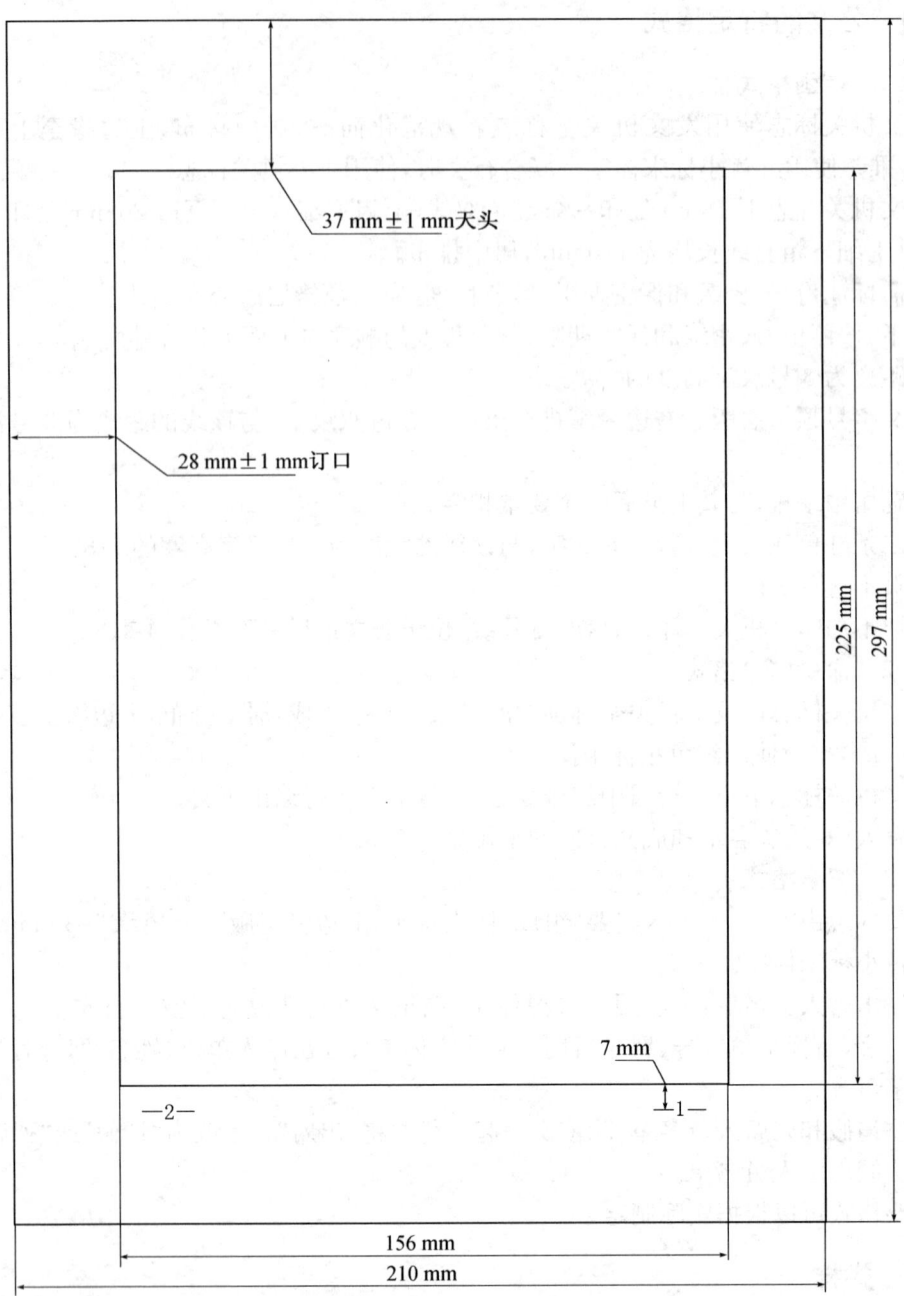

图1　A4型公文用纸页边及版心尺寸

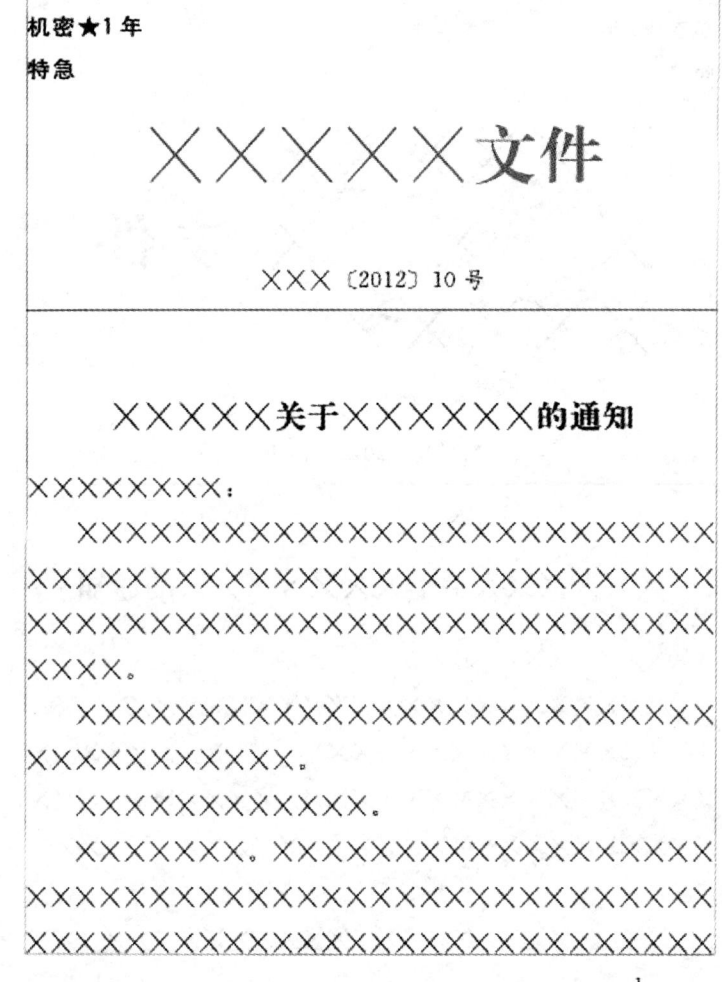

图 2　公文首页版式

注：版心实线框仅为示意，在印制公文时并不印出。

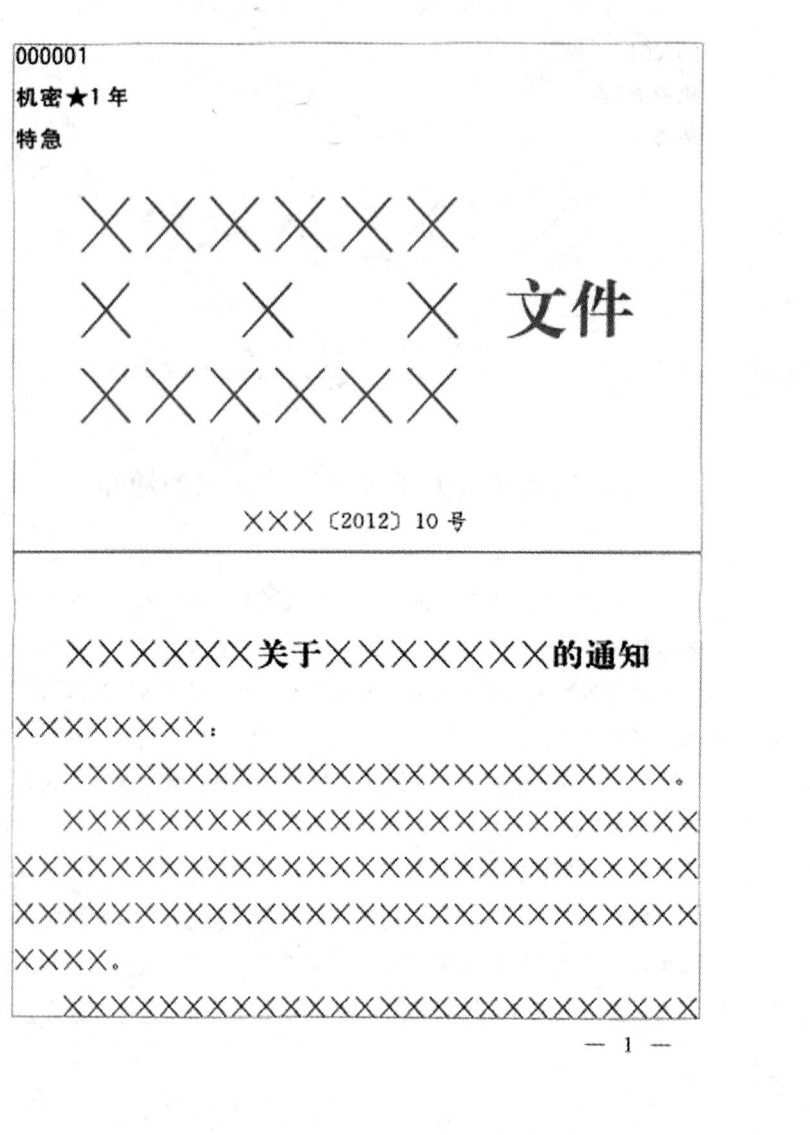

图3 联合行文公文首页版式1

注：版心实线框仅为示意，在印制公文时并不印出。

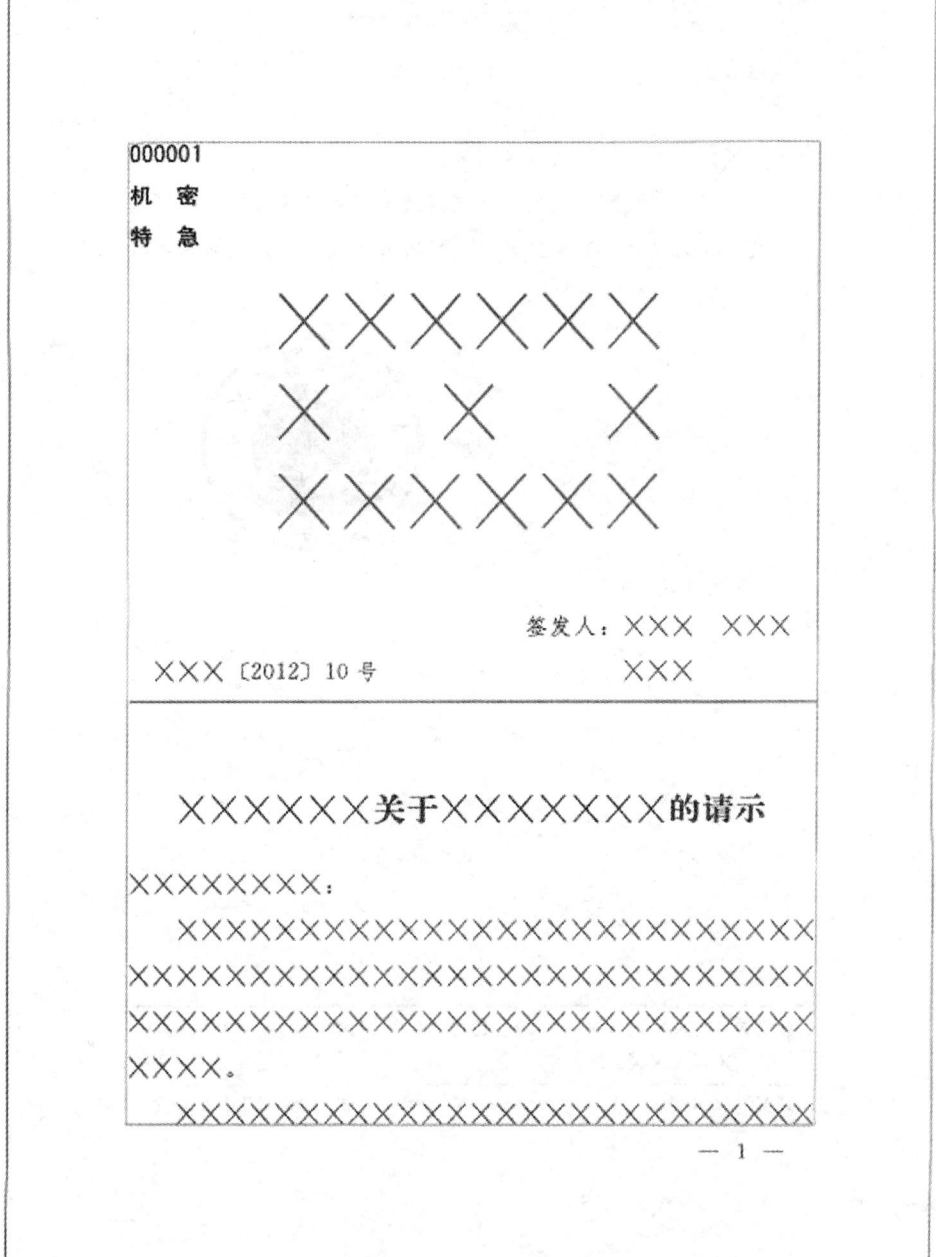

图 4 联合行文公文首页版式 2

注：版心实线框仅为示意，在印制公文时并不印出。

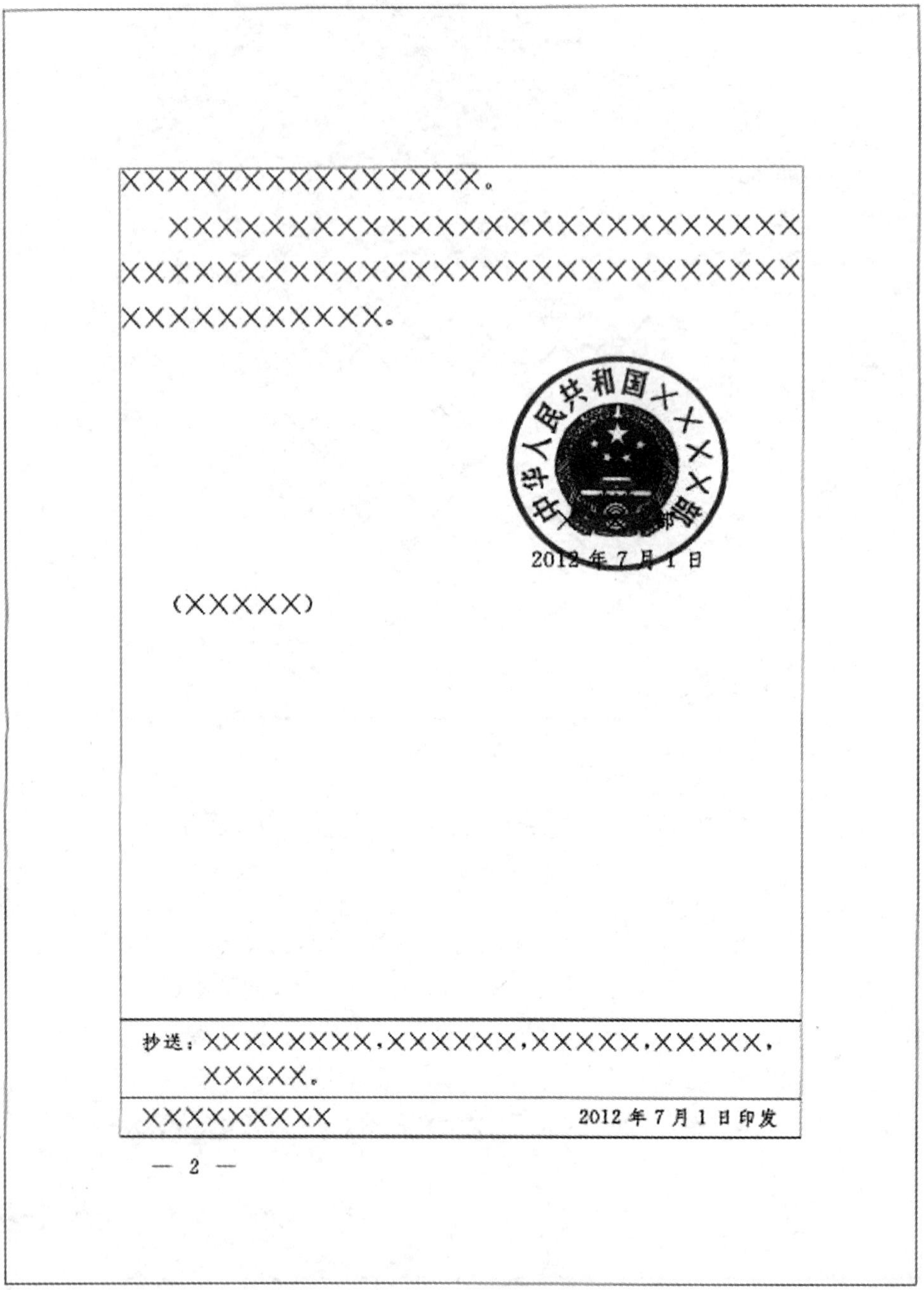

图5　公文末页版式1

注：版心实线框仅为示意，在印制公文时并不印出。

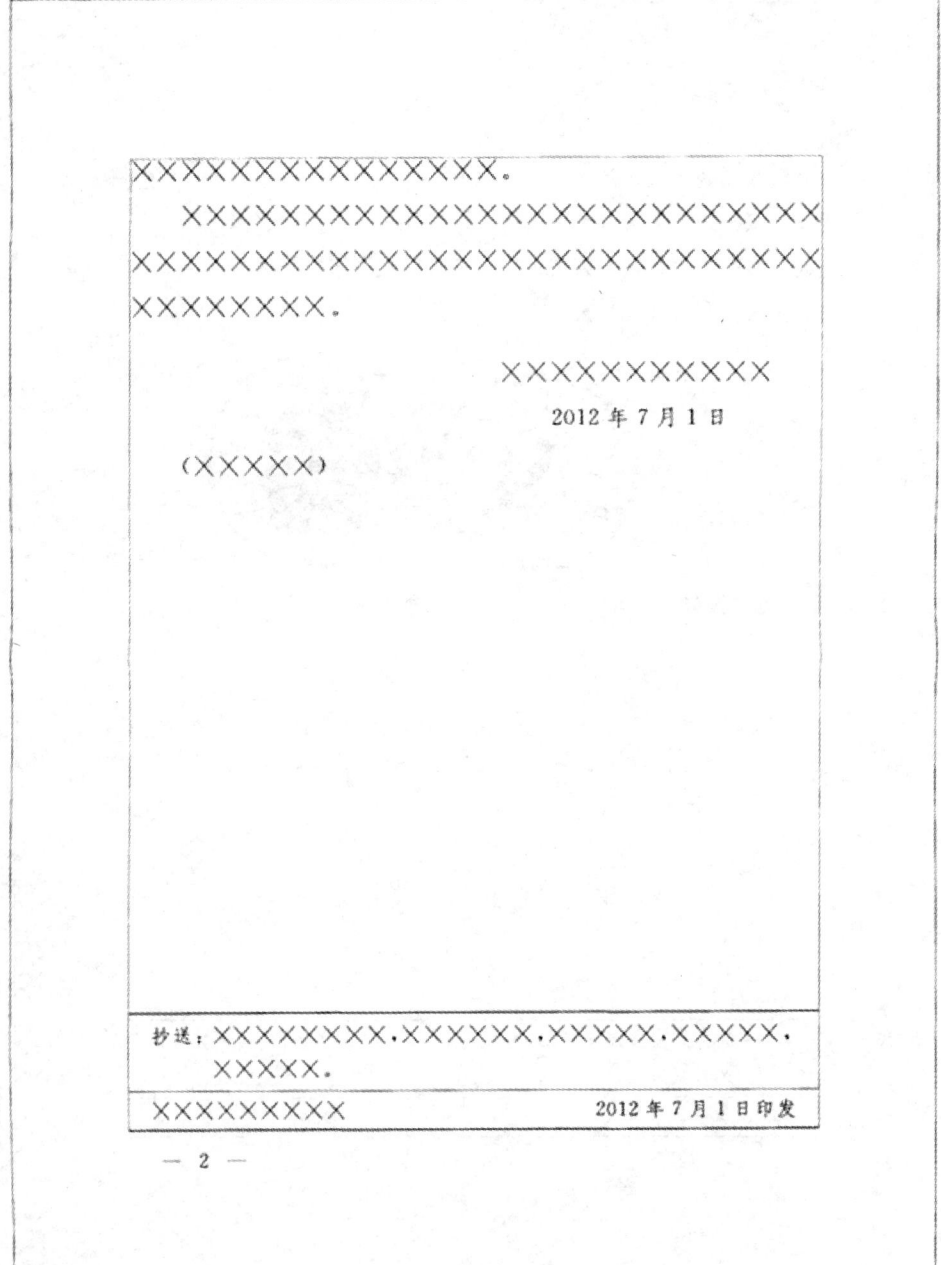

图 6　公文末页版式 2

注：版心实线框仅为示意，在印制公文时并不印出。

图 7　联合行文公文末页版式 1

注：版心实线框仅为示意，在印制公文时并不印出。

图 8　联合行文公文末页版式 2

注：版心实线框仅为示意，在印制公文时并不印出。

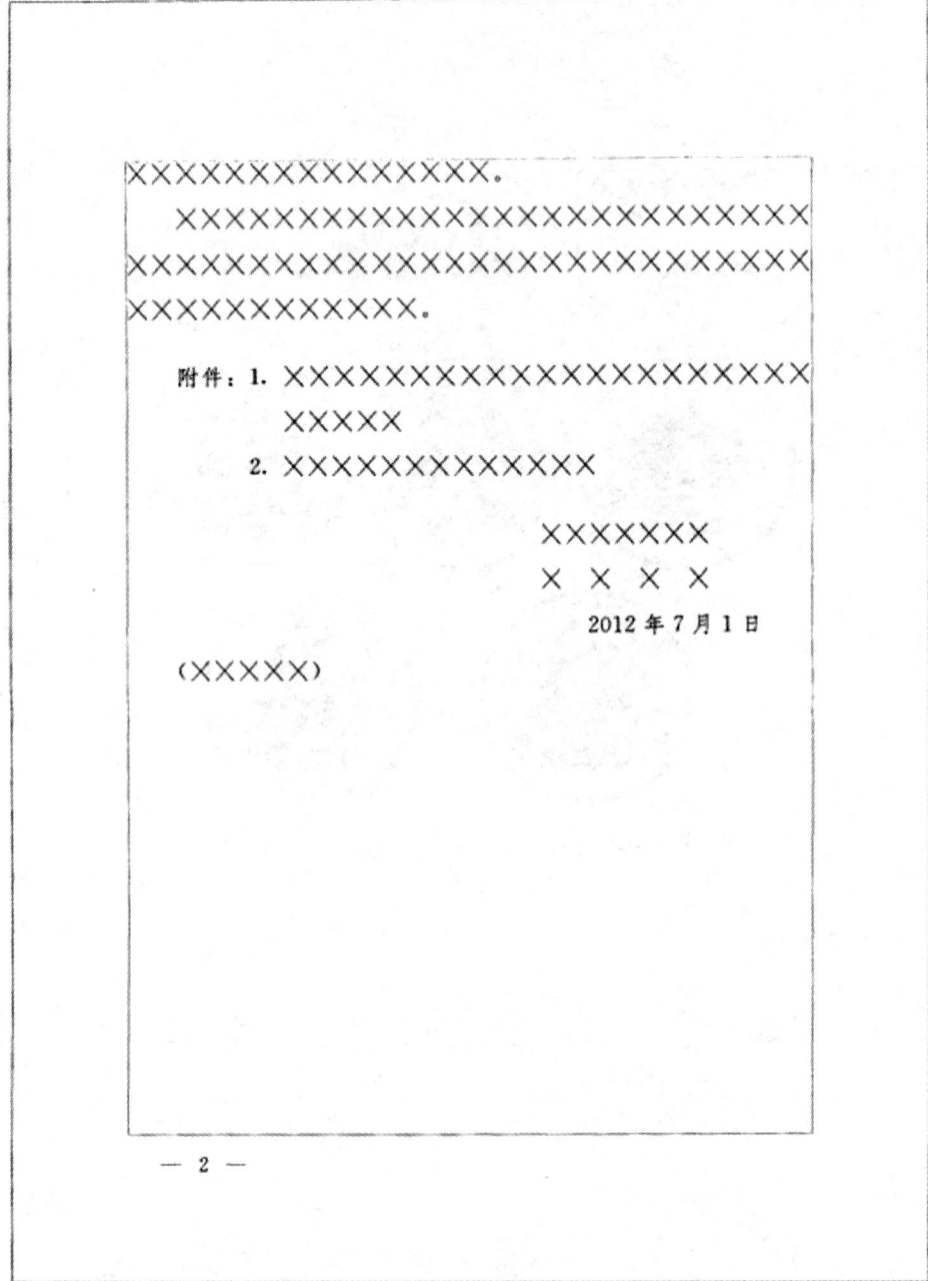

图9　附件说明页版式

注：版心实线框仅为示意，在印制公文时并不印出。

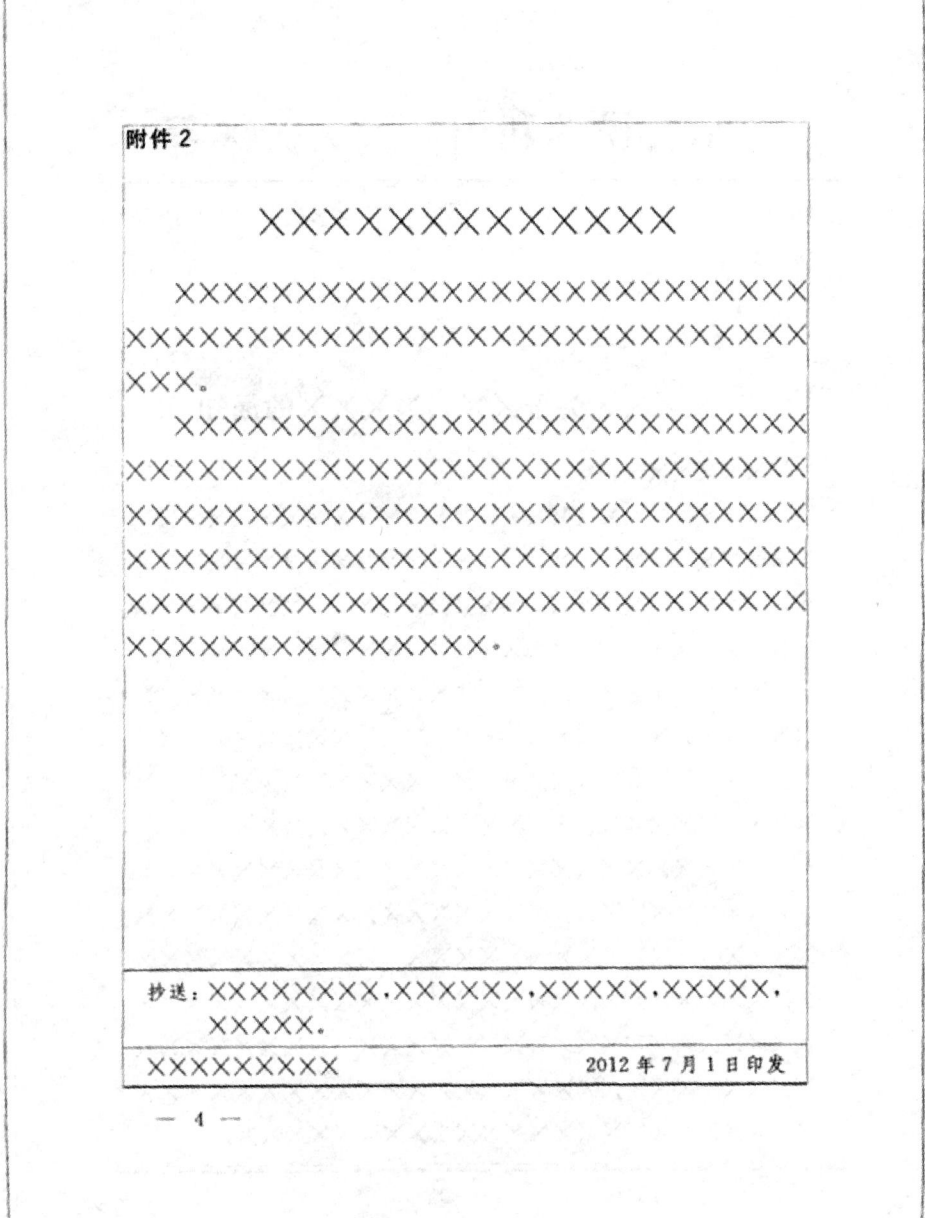

图 10　带附件公文末页版式

注：版心实线框仅为示意，在印制公文时并不印出。

中华人民共和国×××××部

000001　　　　　　　　　　　　　×××〔2012〕10号

机　密

特　急

　　　　　×××××关于×××××××的通知

×××××××：

　　××。

　　×××。

　　××。

图11　信函格式首页版式

注：版心实线框仅为示意，在印制公文时并不印出。

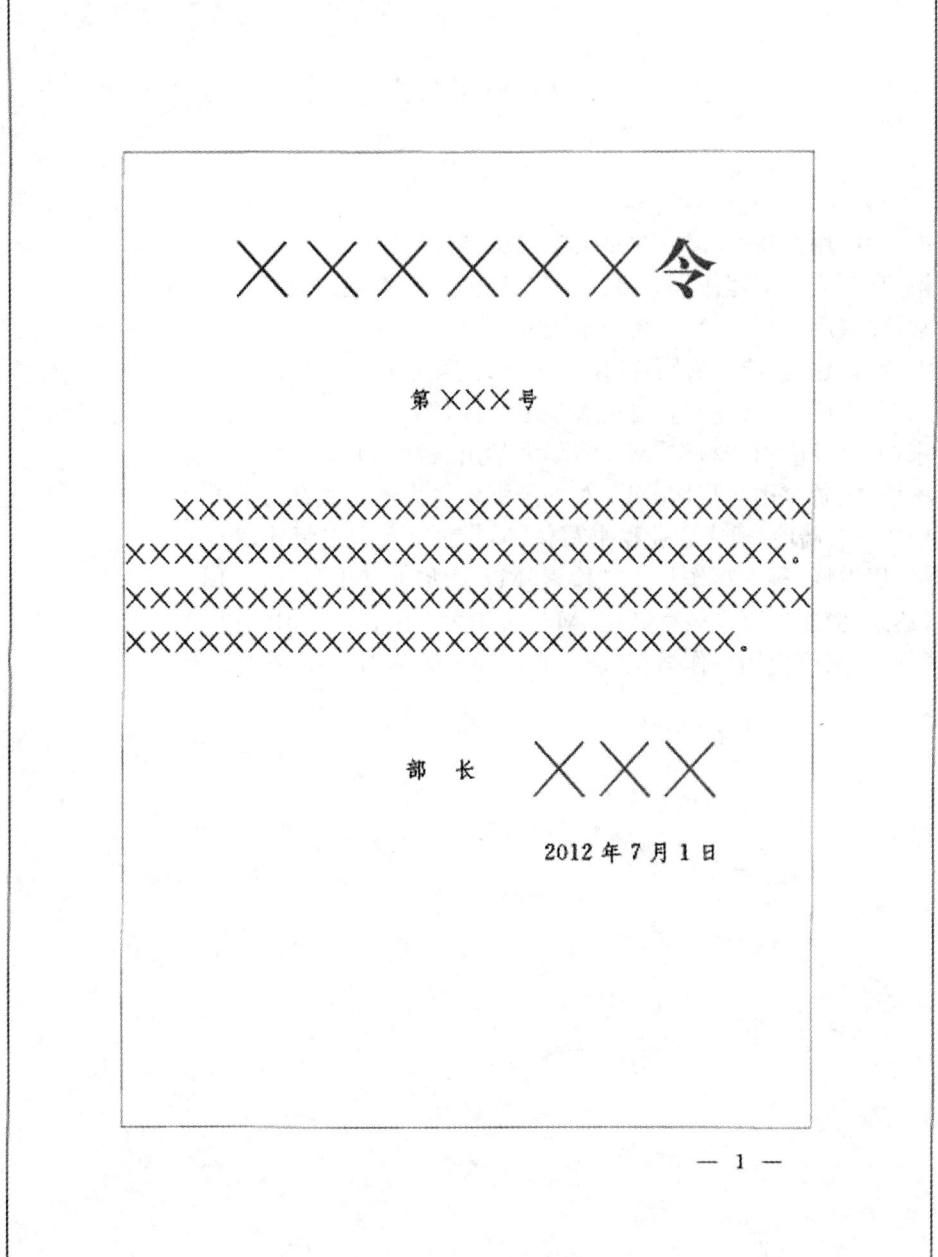

图 12　命令(令)格式首页版式

注:版心实线框仅为示意,在印制公文时并不印出。

参考文献

[1] 黄高才.应用文写作[M].北京大学出版社,2012.
[2] 黄彬.高职应用文写作[M].哈尔滨工程大学出版社,2010.
[3] 金常德.应用文写作[M].大连出版社,2012.
[4] 张宏芳,黄建岚.应用文写作[M].南京大学出版社,2013.
[5] 郝六新.应用文写作[M].清华大学出版社,2012.
[6] 付家柏.财经应用文写作[M].清华大学出版社,2014.
[7] 任孝珍.旅游应用文写作[M].对外经济贸易大学出版社,2010.
[8] 李艳婷,王瑞玲.现代职业秘书写作[M].北京大学出版社,2012.
[9] 孙平,伊雪峰.科支写作与文献检索[M].清华大学出版社,2013.
[10] 张达芝.应用文写作教程新编[M].浙江大学出版社,2010.
[11] 薛颖.新案例应用写作教程[M].北京理工大学出版社,2012.